참 괜찮은 죽음

참 괜찮은 죽음

살아 숨 쉬는 현재를 위한
생각의 전환

헨리 마시 지음 | 김미선 옮김

더퀘스트

옮긴이 **김미선**

연세대학교 화학과를 졸업하고 대덕연구단지 내 LG연구소에서 근무했으며, 숙명여대 TESOL 과정을 수료한 뒤 영어강사로 일했다. 특히 뇌과학에 관심이 많아 전문 번역가로 활동하고 있다. 《생각의 한계》, 《신경과학으로 보는 마음의 지도》, 《이매진》, 《뇌 과학의 함정》, 《미러링 피플》, 《가장 뛰어난 중년의 뇌》, 《감정의 분자》, 《의식의 탐구》, 《괴물의 심연》 등을 옮겼다.

참 괜찮은 죽음

초판 발행 · 2016년 5월 6일
초판 4쇄 발행 · 2017년 11월 30일
특별판 발행 · 2022년 7월 1일

지은이 · 헨리 마시
옮긴이 · 김미선
발행인 · 이종원
발행처 · (주)도서출판 길벗
브랜드 · 더퀘스트
주소 · 서울시 마포구 월드컵로 10길 56(서교동)
대표전화 · 02)332-0931 | **팩스** · 02)322-0586
출판사 등록일 · 1990년 12월 24일
홈페이지 · www.gilbut.co.kr | **이메일** · gilbut@gilbut.co.kr

책임편집 · 허윤정(rosebud@gilbut.co.kr)
제작 · 이준호, 손일순, 이진혁 | **영업마케팅** · 한준희, 김선영, 류효정 | **영업관리** · 김명자 | **독자지원** · 윤정아

디자인 · 형태와내용사이 | **전산편집** · 이은경 | **교정교열** · 최아영 | **CTP 출력 및 인쇄** · 금강인쇄 | **제본** · 금강제본

ISBN 979-11-407-0030-1 03180
(길벗 도서번호 040236)

정가 17,000원

첫째, 해치지 마라…….

_히포크라테스 선서 중에서

모든 외과 의사는 자기 안에
작은 공동묘지를 지니고 다닌다.
때때로 찾아가 기도하는 쓰라린 회한의 장소,
그곳에서 의사는 자신의 실패에 대한
설명을 구해야 한다.

_르네 르리슈, 《외과의 철학》, 1951

Content

서문

　　　　　몸이 아파 병원에 입원한 후 무서운 외과 수술을 기다리고 있는가? 그렇다면 나를 치료할 의사를 전적으로 믿을 수밖에 없다. 그러지 않으면 인생이 매우 고달파질 테니까. 병에 대한 공포를 극복하기 위해 사람들은 의사를 그 어떤 병이라도 완벽하게 고쳐줄 초능력자로 생각하곤 한다. 물론 수술이 성공하면 외과 의사는 영웅이 되지만 실패하면 악당이 될 뿐이다.

　　그러나 현실은 전혀 다르다. 의사도 우리와 똑같은 인간이다. 병원에서 일어나는 일 가운데 대부분은 운의 문제다. 성공과 실패는 의사의 통제 밖에 있는 경우가 많다. 수술을 하지 말자고 결정하는 것은 어떻게 수술할지 결정하는 것과 똑같이 중요하고 어려운 문제다. 아니, 더 중요하고 더 어렵다. 뇌 전문 외과 의사의 삶은 지루할 틈이 없을 정도로 흥미진진하고 깊은 보람도 느낄 수 있지만, 거기에는 합당한 대가가 따른다. 외과 의사는 때로 돌이킬수 없는 치명적인 실수를 한다. 때로는 한 사람의 인생을 망치는 무시무시한 결과와 함께 사는 법도 배워야 한다. 그런가 하면 대상을 객관적으로 보면서도 인간성을 잃지 않는 법 또한 배워야 한다.

이 책에 담긴 이야기는 초연함과 연민 사이에서 그리고 희망과 현실 사이에서 균형을 찾으려는 외과 의사의 시도와 실패에 대한 것이다. 뇌를 수술하는 외과 의사에 대한 신뢰를 떨어뜨리려고 내 실패담을 진솔하게 이야기하는 것은 절대 아니다. 그저 이 책으로 의사와 환자가 만날 때 서로가 느끼는 인간적 어려움을 이해하는 데 작은 도움이 되길 바랄 뿐이다.

모든 외과 의사의
마음 한구석엔
공동묘지가 있다

Do No Harm

송과체종:
송과체에 생기는 종양. 드물게
나타나며 천천히 자란다.

나는 사람의 뇌를 수술하는 사람이다. 이젠 특별할 것 없는 일상이지만 뇌를 가르는 일은 지금도 여전히 내키지 않는다.

우선 소작기(전열로 조직을 태우며 응고시키므로 조직을 자르거나 파괴하는 동시에 지혈하는 데 쓰이는 외과 수술의 필수 도구 – 옮긴이)로 뇌의 반짝이는 표면에서 아름답게 얽히고설킨 붉은 혈관들을 소작한다. 그리고 작은 칼로 뇌의 표면을 찔러 구멍을 내고 그 구멍으로 가느다란 빨대처럼 생긴 흡인기를 밀어 넣는다. 온통 젤리 같은 물질로 차 있는 뇌를 수술할 때 흡인기는 뇌 전문 외과 의사에게 없어서는 안 될 중요한 도구다. 그다음, 내 눈을 대신해 뇌 속을 훑어보는 수술현미경으로 뇌의 말랑한 백질(신경섬유로 이루어진 하얀 부분 – 옮긴이)을 헤치고 더듬어 내려가며 종양을 찾는다. 환자의 머릿속을 돌아다니는 흡인기를 보고 있노라면 여러 가지 생각이 든다. 흡인기가 뇌를 뚫은 게 아니라 환자의 생각을 뚫은 것이며, 이 흡인기가 뇌 속을 돌아다니는 게 아니라 감정과 이성을 헤집으며 돌아다닌다는 생각. 그러다 보면 기억이니 꿈이니 추억이니 하는 것들조차 다 젤리로 이뤄진 게 틀림없다는 생경한 관념에 사로잡힌다. 그럴 수밖에. 내가 지금 환자의 머릿속에서 볼 수 있는 것이라곤 젤리와 백질 등의 물질뿐 아닌가. 추상적인 생각도 잠시, 곧 다시 수술대 위의 상황을 인지해야 한다. 여기서 길을 잃고 잘못된 부위를 건드려 무슨 일이라도 생기면 큰일이다. 이제부터는 꽤 예민해야 하고 조심해야 한다. 신경외과 의사들이 '중요기능구역'(감각, 말하기, 운동 기능을 관장하는 뇌의 중요 부분 – 옮긴이)이라 부르는 곳으로 흡인기가 잘못 들어가기라도 하면, 회복실에서 불구가 된 환자를 대면하게 될 테니 말이다.

뇌 수술은 위험하다. 나날이 발전한다고 하는 현대 과학기술도 그 위험을 조금밖에 줄이지 못했다. 요즘은 컴퓨터 내비게이션이라 불리는 일종의 뇌 수술용 GPS를 사용하는데, 지구를 공전하는 위성처럼 적외선 카메라들이 환자의 머리를 에워싼다. 이 카메라가 환자 머릿속에 집어넣은 수술 기구의 위치를 찍어서 컴퓨터 화면상에 띄워준다. 이로써 수술 직전에 스캔한 뇌 사진을 지도 삼아, 내 수술 기구가 지금 어느 위치에 와 있는지 알 수 있다.

이뿐만이 아니다. 환자가 국소마취만 받고 깨어 있는 상태에서 수술함으로써 전극으로 뇌를 자극했을 때 '중요기능구역'이 잘 움직이는지 생생하게 확인할 수도 있다. 또한 마취과 의사를 통해 수술 도중 내가 환자에게 손상을 주고 있는지 아닌지를 확인할 수도 있다. 예를 들어 뇌보다 훨씬 더 다치기 쉬운 척수를 수술하는 경우, 유발전위라는 전기 자극법을 써서 환자에게 마비를 일으키기 직전인지 아닌지를 세심하게 체크할 수 있다. 이렇게 기술이 발전하고 있음에도 불구하고 신경외과 수술은 여전히 위험하다. 결국 수술은 의사의 손끝에서 이뤄지기 때문에 의사의 솜씨와 경험이 여전히 중요할 수밖에 없다. 수술을 하지 말아야 하는 경우에 적절한 판단과 결정을 내려야 하는 것도 의사의 역할이다. 병이 있어도 자연스럽게 진행되도록 내버려두고 아예 수술을 하지 않는 편이 나은 경우도 흔하기 때문이다. 이후의 환자 상태는 운에 맡겨야 한다. 경험이 늘어날수록 운이라는 것이 얼마나 중요한지 더욱 크게 느끼게 된다.

그 남자의
불면증

송과체는 뇌 한가운데 있는 내분비기관으로 사람의 생체리듬을 조절하는 멜라토닌을 만드는 곳이다. 17세기의 철학자 데카르트는 마음과 뇌가 완전히 다른 각각의 독립체라고 주장한 바 있다. 그는 송과체에서 물질적인 뇌와 비물질적인 영혼이 소통한다고 했다.

송과체종양, 일명 송과체종은 신경외과에서 매우 드문 케이스로 꼽힌다. 양성 종양의 경우라면 반드시 없앨 필요는 없다. 악성 종양은 방사선요법과 화학요법으로 제거한다 해도 환자에게 치명적일 수 있다. 그나마 과거에는 악성 종양은 수술할 수 없다고 여겼는데 요즘은 그렇지 않다. 현미경을 사용하여 얼마든지 수술할 수 있기 때문이다. 요즘은 적어도 생검(진단을 위해 환자 몸에서 조직을 떼어내는 것 - 옮긴이) 수술만큼은 필요하다고들 여긴다. 생검으로 종양의 유형을 확인해야 환자를 치료할 최선의 방법을 결정할 수 있기 때문이다.

송과체는 뇌 한복판에 깊이 묻혀 있어서 그걸 수술하는 일은 외과 의사들의 말대로 일종의 도전이다. 거대한 봉우리를 올려다보는 등반가처럼, 신경외과 의사들은 송과체종이 보이는 뇌 스캔을 공포와 흥분이 교차하는 눈길로 바라본다.

기억에 남는 송과체종 환자가 있다. 이 환자는 자기가 목숨이 위험한 병에 걸렸으며 이제 딱히 손쓸 길이 없다는 사실을 받아들이기 매우 힘들어했다. 그는 막강한 권력을 행사하던 회사의 중역이었다. 밤마다 그는 지끈지끈한 두통으로 잠에서 깨기 일쑤였는데, 2008년 금융 붕괴의 여파로 수많은 사람들을 해고해야 했던 스트레스 때문이라고 생각했다. 검사 결과, 그에게 송과체종과 급성뇌수종이 있었다. 뇌 속을 흐르는 뇌척수액의 순환을 종양이 가로막는 바람에 한쪽에 쏠린 뇌척수액이 머릿속의 압력을 높이고 있었다. 손을 쓰지 않으면 불과 몇 주 안에 눈이 멀고 죽을 것이었다. 수술 전 며칠에 걸쳐 그와 걱정스러운 대화를 많이 나누었다. 수술로 사망이나 심각한 뇌졸중이 야기될 수 있는 위험이 있지만, 수술하지 않고 방치하는 것이 더 위험하다는 말도 전했다. 그는 내가 하는 모든 말을 열심히 자신의 스마트폰에 입력했다. 폐색성 뇌수종, 내시경 뇌실창냄술, 송과체종, 송과체모세포종 등 어렵고 긴 단어들을 두드리면 어떻게든 목숨을 구할 수 있을 것처럼. 그의 불안은 곧 내게도 전달됐다. 일주일 전에 했던 수술로 깊은 패배감에 묻혀 있던 나는 이번 수술에서도 공포에 떨게 될 것 같은 예감에 사로잡혔다.

수술 전날 밤 그를 만나러 갔다. 수술을 앞둔 환자들과 이야기할 때는 수술의 위험을 미리 곱씹지 않으려 노력한다. 위험도에 대해선 어차피 그전 미팅에서 엄청나게 이야기하지 않았던가. 이 시점에서 나는 그들을 안심시키고 공포를 덜어주려고 최대한 노력한다. 아이러니하게도 그럴수록 나는 더 불안해진다. 사실 환자에게 수술이 끔찍이 위험하며 잘못될 가능성이 상당히 높다고 사전에 말했다면, 나로서는 어려운 수술을 하기가 더 수월해진다. 혹시 수술이 정말로 잘못돼도 그로 인한 엄청난 책임감을 조금은 덜 수 있기 때문이다.

그의 아내가 해쓱해진 모습으로 그의 곁에 앉아 있었다.

"이건 간단한 수술입니다."

애써 낙관적인 척하면서 그들을 안심시켰다.

"하지만 종양이 암일 수도 있잖아요, 아닌가요?"

마지못해 그럴지도 모른다고 말했다. 나는 수술 중간에 동결 절편(수술 도중 신체 조직의 일부를 떼어낸 뒤 동결시킨 것 - 옮긴이)을 병리과로 보낼 것이다. 병리과 의사가 동결 절편을 살펴보고 종양이 암, 즉 악성 종양이 아니라고 하면 나는 종양을 몽땅 들어내려 애쓰지 않아도 된다. 종양이 종자세포종(난자나 정자를 만드는 종자세포에서 발생하는 종양. 난소와 정소뿐 아니라 송과체에서도 발견될 수 있다 - 옮긴이)이라고 밝혀지면 제거할 필요조차 없을 것이다. 종자세포종은 방사선요법으로도 없앨 수 있으므로.

"그러니까 그게 암도 아니고 종자세포종도 아니면 수술은 걱정할 게 없군요."

말은 그렇게 했지만 목소리는 자신 없이 차츰 가늘어졌다. 나는 그녀를 겁먹게 하고 싶지 않아서 머뭇거리며 조심스레 말했다.

"그렇습니다. 전부 들어내려 하지만 않으면 덜 위험하죠."

그들과 조금 더 이야기를 나눈 뒤 잘 자라는 인사를 남기고 집으로 돌아왔다.

프랑스 외과 의사의 명언

다음 날 아침 일찍 잠에서 깬 나는 지난 주에 수술한 젊은 여성을 생각하며 침대에 누워 있었다. 그녀는 경추 6번과 7번 사이 척수에 종양이 있었다. 수술은 무사히 진행됐는데 이유를 알 수 없이 환자가 오른쪽 반신이 마비된 채로 수술에서 깨어났다. 내가 종양을 너무 많이 떼어내려 하다가 신경 조직을 건드린 것 같았다. 자신감이 지나쳤던 게 틀림없었다. 두려움이 부족했다. 이번 수술, 송과체종 수술은 부디 잘되기를 갈망했다. 이번에는 행복한 결말이 있기를, 그 후로 모두가 행복하게 살기를, 그래서 다시 한 번 나 자신과 사이좋게 지낼 수 있기를.

후회가 아무리 쓰라려도, 수술이 아무리 잘됐어도, 결과로만 보자면 나로 인해 그 젊은 여성의 몸은 망가졌다. 내가 무슨 짓을 해도 절대 이전으로 되돌릴 수가 없다. 나의 불행과 슬픔 따위는 그녀와 그녀의 가족이 앞으로 헤쳐 나갈 일에 비하면 아무것도 아니었다. 그러나 아무리 간절히 바란다 한들 송과체종 수술이 잘되리라는 보장은 어디에도 없다. 이전 수술이 잘못되었으니 이번 수술은 잘되리라는 보장 역시 어디에도 없다. 수술의 결과는 내 통제 밖에 있다. 종양이 양성이건 아니건 내가 종양을 제거할 수 있건 없건 다 마찬가지다. 종양이 가망 없이 뇌에 들러붙어서 모든 것이 소름끼치게 잘못될 수도 있다. 그럼에도 시간이 지나면 내가 그 젊은 여성에게 저지른 일에 대해 느끼는 슬픔은 희미해질 것이다. 팔다리가 마비된 채 병상에 누워 있는 그녀에 대한 기억은 나에게 아픈 상처가 아니라 하나의 흉터가 되겠지. 프랑스의 외과 의사 르리슈가 '모든 외과 의사는 마음 한구석에 공동묘지를 지니고 살게 된다'고 말한 것처럼 내 마음속에도 또 하나의 묘비가 생길 것이다.

다행인 것은 수술이 시작되는 순간 대개 음울한 공포가 모두 사라진다는 사실이다. 이 남자 환자를 수술하면서도 처음에는 외과 의사의 자신감으로 가득 차 메스를 힘껏 집어 들었다. 그리고는 메스에 힘을 주어 정확하게 환자의 머릿가죽을 갈랐다. 피가 솟아오르자 무언가를 미친 듯이 추격할 때의 전율이 나를 장악했다. 그 순간만큼은 지금 이 상황을 내가 온전히 통제한다고 느꼈다.

여기까지는 여느 때와 다를 바가 없었다. 그러나 이다음부터가 문제였다. 지난주 수술의 여파로 평소와 같은 자신감은 온데간데없이 사라졌다. 지난주 수술의 대실패로 이번 수술에선 심각한 무대공포증에 시달리며 극장(수술실을 뜻하는 operating 'theater'의 중의적 표현 – 옮긴이)에 선 까닭이다. 평소처럼 수술실 간호사와 나를 보조하는 전공의(레지던트)인 마이크와 잡담을 하는 대신 묵묵히 환자의 피부를 닦고 접착포를 덮었다.

마이크와 나는 여러 달째 함께 일하고 있어서 서로를 잘 아는 사이다. 30년 동안 나는 많은 레지던트를 가르쳤으며 적어도 내가 생각하기엔 그들 대부분과 잘 지내왔다. 그들은 나를 보조하고 지원하며 필요할 때 용기를 주는 존재다. 그래서인지 대개 내가 듣고 싶어 할 이야기만 하긴 하지만. 어쨌거나 우리 사이에는 마치 전투 중인 병사들 같은, 그런 끈끈함이 존재한다. 내가 은퇴했을 때 아마 가장 그리워할 관계일 것이다.

"무슨 일이세요, 대장님?"

나는 기다렸다는 듯이 마스크를 쓴 채 투덜거렸다.

"어떤 미친놈이 뇌 수술이 침착하고 이성적인 과학이래? 지난주 수술 망친 것 때문에 좀 긴장되네. 초짜 시절로 돌아간 기분이라니까. 나 낼모레 은퇴하는 전문의 맞아?"

"그날이 제에발 빨리 와야 할 텐데요."

레지던트에게 이제 이런 농담까지 듣는다. 빨리 옷 벗으라는 이야기를 이렇게 대놓고 하다니. 전문의 일자리가 별로 없어서 요즘 수련의들은 모두 자신들의 미래를 걱정한다.

"어쨌든 그 환자는 좋아질 수도 있잖아요. 아직 단정하시긴 이르죠."

"과연 그럴까."

"사람 일은 아무도 모르니까……."

"글쎄, 그럴지도 모르지."

이야기를 나누는 동안 우리는 환자의 뒤쪽에 서 있었다. 마취로 의식이 없는 환자가 앉은 자세로 세워져 있다. 마이크가 일찌감치 그의 머리카락을 목 뒤쪽부터 가늘게 한 줄로 밀어낸 상태였다. 나는 재빨리 남자의 뒤통수를 갈랐다. 이어 마이크가 피를 석션하고 나는 두개골에 구멍을 뚫을 수 있도록 목의 근육들을 벌렸다.

"근사하네요."

두피를 절개하고, 근육을 당겨 벌리고, 두개골을 절제하고, 뇌막을 열어젖힌 뒤 나는 수술 현미경을 가져와 자리를 잡고 앉았다. 다른 뇌종양과 달리 송과체종을 수술할 때는 뇌를 가를 필요가 없다. 두개골 밑에서 뇌와 척수를 덮고 있는 뇌막을 열기만 하면, 뇌의 윗부분인 대뇌반구와 아랫부분인 뇌간과 소뇌를 분리하는 길고 가는 틈새가 보인다. 긴 터널을 따라 살금살금 기어가듯이 그 틈새를 더듬어 들어가면 약 7.5cm 깊이에서—현미경의 배율 때문에 백 배 더 깊이 느껴지긴 하지만—종양이 발견될 것이다.

현미경으로 뇌의 한가운데를 들여다보았다. 인간의 의식과 생명을 유지하는 데 필수적인 모든 기능이 모여 있는 은밀하고 신비한 곳. 그 위로는 대성당 천장에서 볼 법한 거대한 아치들처럼, 뇌의 심부정맥들—내대뇌정맥과 그 너머의 로젠탈기저정맥, 다음엔 정중선에 있는 갈렌대정맥—이 현미경 불빛에 검푸른 빛으로 반짝거리고 있다. 이 부분은 언제나 신경외과 의사들에게 경외심을 불러일으킨다. 이 정맥들은 뇌에서 엄청난 정맥혈을 싣고 몸 구석구석으로 떠난다. 섬세한 외과적 시상詩想이 살아 있는 뇌의 구조가 현미경의 아름다운 광학과 맞물려, 이 순간 신경외과 수술 중 가장 멋진 순간으로 재탄생한다. 모든 게 잘 굴러간다면 말이다.

이 환자의 경우 종양에 접근하는 도중에 잘라야 할 혈관이 몇 개 있었다. 시한폭탄을 멈추는 전선을 잘 골라야 하는 것처럼 혈관도 잘 골라야 한다. 잘못 잘랐다간 갑자기 환자에게 무슨 일이 생길지 모른다. 이 순간 나는 그동안 쌓아온 의학적 지식과 경험이 모조리 사라져 백지 상태가 돼버린 것만 같다. 혈관 하나를 자를 때마다 두려움으로 온몸이 떨릴 지경이다. 가슴 아프지만 외과 의사라면 누구나 이런 강렬한 불안을 일상으로 받아들여야만 한다. 그리고 이 불안을 무릅쓰고 계속 가는 법을 배워야만 한다.

수술에 들어간 지 1시간 반 만에 드디어 종양이 보였다. 나는 병리과 실험실로 보낼 작은 종양 조각을 떼어낸 다음 수술 의자에 기대앉았다.

"이제 기다리는 일만 남았군."

나는 마이크에게 말하며 한숨을 쉬었다. 수술을 중간에서 끊는 일은 쉽지가 않다. 병리과 동료가 빨리 이 종양이 양성이라고, 그래서 수술이 가능하다고 이야기해주길 바랐다. 나아가 수술이 잘 끝나서 환자의 목숨을 살리고 수술 뒤에 그의 아내에게 다 잘될 거라고 말할 수 있기를 바랐다. 그렇게 초조하고 긴장된 상태로 수술이 이어지기를 고대했다. 45분이 지나자 더 이상 수술이 지체되는 걸 견딜 수 없었다. 의자를 밀치고 벌떡 일어나 무균 가운과 장갑을 착용한 채 수화기를 거칠게 집어 들었다. 그리고는 병리과 실험실로 전화를 걸어 병리과 의사를 바꿔달라고 소리쳤다. 잠깐 뒤 동료가 전화를 받았다.

"동결 절편!"

나는 고함을 질렀다.

"대체 뭐 하고 있는 거야!"

"아아."

병리과 의사가 태연하게 말했다.

"늦어서 미안. 일이 있어서 잠시 딴 데 갔다 왔어."

"됐고, 어떻게 나왔어?"

"그러니까, 지금 보고 있는데⋯⋯. 아! 그래, 단순한 양성 송과체종으로 보이⋯⋯."

"오케이! 고마워!"

순식간에 그를 용서하고 모두가 기다리는 수술대로 돌아왔다.

"계속합시다!"

다시 스크럽(수술 전 손을 꼼꼼하게 문질러 씻는 절차 – 옮긴이)을 하고 도로 수술 의자에 올라앉아, 팔꿈치를 팔걸이에 얹고 종양에 달라붙었다. 뇌종양은 저마다 다르게 생겼다. 어떤 놈은 돌처럼 단단하고 어떤 놈은 젤리처럼 무르다. 어떤 놈은 바짝 말라 있고 어떤 놈은 피를 쏟는다. 자칫 피를 많이 쏟기라도 하면 환자가 수술 도중 출혈로 죽을 수도 있다. 어떤 놈은 콩깍지에서 쏙 빠져나오는 완두콩처럼 훌러덩 껍질을 벗으며 나오기도 하고, 어떤 놈은 뇌와 혈관에 들러붙어 꼼짝도 하지 않는다.

종양이 정확히 어떤 성질인지는 실제 종양 제거를 시작해야 알 수 있으며 뇌 스캔만으로는 결코 확실히 알 수 없다. 다행히 이 환자의 종양 표면은 외과 의사들의 말마따나 수술하기 적합하게 협조적으로 생겼다. 다시 말해 종양이 뇌에 들러붙어 있지 않았다는 뜻이다. 나는 천천히 종양의 속을 파내면서 주위 뇌를 건드리지 않는 선에서 종양을 떼어냈다. 그렇게 3시간이 흐르자 종양 대부분이 떨어져 나온 것처럼 보였다.

송과체종양이 워낙 드물다 보니 동료 가운데 한 명이 내 수술실로 들어왔다. 속으로 조금은 시샘하고 있었을 것이다. 그가 내 어깨 너머를 자세히 들여다보았다.

"괜찮아 보이는데."

"지금까지는."

"일은 예기치 않을 때 잘못되는 법이야."

그가 자기 수술실로 돌아가며 대답했다.

다시 잠을 잘 수 있게 된
송과체종 환자

몇 시간이 지나고 마침내 주위 뇌 구조를 하나도 손상시키지 않고 종양을 모두 제거하는 데 성공했다. 두개골을 닫는 등의 마무리는 마이크에게 맡기고 나는 수술실을 빠져나와 입원 환자를 보기 위해 병동으로 걸음을 옮겼다. 내가 담당하는 입원 환자는 두세 명뿐이었는데, 그중 한 명이 바로 일주일 전에 반신이 마비된 젊은 여성이었다.

마침 그녀는 혼자 있었다. 수술 후유증이 심한 환자에게 갈 때는 자석의 같은 극이 서로를 밀어내듯 모든 것이 내 의지와는 반대 방향으로 밀려나는 느낌이다. 병실 문의 손잡이도 무거운 납덩이마냥 돌아가지 않는 것 같다. 머뭇머뭇 미소를 띠려는 나를 환자의 침대조차 밀어내는 듯 느껴진다. 지금 나는 어떤 역할을 연기해야 하는가. 그녀 앞에서 의사는 이제 악당이자 가해자, 아니면 기껏해야 무능한 자일 뿐이다. 더 이상 영웅도 아니고 전능한 존재도 아니다. 그렇게 역할이 곤두박질치게 되면 의사는 아무 말도 하지 않고 서둘러 환자를 지나치는 편이 훨씬 더 쉽다. 용기를 내어 병실로 들어가 그녀 옆에 앉았다.

"좀 어떠십니까?"

내가 무력하게 물었다. 그녀는 나를 보더니 얼굴을 찡그리며 말없이 성한 왼팔로 마비된 오른팔을 가리킨 다음 들었다 놓았다. 팔이 침대 위로 맥없이 떨어졌다.

"전에도 수술 후에 이런 경우를 본 적이 있는데, 그분들은 몇 달이 걸리긴 했지만 그래도 경과가 점점 좋아졌습니다. 저는 진심으로 환자분도 많이 나아지실 거라고 믿습니다."

"수술 전에는 저도 선생님을 믿었어요. 하지만 지금은 왜 선생님 말을 믿어야 하죠?"

뭐라 대답할 말이 떠오르지 않아 거북하게 발만 뚫어져라 내려다보았다.

"그래도 믿을게요."

잠시 후 그녀가 말했다. 내가 불쌍했겠지.

그녀와 어색하고 짧은 대화를 마치고 바로 수술실로 돌아왔다. 송과체종 환자는 이미 마취에서 깨어나 있었다. 간호사가 그의 머리카락에서 피와 뼛가루를 씻어내는 동안 그는 흐리멍덩한 눈으로 베개를 베고 누워 있었다. 마취과 의사와 수술진이 그를 중환자실로 보낼 준비를 하느라 그의 몸에 달린 수많은 튜브와 케이블을 바쁘게 정리하며 큰 소리로 웃으며 떠들고 있었다. 환자가 그렇게 무사히 깨어나지 않았다면 그들은 그저 묵묵히 일하고 있었을 것이다. 간호사들은 카트에 실린 기구들을 정돈하면서 쓰레기를 봉지에 쑤셔 넣고 있었다. 병원보조원(병원에서 환자 이송 등의 보조 업무를 담당하는 직원 - 옮긴이) 역시 벌써 대걸레로 바닥의 피를 닦아내며 다음 환자를 맞이할 준비를 하고 있었다.

"환자는 괜찮습니다!"

마이크가 방 저편에서 기쁘게 외쳤다. 나는 그의 아내를 찾으러 갔다. 중환자실 밖 복도에서 기다리고 있던 그녀의 얼굴은 나를 보자 곧 공포와 희망으로 굳어졌다.

"수술은 아주 잘 끝났습니다. 더 바랄 게 없을 정도로요."

형식적이고 사무적인 목소리로 말하면서, 초연하고 명석한 뇌 전문 외과 의사의 역할로 되돌아왔다. 그러나 곧바로 그녀 어깨에 손을 얹을 수밖에 없었다. 내 손을 맞잡은 그녀의 눈을 마주 보며, 글썽이는 그녀의 눈물에 자제력을 잃지 않으려 싸워야 했던 한순간, 그 짧은 순간만큼은 나 자신에게 축하를 보내도 좋다.

"다 잘될 겁니다."

수술은
어떻게
결정되는가

Do No Harm

동맥류:
동맥의 벽이 풍선처럼
병적으로 확장되는 현상.

　　　　　　　　　신경외과는 뇌와 척추에 질병이나 손상이 있는 환자를 수술로 치료하는 곳이다. 다른 신체 부위에 비해 뇌와 척추에 문제가 생기는 일이 드물기 때문에, 다른 전공과목에 비해 신경외과에는 의사도 얼마 없고 신경외과 자체도 얼마 안 된다. 그래서였을까? 의대생이었을 때도 뇌 수술은 한 번도 보지 못했다. 병원에서도 우리를 신경외과 수술실에 들여보내지 않았다. 뇌 수술이 너무 전문적이어서 학생들은 이해할 수 없다고 여겼던 것이다.

　　딱 한 번, 중앙 수술실 복도를 걸어가다가 신경외과 수술실의 작고 둥근 창 너머로 잠깐 안을 본 적은 있다. 벌거벗은 여자가 마취되어 머리카락마저 완전히 깎인 상태로, 수술대 위에 L자로 똑바로 앉혀져 있는 광경이었다. 나이가 지긋하고 키가 장대 같은 신경외과 의사가 수술용 마스크로 얼굴을 가리고 램프까지 머리에 단 채 그녀 뒤에 서 있었다. 그리고는 엄청나게 큰 손으로 완전히 삭발된 두피에 짙은 갈색 요오드 소독액을 벅벅 문지르고 있었다. 마치 공포영화의 한 장면처럼 보였다.

3년 후, 어쩌다 보니 나 자신이 바로 그 신경외과 수술실에 떡하니 서 있게 됐다. 그 수술실에서 젊은 신경외과 전문의가 파열된 뇌동맥류를 수술하는 모습을 구경했다. 의사 면허를 받은 지 1년 반이 지났을 때라 이미 의사라는 직업에 대한 환상은 버린 후였다. 당시 나는 중환자실에서 SHO_{Senior House Officer}(선임인턴 – 옮긴이)으로 일하고 있었다. 내가 약간 따분해하자 마취과 의사 한 명이 환자 준비시키는 일을 도와달라며 수술실로 나를 불렀다. 신경외과 수술은 내가 봐온 어떤 수술과도 완전히 달랐다. 그동안 본 수술은 대개 의사가 오래도록 피투성이가 된 채로 신체를 절개하고 크고 미끈거리는 신체 부위를 다루는 게 전부였다. 반면, 신경외과 수술은 수술 현미경을 가지고 환자의 머리에 뚫린 작은 구멍을 통해 눈에 보이지도 않을 만큼 가느다란 기구들을 집어넣어 혈관을 다루고 있었다.

동맥류란 뇌동맥이 풍선처럼 작게 부풀어 튀어나온 곳을 말하는데 이로 인해 뇌 안에 치명적인 출혈이 자주 일어날 수 있다. 이를 방지하기 위해 폭이 2~3mm밖에 안 되는 동맥류에 용수철이 장착된 조그만 금속 클립을 물리는 수술을 한다. 보통 '동맥류를 결찰한다'고 하는데 어찌 됐건 목적은 동맥류가 터지는 일을 막는 것이다. 외과 의사는 현미경과 기구를 사용하여 환자의 머리 안쪽으로 몇 cm 깊이 들어간 뇌 밑의 비좁은 공간에서 작업을 한다. 여러모로 위험할 수밖에 없는 수술이다. 뇌와 혈관에 붙어 있는 동맥류를 들어 올려 목 부분에 클립을 물리려다 잘못해서 오히려 동맥류를 터뜨릴 수도 있기 때문이다.

동맥류는 벽이 얇아 터지기 쉽고 안에는 고압의 동맥혈이 들어 있다. 벽이 어찌나 얇은지 그 안에서 소용돌이치는 검붉은 피가 생생하게 보일 정도다. 만일 결찰하기 전에 동맥류가 파열되면 환자는 대개 사망하거나 끔찍한 뇌졸중—차라리 죽는 게 더 낫다고 하는—을 겪게 된다.

수술실 안 의료진은 조용했다. 평소의 잡담과 대화는 전혀 없었다. 신경외과 의사들은 동맥류 수술을 폭탄 처리 작업과 흡사하다고 생각한다. 자기 목숨을 걸고 하는 폭탄 제거와 달리 환자의 목숨이 달려 있다는 게 다른 점이긴 하지만. 내가 옆에서 지켜본 신경외과 수술은 침착하고 냉정한 기술적 운동이 아니라, 위험천만한 종양을 추적하는 사냥에 가까웠다. 외과 의사가 환자의 뇌 밑으로 살금살금 들어가 동맥류라는 놈을 깨우지 않으려 애쓰면서 놈이 누워 있는 뇌 안의 깊은 곳을 향해 접근한다. 그다음 놈을 포획하는 절정의 순간을 만끽한다. 동맥류를 생포한 즉시 용수철이 달린 반짝이는 티타늄 클립으로 올가미를 씌운 다음 없애버리는 것이다. 격렬한 추격전이 성공적으로 끝나면 환자의 생명을 구하게 된다.

신경외과 수술은 인간의 모든 생각과 느낌의 바탕이자 삶에서 중요한 모든 것의 바탕이 되는 수수께끼 같은 뇌―밤하늘의 별과 우리를 둘러싼 우주만큼 위대해 보이는 신비의 영역―를 치료하는 과정이다. 내가 지켜본 수술의 과정은 우아하고, 섬세하고, 위험하고, 의미심장했다. 도대체 신경외과 의사가 되는 것보다 좋은 게 뭐가 있을까 싶었다. 비록 그제야 겨우 깨닫긴 했지만 이거야말로 내가 평생 동안 하고 싶던 일이라는 기이한 느낌이 들었다. 마치 첫눈에 반한 사랑처럼.

수술은 잘 끝났다. 동맥류가 뇌졸중도 출혈도 일으키지 않고 성공적으로 결찰되자, 수술실 안의 분위기가 갑자기 행복하고 편안해졌다. 나는 그날 밤 집으로 가서 아내에게 뇌 전문 외과 의사가 되겠다고 선언했다. 아내는 내가 무슨 과를 택해야 할지 워낙 우왕좌왕했던 모습을 봐와서 좀 놀란 듯했지만 그럴듯한 생각이라고 여기는 것 같았다. 우리 둘 중 누구도 이 결정이 어떤 결과를 불러올지 당시에는 전혀 알지 못했다. 내가 신경외과 수술에 강박적으로 집착하고 장시간 일한다는 이유만으로 스스로 대단한 인물인 양 행세하다가 결국 25년 뒤에 우리 결혼이 끝장나고 말리라는 것을.

환자들에겐 각자
아파온 역사가 있다

　　　　　　　　30년 세월과 동맥류 수술 수백 건을 거치면서 내 삶도 많은 변화를 겪었다. 이혼을 하고 재혼을 했으며 어느새 은퇴가 코앞에 다가왔다. 그럼에도 매일같이 자전거를 타고 병원으로 출근하는 것은 변함이 없었다. 폭염이 막 끝나고 잿빛 비구름이 런던 하늘에 무겁게 걸려 있던 그해 월요일 아침에도 동맥류 수술이 잡혀 있었다. 거의 모든 사람이 휴가를 떠난 듯 도로는 한산했다. 다만 병원 입구의 하수도가 넘치는 바람에 쏜살같이 지나가는 빨간 버스들이 폭포수처럼 보도 위로 물을 튀겨댔다. 때문에 걸어서 출근하는 직원은 버스가 쌩 하고 지날 때마다 한쪽으로 펄쩍 물러나야 했다.

　　사실 나는 이제 동맥류 결찰술을 잘 하지 않는다. 동맥류 결찰술을 위해 오랜 시간 고통스럽게 습득한 모든 기술이 과학의 발달로 쓸모없어졌다. 이제는 동맥류 수술을 할 때 머리를 열지 않는다. 대신, 방사선과 의사—신경외과 의사가 아니다—가 환자의 사타구니에서 허벅지의 대퇴동맥으로 바늘을 집어넣어 카테터(체액을 빼내거나 약물을 집어넣기 위해 삽입하는 관 - 옮긴이)와 와이어를 통과시킨다. 이것을 동맥류까지 밀어 올린 다음, 동맥류를 밖에서 결찰하는 것이 아니라 안에서 코일(미세한 금속선으로 신경외과 수술에서는 백금 재질을 주로 사용한다 - 옮긴이)을 채워 막아버린다. 환자도 그 편이 수술을 받는 것보다 훨씬 덜 불쾌할 것이다.

이렇듯 대체기술이 발달하니 신경외과는 더 이상 예전 같지 않다. 신경외과 의사에게 마이너스 요소인 것이 결국 환자에게는 플러스 요소가 될 테지만. 이제 나는 동맥류가 아닌 뇌 안의 종양을 없애는 일을 주로 한다. 신경교종이나 수막종 등에 붙는 접미사 '-종$_{oma}$'은 종양을 뜻하는 고대 그리스어에서 유래한다. 그 앞에 붙는 단어, 즉 신경교종의 '신경교'나 수막종의 '수막'은 종양이 자라는 부위의 이름이다. 이를테면 신경교종은 신경교 세포에서 자라는 종양을 뜻한다. 그러나 때로는 동맥류를 안에서 코일로 막을 수 없는 경우도 생기기 마련이다. 그럴 때면 예전에 그토록 격렬하게 느꼈던 불안과 흥분의 상태를 오랜만에 떠올리며 아침에 출근하곤 한다.

20년 전부터 나의 아침 시간은 언제나 회의로 시작한다. 계기는 텔레비전 경찰 드라마 〈힐 스트리트 블루스〉 때문이었다. 매일 아침, 카리스마 넘치는 경사는 경관들에게 간결하게 훈계를 하고 지시 사항을 전달한 다음 사이렌을 요란하게 울리며 출동한다.

그때는 정부가 병원 수련의들의 긴 근무 시간을 줄이기 시작하던 때였다. 말하자면 의사들이 피곤하고 과로한 나머지 환자들의 생명이 점점 위험해지고 있다는 것이었다. 그 말이 맞는다면 수련의들이 밤에 더 오래 잤으니 사고도 확 줄어들고 일처리도 빨라졌어야 하는데, 거꾸로 환자의 불만이 늘어가고 미덥지도 못하게 되었다. 내 생각엔 그들이 근무 시간을 줄인답시고 교대로 일하느라 예전에 장시간 일하면서 서로 끈끈하게 느꼈던 책임감과 소속

감을 잃어서 그런 것 같았다. 그래서 매일 아침 회의를 하면서 방금 들어온 환자에 관해 의논하고 수련의들을 끊임없이 가르쳐 단련시키는 동시에 치료 계획을 짜다 보면, 잃어버린 연대감이 다만 일부라도 다시 생겨나지 않을까 기대했다.

모두들 좋아하게 된 우리 회의는 목표를 지루하게 되새김한다거나 새로운 환자 관리 방법을 읊조리는 따분한 병원 운영 회의와는 차원이 다르다. 매일 아침 8시 정각 캄캄하고 창문도 없는 엑스선 판독실 안. 우리는 환자들의 뇌 스캔을 보며 소리도 지르고 맘껏 논쟁을 하거나 큰 소리로 웃기도 한다. 불쌍한 환자들이 우리들의 냉소적이고 섬뜩한 농담의 희생양이다. 전문의와 수련의 10여 명이 반원으로 둘러앉은 모습을 밖에서 본다면, 우리가 마치 영화 〈스타 트렉〉에 나오는 엔터프라이즈호의 갑판 위에 있는 것처럼 보일 것이다.

앞쪽에는 컴퓨터 모니터들이 늘어서 있고 하얀 벽에 확대 영사된 뇌 스캔이 흑백영화처럼 펼쳐진다. 그것은 앞서 24시간 동안 응급으로 입원한 환자들의 것이다. 환자들 중 다수는 치명적 출혈, 심각한 머리 손상, 또는 뇌종양이라는 진단을 받을 것이다. 멀쩡하게 살아서 신나게 일하는 우리는 거기 앉아 마치 올림포스 신처럼 초연하게 냉소를 머금고 인간이 겪는 고통과 재난의 추상화들을 감상하며, 수술이 필요한 흥미로운 사례가 발견되기를 기대한다. 수련의들은 해당 환자의 뇌 스캔을 띄우고 사례를 발표하면서 우리에게 이른바 '히스토리'를 들려준다. 인간의 고통은 결코 끝나지 않는다는 듯 날마다 반복되는 갑작스런 이변이나 끔찍한 비극의 이야기들을.

그날도 나는 평소 앉던 대로 뒤쪽 구석에 앉아 있었다. SHO들은 앞줄에 앉고 외과 전공의, 그러니까 레지던트들은 그 뒷줄에 앉는다. 나는 어느 수련의가 응급실 당직이었느냐고 물었다.

"대타였는데……."

한 레지던트가 대답했다.

"쥐도 새도 모르게 내뺐어요."

"금요일 24시간 동안 당직 삐삐를 찬 의사만 다섯 명이었어."

한 동료가 말했다.

"다섯 명? 응급 환자들을 4.8시간마다 넘겼단 말이야? 완전 개판이구먼……. 발표할 건 있나?"

내 말을 듣더니 한 수련의가 일어나 컴퓨터 쪽으로 걸어갔다.

"32세 여성이 오늘 수술 받을 예정입니다. 앞서 두통이 있어서 뇌를 스캔했습니다."

그가 말하는 동안 뇌 스캔이 번쩍하고 흰 벽에 비쳐졌다.

이 스캔에 대해 질문을 하고 싶었는데 앞줄에 앉은 젊디젊은 SHO들의 이름이 하나도 떠오르지 않았다. 25년 전에는 우리 과에 SHO가 둘뿐이었는데, 지금은 여덟 명이니 그럴 법도 하지. 옛날에는 한 사람 한 사람 관심을 가졌었지만, 이제는 그들도 환자만큼 순식간에 왔다 간다. 이름을 몰라서 미안하다고 사과하며 그중 한 명에게 스캔에 대해 물었다.

"알츠하이머요!"

예의 없게 레지던트 하나가 뒤쪽에서 시키지도 않은 대답을 내뱉었다. 내가 지목한 SHO는 그제야 자기 이름이 에밀리라고 쭈뼛거리며 말했다.

"지금 보시는 건 뇌의 CTA_{CT Angiography}(CT로 혈관을 조영한 사진 – 옮긴이)입니다."

"그거 모르는 사람이 지금 여기 있나? 그니까 그게 뭘 보여주냐고."

어색한 침묵이 흘렀다. 너무 쏘아붙였나? 그녀가 가엾게 생각되어 그냥 내가 설명해야겠다 싶었다. 벽으로 걸어가 스캔을 가리키며 뇌로 가는 동맥은 나뭇가지와 같아서 바깥으로 퍼져갈수록 좁아진다고 설명했다. 그런 다음 뇌동맥 하나에서 죽은 열매처럼 약간 부풀어 오른 곳을 가리키며 에밀리를 쳐다보았다.

"동맥류인가요?"

"우측 중대뇌동맥의 동맥류지."

이 여성의 두통은 상당히 가벼웠기에 동맥류가 의심될 정도는 아니었다. 동맥류는 우연의 일치로 어쩌다 발견한 것이었다.

"다음에 시험 보는 사람이 누구지?"

몸을 돌려 전공의들을 바라보았다. 이들 모두 수련이 끝나면 국가에서 주관하는 신경외과 시험을 보아야 한다. 시험에 조금이나마 도움이 될까 싶어 내가 자기들을 이렇게 닦달한다는 걸 알기나 할까?

"그건 파열되지 않은 동맥류로서 크기는 7mm이고······."

경험 많은 레지던트 피오나가 말했다.

"연구에 따르면 매해 0.5% 확률로 파열될 위험이 있습니다."

"파열된다면?"

"그중 15%는 즉사하고 30%는 보통 출혈이 진행되어 다음 몇 주 안에 죽게 됩니다. 사망 확률은 매해 4% 이율로 복리가 붙는 식으로 높아지고요."

"좋아, 자네 숫자를 아는군. 그럼 우리가 할 일은?"

"방사선과 의사에게 코일로 막을 수 있는지 물어봐야 합니다."

"내가 물어봤는데, 그럴 수 없다더군."

방사선과 의사들은 전공이 엑스선이지만 요즘 동맥류 치료는 대개 이들이 한다. 이 환자의 경우 동맥류 모양이 나빠서 외과 수술로 결찰해야 하는 상태였다.

"그럼 선생님께서 수술하시면 되······."

"수술? 수술하면 좋아져?"

"그, 그건 모릅니다."

맞는 말이다. 그건 나도 모른다. 수술하지 않으면 환자는 동맥류가 터져 뇌에 출혈이 일어날지도 모른다. 그 결과 뇌졸중이 오거나 죽을 수도 있다. 하지만 정반대로 동맥류가 영원히 터지지 않을 수도 있다. 그럼 그 환자는 다른 이유로 죽게 되겠지. 어쨌거나 그 여성 환자는 매우 건강하고 두통은 동맥류와 무관한 것이었으며 심지어 현재 두통이 나은 상태였다. 내가 수술하면 된다고? 거꾸로 수술 도중 그녀에게 뇌졸중이 생겨서 죽을 수도 있다. 그럴 위험은 아마 4%나 5%쯤? 수술 도중 죽을 확률이나 수술하지 않고 갑작스레 죽을 확률은 얼추 비슷했다. 물론 수술을 하지 않는다면 그녀는 평생 자신의 머릿속에 시한폭탄 같은 동맥류를 이고 살아야 한다.

"그러니 어쩌면 좋을까? 이걸 환자와 의논해?"

시한폭탄을 안은 채
살지 않겠어요

그 여성 환자를 처음 만난 것은 2, 3주 전이었다. 일반 의원에 갔었다는데, 의사가 뇌 스캔이 필요하다 싶었는지 우리 병원으로 보냈다. 그 의사가 보낸 의뢰서는 무성의하기 짝이 없었다. 나이 서른둘, 파열되지 않은 동맥류 있음, 끝. 그녀는 보호자도 없이 혼자서 왔다. 나들이라도 가는 사람처럼 산뜻한 옷차림에 길고 검은 머리 위로 선글라스를 밀어 올린 채로. 칙칙한 외래 진료실 의자에 앉은 그녀는 명품 가방을 얌전히 바닥에 내려놓더니 걱정스럽게 나를 쳐다보았다. 기다리게 해서 미안하다고 사과부터 하고 진료를 시작하려는데 증상에 대해 바로 말을 꺼내기가 망설여졌다. 다짜고짜 가족 관계나 신상부터 물어보면서 면담을 시작하고 싶지 않았다. 그랬다가는 의사가 그녀를 곧 죽을 사람 취급하는 것처럼 들릴 것 같았다. 우선 가볍게 두통에 관해 물었다. 그녀는 두통이 나아졌다는 사실을 여러 번 강조했다. 내가 듣기에도 해로운 두통은 아니었다. 먼저 갔다던 그 의원에서는 아마 정상 범위의 뇌 스캔을 보면 그녀가 안심하리라 생각하고 우리 병원으로 보냈을 텐데, 오히려 완전히 새로운 문제가 생겼다. 의사가 추가 검사를 의뢰하자, 그녀는 이제 두통 대신 불안감으로 죽을 지경이 됐다. 인터넷에 떠도는 사람들의 이야기를 읽고, 자신의 머릿속에 터지기 직전의 시한폭탄이 있다고 믿게 된 것이다. 그리고 나를 보기 위해 여러 주를 기다린 참이었다.

나는 그녀에게 우선 혈관 사진을 보여주었다. 그녀의 동맥류는 매우 작아서 터질 위험이 별로 없었다. 수술 자체가 위험하기 때문에 수술의 위험이나 동맥류가 터질 위험이나 그게 그거일 거라고 차근히 설명했다.

"딴 방법은 없나요?"

치료를 원한다면 수술 외에는 방법이 없다. 문제는 수술을 할지 말지를 제대로 판단하는 것이다.

"수술은 얼마나 위험한가요?"

수술로 인해 사망하거나 불구가 될 확률이 4~5%라고 말하자 그녀가 울기 시작했다.

"수술을 받지 않으면요?"

그녀가 눈물을 흘리며 물었다.

"글쎄요, 잘하면 동맥류가 안 터진 채 쭉 사실 수도 있습니다."

"선생님께서 영국 최고의 신경외과 의사라고 그러더군요."

보통 많이 불안한 환자들이 그 두려움을 덜고자, 자신이 마주한 의사에 대해 순진한 신뢰를 가지곤 한다.

"뭐, 꼭 그렇진 않습니다. 하지만 경험이 많은 건 확실하죠. 제가 말씀드릴 수 있는 건 최선을 다하겠다는 약속뿐입니다. 환자분에 대한 제 책임을 부인하는 게 아니에요. 안타깝지만 수술을 받느냐 마느냐에 관한 결정은 환자분이 하셔야 합니다. 뭐가 더 좋을지 제가 안다면 맹세코 환자분께 말씀드릴 겁니다."

"선생님이라면 어떻게 하시겠어요?"

말문이 막혔지만 일단 그녀와 나의 나이 차이에서 내 대답은 하나였다. 예순한 살이라는 나이로 치면 나는 유통기한이 한참 지난 몸뚱아리다. 이미 그녀보다 30년을 더 살았기 때문에, 수술을 받지 않을 경우 앞으로 동맥류가 파열될 위험이 그녀보다 낮을 수밖에 없다. 상대적으로 수술의 위험은 더 높아지고 말이다.

"저라면 수술받지 않을 겁니다. 평생 동맥류를 갖고 산다는 게 상당히 힘들겠지만 말입니다."

"저는 수술하고 싶어요."

그녀가 자기 머리를 가리키며, "이걸 머릿속에 넣어두고 살고 싶지는 않아요."라고 덧붙였다.

"지금 결정하시지 않아도 됩니다. 가족들과 이야기해보세요."

"아니에요, 결정했어요."

나는 잠시 아무 말도 하지 않았다. 수술의 위험에 관해 내가 한 말을 그녀가 제대로 귀담아 들었는지 도무지 확신이 서지 않았다.

그러나 지금 그녀 표정으로 봐서는 다시 이야기해봤자 결과가 똑같을 것 같았다. 결국 내 비서를 통해 수술 날짜를 잡았다.

그로부터 3주 뒤 일요일 저녁, 나는 병원 건물로 터벅터벅 걸어 들어갔다. 그녀를 비롯해 월요일에 수술할 환자들을 보기 위해서였다. 마지못해 병원으로 가긴 했지만, 그 여자의 걱정을 대면해야 한다는 생각이 하루 종일 맴돌았던 터라 신경이 곤두서고 무지 불안했다. 일요일 저녁마다 자전거를 타고 병원으로 갈 때면 스멀스멀 나를 감싸는 불길한 예감을 떨쳐낼 수가 없다. 기다리고 있는 수술의 난이도와는 아무 상관없이, 단지 공간이 집에서 일터로 바뀌면서 생기는 느낌인 것 같다. 일요일 저녁의 병원 방문은 내가 수십 년 동안 치러온 일종의 의식인데도, 도무지 익숙해지질 않는다. 그렇게 일요일 오후에 나는 비운이 감돌 정도의 공포와 집착에서 벗어나지 못한 채 조용한 뒷골목을 따라 자전거를 탄다. 일단 환자들을 보고 그들과 이야기를 나누면 그 두려움은 조용히 자취를 감추고, 비로소 내일 수술할 준비를 마쳤다는 느낌이 든다. 그래서 병원으로 갈 때와 반대로 집으로 돌아올 때는 충분히 만족스러운 마음이 된다.

여성 병동의 붐비는 병실에서 그녀를 만났다. 남편이랑 같이 있을 때 이야기하면 좋을 것 같았지만, 남편은 아이들 때문에 집으로 갔다고 했다. 우리는 몇 분 동안 수술에 관해 이야기했다. 이미 결정된 수술이므로 위험을 거듭 강조할 필요는 없었다. 물론 복잡한 동의서에 서명을 시킬 때는 다시 언급해야 했지만.

"푹 주무시기 바랍니다. 제가 푹 잘 거라는 건 약속드리죠. 이 상황에서는 그게 더 중요하니까요."

수술 전날 밤에 보는 모든 환자에게 하는 농담에 그녀가 미소를 지었다. 그녀는 이미 알고 있었을 것이다. 병원에 절대 존재하지 않는 것이 바로 평화나 안식, 고요라는 걸. 특히 다음 날 아침 뇌 수술을 받기로 되어 있다면 더더욱.

나는 이어 다른 환자 두 명과 차례로 수술에 대해 이야기를 나누었다. 두 사람 모두 동의서에 서명하면서 자신들이 나를 얼마나 신뢰하는지 말했다. 덕분에 병원 주차장까지 걷는 동안 갑자기 기운이 솟는 것 같았다. 마치 한 배의 선장이 된 느낌이었다. 갑판을 비롯해서 모든 것이 제대로 갖춰져 있고 깔끔하게 정돈되어 있는, 내일의 수술을 위해 준비를 마친 배. 잠시나마 행복한 항해를 상상하며 집으로 돌아왔다.

수술 시작,
몰입, 몰입, 몰입

아침 회의를 마친 뒤 환자를 보러 마취실로 갔다.

"안녕하세요! 잘 주무셨어요?"

쾌활하게 들리도록 애써 크게 말했다.

"네. 푹 잤어요."

그녀가 침착하게 대답했다.

"다 잘될 겁니다."

다시 한 번, 곧 닥칠 위험에 대해 그녀가 정말 이해하고 있는지 의심이 되었다. 내 말을 제대로 못 알아들었는지도 모른다는 생각이 다시 들었다. 물론 내 기우일 수도 있다. 그녀가 매우 용감한 것일지도, 어쩌면 순진한 것일지도 모르니까. 탈의실에서 수술복으로 갈아입다가 동료를 만났다. 그에게 무슨 수술이 잡혔냐고 물었다.

"아, 그냥 척추 몇 건. 자넨 동맥류가 있지?"

"응. 파열되지 않은 동맥류라는 게 문제지. 환자가 잘못된 상태로 깨어나도 탓할 사람이 자기밖에 없잖아. 적어도 파열된 동맥류는 이미 손상된 상태로 오니까 어느 정도 예상은 할 수 있는데 말이야."

"맞아. 하지만 파열되지 않은 쪽이 보통 결찰하기가 훨씬 더 쉽잖아."

수술실로 들어가자 내 조수인 레지던트 제프가 수술대 위에서 환자 위치를 조정하고 있었다. 우리 과는 특이하게 미국인 외과 의사들을 데리고 있었다. 그들은 시애틀에 있는 신경외과 수련 프로그램에서 파견 나와 1년 동안 우리와 함께 수련한다. 제프도 그중 한 명이었고, 미국인 수련의 대부분이 그렇듯 실력이 뛰어났다. 그가 그녀의 머리를 수술대에 죄고 있었다. 경첩이 달린 틀에 붙은 세 개의 핀을 두개골에 박아 넣어 환자의 머리를 꼼짝 못하게 붙드는 것이다. 나는 그녀에게 머리카락은 최소한만 깎겠다고 약속했다. 과거에는 으레 완전히 삭발했지만, 환자가 죄수처럼 보일뿐더러 삭발이 감염률을 떨어뜨린다는 증거도 전혀 없어서 지금은 피하는 관행이다. 내 생각에는 삭발을 통해 환자의 인간다움을 말살시켜서 수술을 수월하게 하려는 게 아니었을까 싶다. 약속한 대로 최소한으로 머리카락을 깎고 나서 손을 씻고 장갑과 마스크와 가운을 입은 뒤 본격적으로 수술을 시작했다. 처음 10분가량은 환자의 머리에 소독액을 칠하고 커다란 무균 타월로 환자를 덮는다. 내가 수술할 부위만 드러나게 하는 것이다.

"나이프."

수술실 간호사 어윈에게 말한 다음, 마취과 의사에게 출발을 알린다.

"시작합니다."

천공기와 절단기를 써서 30분 동안 끙끙댄 끝에 환자의 두개골을 연다. 그리고 나서는 두개골 안쪽에 울퉁불퉁한 부분을 뼈갈개로 매끄럽게 갈아낸다.

"라이트 치워! 현미경 넣고! 수술 의자!"

수술하는 동안에는 주로 소리치는 식으로 말하게 된다. 흥분한 상태이기도 하지만 수술실 안의 온갖 장비와 기계가 덜그럭거리고 윙윙거리고 식식대는 소리를 누르고 내 목소리가 들려야 하기 때문이기도 하다.

현대식 양안 수술 현미경은 실로 물건 중의 물건이다. 마치 장인이 자신의 도구를 사랑하는 것처럼, 나도 내 현미경을 깊이 사랑한다. 가격만 해도 10만 파운드(약 1억 7000만 원)가 넘는데다 무게도 2,500kg이나 나간다. 그 큰 덩치로 완벽한 균형을 잡은 채, 내 현미경은 호기심 많고 사려 깊은 학처럼 환자의 머리 위로 고개를 지그시 기울인다. 두 눈이 맞닿을 양안 튜브는 육중한 몸체에 가볍게 매달려 있다가도, 내가 제어판을 살짝 만지기만 하면 내 눈높이에 맞춰 바로 움직인다. 수술 부위를 확대할 뿐만 아니라 자연광에 가장 가까운 밝은 조명까지 비춰준다. 수술실 간호사 두 명이 끙끙거리며 무거운 현미경을 천천히 밀어서 수술대까지 가지고 오면, 나는 현미경 뒤에 놓인 수술 의자로 올라앉는다. 수술 직전 마음속에 경외심이 가득 차오르는 순간이다. 30년 전 첫 번째 동맥류 수술을 구경했을 때 가졌던 순진한 열정 그대로다. 마치 말을 타고 신화 속 야수를 찾아 떠나는 중세의 기사가 된 것만 같은 기분이다.

현미경으로 들여다보는 환자의 뇌는 아닌 게 아니라 정말 마법에 걸린 듯 신비롭다. 따분한 병원 복도와 무슨 무슨 위원회와 경영진과 서류 작업과 각종 규정으로 둘러싸인 바깥 세계보다 더 선명하고 더 또렷하고 더 찬란하다. 엄청나게 비싼 현미경 덕분에 보잘 것 없는 내 감각은 터무니없이 깊고 명료해지고, 이 감각은 불안감 탓에 더욱 강렬하고 신비해진다. 이는 수술하는 당사자만이 느낄 수 있는, 그 외 사람들은 알기 힘든 매우 내밀한 느낌이다. 수술 팀이 나를 둘러싼 채 비디오 모니터로 내가 수술하는 모습을 지켜보고 있어도, 조수가 곁에서 보조 튜브로 내려다보고 있어도,

병원 복도에 붙은 온갖 벽보가 팀워크와 의사소통의 중요성을 외치고 있어도, 결국 이 일은 나와 종양과의 일대일 결투일 수밖에 없다.

"좋아, 제프. 계속해. 뇌 견인 도구 준비하고."

견인 도구(수술 부위를 넓게 벌리거나 그 주위를 들어 올리기 위해 사용하는 수술 도구 – 옮긴이) 하나를 골라 전두엽 밑으로 집어넣는다. 뇌를 두개골 바닥에서 위쪽으로 조심조심 1mm씩 끌어올리면서 뇌 밑에 좁은 공간을 만든 다음, 그 공간을 따라 동맥류를 향해 살금살금 기어간다. 그토록 오랜 세월을 현미경으로 수술을 하고 나니 현미경이 그냥 내 눈처럼 느껴진다. 실제로 현미경을 타고 내려가 환자의 머릿속으로 들어가는 것만 같고 뇌로 집어넣은 기구의 끝은 내 손가락 끝처럼 느껴진다. 제프에게 경동맥을 가리킨 뒤 어원에게 현미경 가위를 달라고 한다. 거대한 동맥을 둘러싼 거미막을 조심스럽게 자른다.

"와, 깨끗하네요."

제프가 말한다. 파열되기 전의 동맥류를 수술하는 중이니 뇌 해부 구조가 깨끗하고 완벽할 수밖에.

"견인 도구 하나 더."

견인 도구 두 개로 무장하고 붙어 있는 전두엽과 측두엽을 비틀어 떼기 시작한다. 전두엽과 측두엽은 거미막으로 싸인 채 서로 붙어 있다. 거미막은 두개골 아래에서 뇌를 감싸고 있는 세 겹의 수막 중 하나로, 촘촘한 거미줄처럼 생겨서 거미막이라고 불린다.

거미막 아래에는 물처럼 투명한 뇌척수액이 흐른다. 맑은 뇌척수액―의사들에게는 CSF Cerebro-Spinal Fluid로 통한다―이 현미경의 불빛을 받아 은빛으로 반짝인다. 그 아래로 매끄럽고 노란 뇌 표면에 퍼져 있는 자잘한 붉은 혈관들이 우주에서 내려다본 지구의 강줄기처럼 아름다운 가지를 이루고 있다. 반짝이는 흑자색 정맥들은 전두엽과 측두엽 사이를 지나 중뇌동맥 쪽으로 내려간 다음, 환자의 동맥류까지 이어진다.

"이거 끝내주는데요!"

"옛날에는 피가 섞이지 않거나 감염되지 않은 CSF를 진Gin처럼 맑다고 했어. 요즘은 진 대신 무알콜 용어를 써야겠지?"

곧 중뇌동맥이 보일 것이다. 실제로는 직경이 2~3mm밖에 안되지만 현미경으로 보면 거대하고 위협적으로 보인다. 분홍빛이 도는 붉고 거대한 동맥의 줄기가 심박에 맞춰 불길하게 꿈틀댄다. 이제 전두엽과 측두엽 사이 틈새로 깊숙이 들어가 동맥의 줄기가 자라기 시작하는 놈의 은신처에서 동맥류를 찾아야 한다. 동맥류가 파열된 경우, 전두엽과 측두엽 사이에 있는 중뇌동맥을 떼어내는 작업은 시간도 오래 걸리고 매우 고통스럽다. 동맥류가 터지면서 생긴 출혈로 걸핏하면 전두엽과 측두엽이 한데 붙어버리기 때문에 동맥을 분리시키기란 너무도 어렵고 힘든 작업이다. 게다가 그 사이 언제 동맥류가 다시 터질지 모른다는 두려움까지 끈질기게 따라다닌다. 이 모든 과정이 계속되는 동안, 시야를 가리는 척수액과 혈액을 지속적으로 석션하는 것도 잊지 말아야 한다.

뇌는 일종의 혈관 덩어리라 할 수 있다. 때문에 뇌를 둘러싼 수많은 정맥과 가느다란 동맥을 찢지 않도록 세심하게 신경 써야 한다. 조금이라도 혈관을 건드려서 출혈이 생기면 시야가 가려지는 것은 둘째 치고, 당장 환자 뇌로 가야 하는 혈액 공급에 문제가 생긴다. 그래서 전두엽과 측두엽 사이에 끼어 있는 동맥을 분리하는 작업이 유난히 어렵고 위험하다 싶을 땐, 잠시 하던 일을 멈추고 팔걸이에 손을 얹은 채 뇌를 잠시 바라보며 숨을 고른다.

수많은 혈관으로 덮인 이 기름진 단백질 덩어리와 그걸 보면서 내가 하는 생각이 정말로 똑같은 재료로 만들어졌을까? 언제나 그렇다는 대답이 돌아온다. 그러면 이 미치광이 같은 결론 자체를 내 머리로는 도저히 이해할 수 없어서 정신을 차리고 수술을 계속한다.

이번 수술은 동맥을 떼어내기가 쉽다. 마치 뇌가 저절로 벌어지는 것처럼 특별한 작업을 하지 않아도 전두엽과 측두엽이 재빨리 갈라섰다. 그래서 불과 몇 분 안에 동맥류가 전두엽, 측두엽, 그리고 흑자색의 정맥에서 완전히 분리되어 현미경의 환한 불빛 속에서 반짝거리는 모습을 볼 수 있었다.

"이런, 빨리 묶어달라고 하는 거 보여?"

갑자기 뿌듯하고 느긋해진 내가 제프에게 말한다. 가장 큰 위험은 이제 지나갔다. 동맥류에 손이 닿기도 전에 터지기라도 하면 그 출혈을 감당하기 매우 힘들어진다. 이로 인해 뇌가 갑자기 부풀고 순식간에 동맥혈이 뿜어져 올라온다. 두개골 안에서 빙글빙글

맴돌며 빠르게 솟아오르는 성난 붉은 피의 소용돌이. 이 피바다를 헤집고 동맥류를 찾아내기 위해 필사적으로 버둥거려야만 한다. 게다가 나는 이 광경을 현미경으로 볼 수밖에 없는데, 엄청나게 크게 확대된 현미경 속 참극을 보노라면 곧장 핏속에 빠져서 질식할 것만 같다. 심장에서 오는 피의 4분의 1이 뇌로 가므로, 재빨리 지혈하지 못하면 환자는 몇 분도 안 돼서 순식간에 피를 몇 리터는 잃을 것이다. 무엇보다 이런 참혹한 응급상황에서 살아남는 환자는 거의 없다.

"클립."

내 말을 듣고 어윈이 번득이는 티타늄 클립들이 담긴 금속 쟁반을 내민다. 다양한 모양과 크기의 동맥류에 맞춰 클립 역시 온갖 모양과 크기로 맞춤 제작된다. 나는 현미경 아래로 동맥류를 보고 클립들을 본 다음, 다시 동맥류를 본다.

"6mm, 짧은 직각."

어윈이 그 모양의 클립을 집어내 장착기 위에 끼운다. 이제부터 온전히 의사의 몫이다. 장착기 손잡이에 달린 용수철을 눌러서 클립의 날을 열고, 동맥에서 동그랗게 튀어나온 동맥류 시작 부분에 클립을 끼워서 클립의 두 날을 조인다. 클립으로 조여진 동맥류는 동맥에서 분리된 것이나 다름없다. 동맥혈이 이제는 동맥류로 들어가지 못할 테고, 그럼 터질 일도 없다. 마지막으로 장착기 손잡이의 용수철을 벌려서 클립을 떼어낸다. 이제 이 클립은 평생 동안 환자의 몸속에 남아 동맥류를 단단히 묶어줄 것이다. 이게 바로 동맥류 수술의 일반적인 과정이다. 적어도 내가 과거에 해왔던 수술 수백 건은 늘 이 과정을 따랐다.

아찔했던
찰나의 시간

이번 수술은 비교적 결찰이 쉬워 보여 제프에게 전권을 넘겼다. 레지던트들은 동맥류라는 응급 사이렌이 울리면 좋아서 어쩔 줄 모른다. 어떻게 해서든 수술을 해보고 싶어 사족을 못 쓰지만 아쉽게도 요즘은 동맥류를 코일로 막아버리는 일이 잦다. 이 말은 더 이상 그들을 제대로 훈련시키기가 어려워졌음을 뜻한다. 그래서 나는 종종 간혹 있는 수술에서 가장 간단하고 쉬운 부분을 레지던트에게 시키곤 한다. 내가 옆에 붙어서 매우 철저하게 감독을 하는 것은 물론이다. 제프가 수술 의자에 자리를 잡자 간호사가 클립을 끼운 장착기를 그에게 건넸다. 제프가 동맥류를 향해 장착기를 조심스럽게 옮겼다. 나는 조수용 현미경 아래로 클립이 동맥류 주위에서 불안하게 떠는 모습을 초조하게 지켜봤다. 후배를 훈련시키는 것은 직접 수술하는 것보다 백배는 더 힘들고 골치가 아프다. 아니, 동맥류 주위를 왜 그렇게 더듬거리지? 겨우 2~3초 지났을 뿐이지만 훨씬 더 길게 느껴졌다. 더 이상 견디지 못하고 한마디 했다.

"왜 이리 굼떠. 이리 내."

제프가 군말 없이 의자에서 기어 나오고—이런 순간에 감히 불평을 할 수 있는 수련의는 없다—우리는 다시 자리를 바꿨다. 장착기를 받아 동맥류에 대고, 손잡이의 양쪽 용수철을 동시에 눌렀지만 클립이 벌어지지 않았다.

"젠장, 클립이 안 열리잖아!"

"아까도 그랬습니다."

제프가 약간 억울한 목소리로 말했다.

"빌어먹을! 장착기 바꿔."

장착기를 바꾸자 클립이 쉽게 열렸다. 동맥류를 깔끔하게 결찰하자 피가 통하지 않은 동맥류가 조그맣게 오그라든다. 나는 깊이 한숨을 쉬었다. 동맥류가 이렇게 잘 처리되면 언제나 그러듯이. 하지만 기겁할 상황이 곧이어 벌어졌다. 장착기에서 클립이 떨어지지 않았던 것이다. 자칫 동맥류가 터질까 봐 손도 쉽사리 움직일 수가 없다. 장착기를 잡은 손이 얼어붙은 채 꼼짝 않고 멈춰버렸다. 이러다가 동맥류가 아예 찢겨져서 출혈이 생기기라도 하면? 생각하기도 싫지만 동맥 자체를 없애버려야만 한다. 그렇게 되면 환자는 심각한 뇌졸중을 맞게 된다. 나는 손을 움직이지 않으려고 기를 쓰면서 격하게 욕을 퍼부었다.

"이게 왜 지랄이야!"

딱히 잘못한 사람이 없는 상황에서 허공에 대고 소리를 질러댔다. 하지만 이내 곧 냉정함을 되찾고 동맥류를 묶은 클립을 다시 열어 장착기를 바꾸고 처음부터 다시 시작하는 수밖에 없다는 걸 깨달았다. 다행히 클립의 날은 쉽게 열렸다. 동맥류가 갑자기 부풀어 순식간에 동맥혈로 채워지자 심히 불안해졌다. 나를 비웃기라도 하는 듯 금방이라도 터질 듯 탱탱해졌지만 터지지는 않았다. 나는 더욱 격렬하게 욕을 쏟아내며 장착기를 격하게 집어던졌다.

"한 번도 안 그러더니 이게 미쳤나!"

그러나 재빨리 화를 가라앉히고 어윈을 보며 껄껄 웃었다.

"나 이거 평생 통틀어서 세 번째야. 수술 기구 던진 거 말야."

세 번째 장착기를 찾는 동안 몇 분을 기다려야 했다. 세상에, 장착기가 고장 나다니. 그제야 30년 전에 내 선배도 같은 이유로 수술을 망쳤다고 한 게 떠올랐다. 안타깝게도 그의 환자는 운이 없었다. 그 선배는 내가 아는 외과 의사 중, 수술 전 장착기를 점검하는 유일한 사람이었다.

의사들은 의학의 '예술과 과학'에 관해 떠들기를 좋아한다. 나는 이것이 오글거리는 허세로 느껴진다. 차라리 '실용적인 재주'라고 이야기하는 게 낫지 않나. 동맥류 결찰은 하나의 기술, 그것도 배우는 데 여러 해가 걸리는 고난이도 기술이다. 고생 끝에 혈관들을 조심스레 가로질러 동맥류를 찾아냈어도 그게 끝이 아니다. 클립의 위치를 어떻게 잡을 것인지, 동맥을 손상시키지 않고 어떻게 동맥류의 목을 클립으로 조일 것인지 더 중요한 단계가 남아 있다. 비교적 쉬워 보여서 조수에게 넘겼지만, 이렇게 된 이상 내가 끝내야 했다. 새로운 장착기를 가지고 다시 동맥류를 집자 제프가 거든답시고 말했다.

"클립이 제대로 걸쳐지지 않았습니다."

"나도 알아!"

내가 신경질적으로 쏘아붙였다. 이제부터가 수술의 어려운 부분이다. 클립을 다시 조금 열고 위치를 옮길 수도 있지만, 그 과정에서 동맥류를 찢을 수 있기 때문에 조심해야 한다. 조금이라도 부주의하면 동맥혈이 현미경까지 뿜어져 올라올 테니. 그런가 하면 동맥류의 목이 클립으로 완전히 조여지지 않을 경우 그 사이로 피가 몰려들어 동맥류가 부풀어 올라 터질 수가 있다. 상상하고 싶지도 않다.

어느 유명한 영국의 외과 의사가 이렇게 말했다. 외과 의사는 강철 같은 신경, 사자의 심장, 여자의 손을 가져야 한다고. 나는 그 셋 중 아무것도 가진 게 없다. 그러니 대신 매번 끈질긴 근성을 발휘해야만 한다. 집요하고 미세하게 클립의 위치를 조정해서 어떻게든 완벽하게 마무리하는 수고를 선택해야만 하는 것이다. 그냥 잘한 것은 가장 잘한 것의 적이라고 으르렁대면서.

레지던트들에게 수술은 멋진 스포츠 경기를 관람하는 것과 같다. 그들은 동맥류 결찰에 대해 지적하는 것에서 묘한 쾌감을 얻는다. 그들은 동맥류가 찢어진 결과를 감당할 필요가 없으니까. 화산 폭발하듯 뿜어져 나오는 피와 사투를 벌이는 상사를 구경하는 것은 언제나 신나는 일이다. 나도 수련의 시절에는 그랬다. 무엇보다 수술이 잘못된 환자를 보며 납덩이 같은 책임을 느끼는 지옥을 경험할 필요도 없으니까 말이다.

"걱정할 것 없어."

조수한테 망신은 당했지만 크게 개의치 않고 이렇게 말했다. 그동안 결찰한 동맥류 수백 건을 떠올리며. 경험이 쌓일수록 의사는 더 용감해지기 마련이다. 경험이 부족한 외과 의사는 지나치게 조심스럽다. 그래서 오로지 끝없는 연습을 통해서만 너무 겁나고 어려워 보였던 것들을 잘해낼 수 있다.

나는 조심스럽게 클립을 약간 열고 동맥류를 따라 클립을 살살 움직였다.

"아직도 조금 비껴 있는데요."

이럴 때면, 과거에 동맥류 수술을 하다 일으킨 사고들이 유령의 행진처럼 내 앞을 스쳐 지나간다. 여러 해 전에 잊어버린 환자들의 얼굴과 이름, 환자의 가련한 친척들까지 갑자기 다시 나타나는 것이다. 여기서 수술을 끝내버릴까? 괜히 더 건드렸다가 출혈을 일으켜 일을 망치면 어쩌지? 두려움에서 도망치려는 충동과 내이성이 미친 듯이 싸움을 벌인다. 잊고만 싶은 옛 유령들이 내 주위로 모여든 이 순간, 클립의 위치를 다시 한 번 옮길 것인지 아닌지를 결정한다. 연민과 공포가 냉정한 기술적 정확성과 팽팽히 맞선다.

세 번째로 클립의 위치를 옮기자 마침내 클립이 자리를 잘 잡은 것처럼 보였다.

"이제 됐어."

"와! 선생님, 대단하세요!"

말은 기쁘게 했지만 제프는 클립을 직접 끼우지 못해 아쉬웠을 것이다.

안전하게 묶인
머릿속 시한폭탄

제프에게 마무리를 맡기고 휴게실로 터덜터덜 걸어갔다. 몇 년 전인가 내가 사다 놓은 큼직한 빨간색 가죽 소파 위에 드러누워, 살면서 일어나는 많은 일들이 마구잡이 우연에 따라 결정된다는 생각을 다시 한 번 떠올렸다. 뇌 수술 뒤에는 환자 상태가 어떤지 체크하기 위해 마취과 의사가 언제나 환자를 서둘러 깨운다. 어려운 수술을 하고 난 모든 신경외과 의사는 마취가 풀리기를 초조하게 기다릴 것이다. 설사 아무것도 잘못된 것이 없다고 확신해도 말이다. 그녀는 완벽한 상태로 깨어났다. 나는 그걸 확인하고 바로 병원을 나와 집으로 갔다.

우중충한 잿빛 구름 아래 자전거를 타면서 병원에서 멀어졌다. 그러면서 동맥류 수술을 성공하고 느꼈던 희열이 예전 같지 않다는 생각을 했다. 젊었을 땐 하루 동안의 수술이 성공적으로 끝나면 강렬한 흥분을 느꼈다. 조수들을 데리고 병동을 돌며 환자와 환자의 가족의 진심 어린 감사를 받을 때면, 엄청난 전투를 치른 개선장군처럼 느껴졌다. 지금도 그런 감정을 느끼기엔 그동안 너무 많은 일들이 있었다. 아무리 열심히 했어도 많은 사고와 예기치 않은 비극, 실수가 분명 있었으므로. 그래도 이번 수술은 끝나고 기쁜 마음이 들었다. 비극적 상황도 없고 환자도 무사했다. 외과 의사가 아닌 사람은 어떤 기분인지 결코 알 수 없는 오묘한 느낌. 어떤 심리학 연구 결과에서 사람이 행복해지는 가장 믿을 만한 경로는 다른 사람을 행복하게 해주는 것이라고 한다. 나는 성공적인 수술로 많은 환자를 행복하게 만들어주었다. 반면 끔찍한 실패도 많이 겪었다. 신경외과 의사의 인생에는 어쩔 수 없이 사이사이에 깊은 절망의 마침표들이 찍히게 된다.

그날 저녁, 그 여자 환자를 보러 다시 병원으로 들어갔다. 그녀는 크고 검은 눈을 깜박이며 침대에서 일어나 앉아 있었다. 수술을 끝낸 보통의 환자들과 마찬가지로 이마가 부은 모습으로, 속이 메슥거리고 두통이 있다고 말했다. 큰일 아니기에 별다른 대답을 하지 않았더니 그녀의 남편이 화난 표정으로 나를 쳐다보았다. 내가 격하게 공감해주길 바랐겠지. 말 그대로 재앙이 될 뻔했던 수술을 하고 난 뒤여서 그런지 그런 자잘한 문제들은 별 게 아닌 것으로 다가왔다. 그녀에게 수술이 완벽하게 성공했고 몸 상태도 곧 좋아질 거라고 말했다. 그녀의 남편과는 수술 전에 이야기하려고 애를 썼지만 못 했던 탓에, 그는 아마 수술 위험에 대해 깊이 알지는 못했을 것이다.

우리가 외과 의사로서 최고의 성과를 거두었을 때 이로 인해 회복을 되찾은 환자들은 우리를 완전히 잊어버린다. 그래서 모든 환자가 수술이 성공한 뒤 처음에만 엄청나게 고마워하고 만다. 그게 정상이다. 시간이 지나도 계속 고마워하는 환자가 있다면, 그 환자가 완치가 안 돼서 나중에 우리를 다시 찾게 될까 봐 두렵다는 뜻이다. 그들은 우리가 운명을 좌지우지하는 신이라도 된 듯, 화를 돋우면 안 된다고 생각한다. 그래서인지 선물도 가져오고 감사 카드를 보낸다. 우리를 영웅이라고 추켜세우고 때로는 신이라고 부르기도 한다.

그러나 거듭 이야기하지만, 우리에게 가장 큰 성공은 환자들이 일상을 되찾아 우리와 영영 헤어지는 것이다. 병이 나은 환자들은 우리를 다시 볼 일이 없다. 아니, 볼 일이 생기면 안 된다. 그렇게 무시무시했던 우리와의 기억을 그들은 과거의 일로 덮는다. 단순해 보이는 뇌 수술이 실은 얼마나 위험했는지, 그들이 무사히 회복한 것이 얼마나 큰 행운인지 결코 깨닫지 못할지도 모른다. 반면 신경외과 의사는 잠시 동안이지만 천국을 느낄 수 있다. 지옥에 아주 가까이 가보았으니까.

의사에게
당당하게 질문한 적
있습니까

Do No Harm

혈관모세포종:
뇌 또는 척수의
혈관에서 발생하는 종양.

　　　　　　활기찬 느낌으로 병원에 도착했다. 소
뇌 혈관모세포종 수술이 오늘의 일정에 있었다. 혈관모세포종은
혈관 덩어리로 형성된 희귀한 종양이다. 이번 환자는 양성이지만
그래도 치료는 확실히 해야 한다. 조심하지 않으면 혈관 덩어리가
끔찍한 출혈을 일으킬 수 있기 때문이다. 여러모로 수술에 위험이
있지만 그래도 성공할 확률이 훨씬 높다. 그야말로 신경외과 의사
가 사랑하는 수술이다. 고도의 기술이 필요하지만 모든 게 잘 굴러
가기만 하면 마지막에 환자로부터 진심 어린 감사의 인사를 받을
수 있는 도전적 수술.
　　환자를 본 것은 며칠 전 외래 진료소에서였다. 그는 몇 달 전부

터 심한 두통으로 괴로워하고 있었다. 40세의 회계사였는데 갈색 곱슬머리에 약간 얼굴이 붉어서 항상 쑥스러워하는 사람처럼 보였다. 그래서 괜히 병을 설명하는 내가 다 쑥스러운 느낌이 들면서 겸연쩍고 어색해졌다. 나중에야 그의 얼굴이 붉은 이유가 다혈구증에 있다는 걸 깨달았다. 종양이 골수를 자극하면 적혈구가 과잉 생산되는 경우가 있는데, 역시 그는 보통 사람보다 혈액 속에 적혈구가 더 많았다.

"뇌 스캔 보시겠어요?"

"네……."

그가 자신 없이 대답했다. 종양은 마치 검은 뱀으로 가득 찬 것처럼 보였다. 혈액은 영상을 찍는 검출기에 신호가 잡히기도 전에 혈관을 쏜살같이 통과하기 때문에, 재난을 품고 있는 이 혈관 덩어리의 자리에는 아무것도 찍히지 않은 '유동공백'이 가득했다는 말이다. 만만치 않은 수술이 될 전망이라 나는 스캔상에서 이것들을 열심히 관찰했다. 증상에 대해 의논하는 동안 그는 컴퓨터 스크린을 조심스럽게 보더니 우울하게 말했다.

"전에는 한 번도 심각하게 아픈 적이 없었는데 지금은 이 꼴이군요."

"양성이 거의 확실합니다."

다수의 뇌종양이 악성이고 불치이기 때문에 뇌종양 환자와 이야기할 때는 그들을 위로하고 안심시키려는 본능을 최대한 억눌러야 한다. 예전에 수술 전 환자에게 지나치게 낙관적으로 대했던 걸 나중에 뼈저리게 후회했던 적도 있었다. 그러니 내가 양성이라 생각하고 말할 정도면 그것은 거의 확실하다는 소리다. 자신 있게 환자에게 낙관적인 이야기를 한 다음에는 수술의 위험에 관해 이야기할 차례다. 그리고 수술 위험을 왜 무릅써야 하는지, 수술을 하지 않았을 때의 위험과 비교해 이야기하는 통상적인 설명을 이어갔다. 그가 종양을 제거하지 않으면 불과 몇 달 안에 죽을 수도 있다. 사전 동의의 원리는 매우 쉽게 들린다. 외과 의사가 수술로 잃을 것과 얻을 것의 수지타산을 설명하면, 침착하고 이성적인 환자가 자신이 원하는 바를 결정하는 것이 사전 동의의 기본 원리다. 슈퍼마켓에 가서 다양하게 진열된 칫솔 하나를 고르는 것처럼 말이다.

그러나 현실은 매우 다르다. 환자들은 겁먹은 상태이며 병이나 수술 등에 무지하다. 자신의 외과 의사가 유능한지 아닌지 그들이 대체 어떻게 알겠는가? 그저 담당 외과 의사가 초인적인 능력을 가지고 있다고 생각하면서 자신의 두려움을 극복하려 할 것이다. 그에게 수술이 잘못되어서 죽거나 뇌졸중을 겪을 위험은 1~2%라고 말했다. 사실은 나도 혈관모세포종을 몇 번밖에 수술해보지 않아서 정확한 수치는 잘 모른다. 게다가 그의 종양은 보기 드물게 크기가 매우 컸다. 그러나 나는 환자가 수술받아야 하는 상황이 명확해지면, 환자를 겁주고 싶지 않다. 어차피 해야 할 수술인데 뭐하러 겁을 주나.

환자를 대하는 의사들이 잊지 말아야 할 중요한 두 가지가 있다. 수술하기로 한 결정이 옳다고 믿는 것, 그리고 내가 다른 어떤 외과 의사보다 더 수술을 잘할 수 있다고 확신하는 것. 나처럼 뇌종양을 수십 년 동안 수술해온 사람에겐 그리 어려운 일은 아니지만, 젊은 외과 의사라면 도덕적 딜레마를 겪을 수 있다. 그러나 고민이 필요 없는 쉬운 환자만 맡는다면 자신이 발전할 수 있을까?

이성적인 환자라면 외과 의사에게 질문할 줄 알아야 한다. 지금 내 동의를 구하는 이런 수술을 얼마나 많이 해보았느냐고. 그러나 내 경험으로 이런 환자는 거의 없었다. 대다수의 환자는 나를 담당하는 외과 의사가 수준 미달일지도 모른다는 생각만으로도 끔찍해하기 때문에 무조건적으로 의사를 신뢰하는 쉬운 방법을 택한다. 곧 나를 수술하는 의사의 기분을 상하게 하는 일 따위는 하지 않으리라 결심하는 것이다.

나도 환자였을 때 그랬다. 동료에게 수술을 받았던 적이 있었는데 나 역시 동료를 무조건적으로 믿게 됐다. 반대로 그의 입장에서는 의사인 동료를 치료한다는 사실이 매우 두려운 일인데도 말이다. 어떤 외과 의사가 좋아하겠는가. 당연히 모든 외과 의사들은 같은 외과 의사를 절대 수술하고 싶어 하지 않는다.

만일 내가 그와 같은 환자 백 명을 수술한다면 그중 한두 명은 죽거나 영구적인 불구가 될 거라고 말하는 동안 그는 말없이 귀를 기울이고 있었다. 그는 고개를 끄덕인 다음 영혼 없이 대답했다.

"뭐, 모든 수술에는 위험이 따르지요."

수술 위험도가 5%라고 말했다면 그는 수술을 안 받겠다고 했을까? 15%라고 했다면, 아니 50%라고 했다면? 아니면 위험도를 더 낮게 말하는 다른 외과 의사를 찾아갔을까? 내가 농담을 하지 않았거나 미소를 짓지 않았다면 그는 어떤 선택을 했을까? 질문이 있느냐고 묻자 그는 고개를 저었다. 그러고는 동의서를 읽지도 않고 바로 사인했다. 여러 쪽의 노란 종이에 인쇄된, 신체 부위의 법적 폐기에 관한 특별 조항이 딸린 길고 복잡한 서식이었다. 그걸 읽는 사람을 아직까지 본 적이 없다. 그에게 다음 주 월요일에 입원하라고 했다.

시스템,
누구를 위한 것인가

"환자 부르러 보냈어요?"

월요일 아침에 수술실로 들어가며 내가 물었다.

"아뇨."

마취과 의사를 보조하는 수술 팀 일원인 병원보조원 은옥이 말했다.

"피가 없어요."

"피가 없다니? 환자가 수술을 이틀이나 기다렸어요."

애교가 많은 한국 여성인 은옥은 미안하다는 듯 미소를 지었지만 대답은 하지 않았다.

"오늘 아침 6시에 혈액을 다시 주문했어요."

때마침 마취과 의사가 방으로 들어왔다.

"어제 들어왔던 혈액 정보가 이전 전자 환자 기록 시스템에 올라 있는데, 오늘 갑자기 안 되더라고요. 오늘부터 바뀌는 새 병원 컴퓨터 시스템 때문인지…… 우리가 주문했던 혈액 검사 결과를 못 찾아서 어쩔 수 없이 다시 주문했어요."

"그래서 언제 시작할 수 있는 겁니까?"

불만에 차서 내가 물었다. 위험하고 어려운 수술을 해야 하는데 마냥 기다리는 게 마음에 안 들었다. 모든 게 딱딱 맞고 수술포가 똑바로 놓여 있고 기구가 단정하게 배열된 상태에서 정시에 수술을 시작하는 것이야말로 수술대의 무대 공포를 진정시키는 중요한 방법인 것을.

"최소한 2시간은 더 있어야 해요."

아래층에 있는 벽보에는 iCLIP, 그러니까 새 컴퓨터 시스템으로 지체되는 시간이 2~3분 정도라고 했다. 벽보 이야기를 하며 내가 항의하자 마취과 의사가 소리 내어 웃었다. 그놈의 컴퓨터 시스템이 뭐라고. 나는 열 받아서 방을 나와버렸다. 몇 년 전만 해도 길길이 뛰면서 되도록 만들라고 난리쳤겠지만, 시간이 지나면서 분노가 운명론적인 절망으로 바뀌게 되었다. 거대한 병원 조직을 움직이는 새로운 컴퓨터 프로그램 앞에 일개 의사가 마주하는 무력함을 너무도 잘 알기 때문이다.

수련의들이 수술실 앞 접수대 주위에 서 있었다. 한 젊은이가 무안한 미소를 띠고 접수계 직원의 컴퓨터 앞에 앉아 있었다. 그가 입은 하얀 비닐 겉옷에 친숙한 파란 글자로 등판과 앞판 양쪽에 'iCLIP 감독'이라고 찍혀 있었다. 내가 궁금한 표정으로 선임 레지 던트인 피오나를 쳐다보았다.

"저희가 이분한테 그 뇌종양 환자의 혈액 결과를 찾아달라고 했는데 잘 안 되고 있어요."

"환자한테 사과할 일만 생겼군."

절로 한숨이 나왔다. 나는 수술 당일 아침에 환자와 이야기하 는 게 싫다. 그들의 두려움을 상기하고 싶지도 않거니와 나 역시 수술을 앞두고 초조한 인상을 주고 싶지도 않아서였다.

"환자분께는 제가 이미 말씀드렸어요."

땡큐, 피오나. 사무실로 돌아와 보니 병상 관리자 줄리아가 비 서 게일과 이야기를 나누고 있었다. 병상 관리는 선임 간호사 중 한 명이 맡는데, 환자들이 들어갈 병상을 찾기 위해 언제나 동분서 주한다. 한마디로 바쁘기는 무지 바쁜데 생색이 안 나는 일이다. 병상이 충분한 경우란 절대 없기 때문에 그녀는 근무 시간 내내 전 화기에 붙어서 다른 병상 관리자들을 구워삶는다. 환자를 교환하 여 병실이 비는 날짜를 조정하는 등, 어떻게 해서든 우리가 새 환 자를 받을 수 있도록 미친 듯이 애를 쓴다.

"보세요!"

게일이 컴퓨터 화면 속의 iCLIP 웰컴 페이지를 가리켰다. 그녀 가 화면을 스크롤하는 동안, 작고 복잡하게 생긴 아이콘 옆에 '영 안실 퇴실', '사망 취소', '출생 정정'과 같은 기괴한 이름들이 깜박이며 지나갔다.

"뭐라도 할라치면 그때마다 이 미친 목록을 쭉 내려가서 뭘 하나 클릭해야 한다니까요!"

화가 난 게일이 이상한 아이콘들과 씨름하는 동안, 나는 사무실에 있다가 환자가 마침내 마취실에 도착했다는 전화를 받았다. 곧장 위층으로 올라가 옷을 갈아입은 다음 수술실에 있는 피오나와 합류했다. 환자는 이미 마취되어 이동 침대에 실려 수술실로 들어왔다. 곧이어 마취과 의사 두 명, 병원보조원 세 명 총 다섯 명이 정맥주사액 걸이와 감시 장비를 가지고 뒤엉킨 튜브와 케이블까지 질질 끌며 들어왔다. 환자의 얼굴은 접착포로 가려져 있다. 환자의 눈을 보호해주는 접착포 위로 마취가스 배관과 얼굴 근육이 움직이는지 감시하는 전선들이 마구 지나다닌다. 이에 따라 나도 급격한 심적 변화를 맞이한다. 두려움은 간데없고 치열하고 기분 좋은 집중력이 점점 차오른다.

종양이 뇌 바닥에 있고 혈액 손실의 위험이 커서 이번에는 이름도 단순한 '앉은 자세'라 불리는 자세로 환자를 똑바로 앉혀 수술하기로 했다. 이렇게 하면 수술하는 동안 머리가 위로 가 있으니 혈액 손실을 줄이는 데 도움이 되고 뇌 아래쪽에 있는 종양에 접근하기도 쉽다.

그러나 환자의 머릿속 정맥 혈압이 낮아지기 때문에 마취 사고가 생길 작은 위험이 따른다. 수술 도중 의사가 주요 정맥을 찢기라도 하면 그 사이로 공기가 금세 심장으로 빨려 들어가 끔찍한 결과를 낳을 수도 있다. 모든 수술이 그렇듯 정교한 기술과 경험, 솜씨뿐 아니라 운까지 필요한 상황이 되는 것이다. 마취과 의사, 병원보조원과 함께 피오나와 내가 환자의 위치를 잡았다. 똑바른 자세로 고개가 앞으로 잘 숙여졌는지, 팔다리에 눌려서 나중에 아플 만한 부분은 없는지, 몸에 연결된 케이블과 전선과 튜브가 움직임이 자유로운지 확인하는 데 30분이 걸렸다.

"자, 시작합시다."

모든 준비가 끝나자 수술은 일사천리로 거의 피 한 방울 잃지 않고 완벽하게 진행됐다. 이런 종류의 종양은 수술할 때 반드시 한 번에 제거해야 한다. 종양을 조금이라도 터뜨리거나 건드리면 그 즉시 격렬한 출혈이 생기기 때문이다. 이 밖에 다른 종양들은 모두 종양을 빨아들이거나 잘라내면서 저절로 종양이 뇌에서 떨어지도록 해서 뇌에 대한 손상을 최소화한다.

혈관모세포종의 경우, 우선 종양과 뇌 사이에 '평면을 생성'한다. 뇌를 붙잡고 종양의 표면에서 가만히 들어냄으로써 2~3mm 너비의 좁은 틈새를 만들어내는 것이다. 뇌에서 종양의 표면으로 건너가는 많은 혈관을 소작기로 가르면서 그 과정에서 뇌를 손상시키지 않도록 노력한다. 실제로 잘 보이지도 않는 세밀한 작업이라 비교적 높은 배율의 현미경을 통해서만 가능하다. 혈관들은 자잘하지만 막대한 양의 피를 흘릴 수 있기 때문이다. 심장이 펌프질하는 피가 1분마다 약 1ℓ씩 뇌로 가니 그럴 수밖에 없다. 역시 사람의 생각은 에너지 소비가 많은 과정이다.

모든 일이 잘 풀리면 종양이 마침내 뇌에서 떨어지고 의사가 환자의 머리에서 종양을 들어내는 것으로 수술은 깨끗하게 마무리된다.

"다 나왔습니다!"

내가 수술대 맞은편 끝에 있는 마취과 의사에게 의기양양하게 외쳤다. 크기는 기껏해야 엄지손가락의 몇 분의 일에 불과한, 작고 꾀죄죄한 데다 피투성이인 종양을 공중에서 흔들면서. 놈은 정말이지 겉으로만 보자면 이 모든 노력과 불안과 집중을 쏟아부을 가치가 있었나 싶을 정도로 작고 보잘것없었다.

심장이 떨리는
응급실 호출

그날의 수술이 끝난 뒤 회복실에 있는 환자를 보러 갔다. 그는 눈에 띄게 좋아 보였고 완전히 깨어나 있었다. 그와 곁에 있던 그의 아내가 함께 마음에서 우러난 감사를 표현했다.

"아닙니다, 운이 좋았어요."

외과 의사의 거짓 겸손이라고 생각했을 수도 있지만 어느 정도는 사실이다. 그렇게 인사를 마치고 나가면서 손소독제로 손을 닦고 있는데, 응급실 당직 레지던트인 제임스가 나를 찾아왔다.

"선생님께서 오늘 당직 전문의이신 걸로 알고 있습니다만."

"내가? 무슨 일인데?"

"한 지역 병원에 있는 46세 남성이 오른쪽 측두엽에서 뇌실 안쪽으로 혈전이 붙어 있는데, 아래쪽에 있는 AVM에서 출혈이 있었던 것 같습니다. GCS 5등급. 입원 당시 말을 하고 있었답니다."

AVM이란 동정맥기형Arterio-Venous Malformation을 뜻한다. 태아 때 동맥과 정맥 사이에 모세혈관이 생기지 않아 동맥과 정맥이 엉켜서 커다랗게 뭉쳐 있는 선천적 기형인데, 치명적인 출혈을 일으키는 경우가 많다. GCS란 글래스고 혼수 척도Glasgow Coma Scale의 줄임말로, 환자의 의식 수준을 평가하는 한 방법이다. 5등급이라면 그 남자는 혼수상태이고, 죽음에 임박했다는 뜻이 된다. 제임스에게 스캔을 보았는지 환자가 이미 호흡기를 달고 있는지 물었다. 그렇다는 대답을 듣자 내가 뭘 해주길 바라는지 궁금해졌다. 그 정도 연차라면 직접 처리할 수도 있는데.

"그 환자를 이리로 빨리 데려오라고 해주셨음 합니다. 뇌수종(뇌 안에 물이 고이는 증상 - 옮긴이)의 기미가 있어서 먼저 구멍이 넓은 배액관(불필요한 몸속 분비물을 빼내기 위해 삽입하는 관 - 옮긴이)을 머리에 박은 다음 혈전을 꺼내고 AVM만 남겨야 할 것 같아요."

"오케이. 환자 살리고 싶으면 빨리 데려오라고 해야지. 지역 의사에게 빨리 보내지 않으면 늦을 수 있다고 이야기해줘. 보아하니 긴급 이송을 해야 안 늦을 것 같네."

"이미 그렇게 했습니다."

제임스가 웃으며 대답했다.

"잘했어. 그대로 계속 진행해."

그에게 짧게 인사하고 아래층 사무실로 향했다.

자전거를 타고 집으로 가다가 슈퍼마켓에 들러 장을 좀 봤다. 작은 딸 캐서린이 며칠 동안 우리 집에서 지내는데 자기가 저녁을 하는 대신 나더러 장을 봐오라고 했다. 계산대 앞에 길게 늘어선 사람들 틈에 서니 피곤이 몰려오며 갑자기 이런 생각이 들었다.

'줄 서는 거 말고 저들은 대체 오늘 무슨 일을 했을까?'

사람들을 붙잡고 실제로 묻고 싶은 심정이었다. 나처럼 중요한 신경외과 의사가 한 편의 드라마 같은 수술을 끝냈는데도, 슈퍼마켓 한가운데 서서 이렇게 마냥 기다리고 있어야 한다는 게 짜증스러웠다. 하지만 곧바로 의사라는 직업의 본분이 떠오르며 그런 건방진 생각은 금방 사라졌다. 내가 하는 일의 가치는 오로지 환자의 인생이 가진 가치로 측정되지 않는가. 지금 계산대 앞에 줄 서 있는 사람들도 언제 어디서 환자가 될지 모르는 일이다. 게다가 나는 곧 은퇴할 몸인데, 그러면 더 이상 사람들이 나를 중요하게 생각하지 않을지도 모른다. 인정할 건 인정해야 한다. 지금부터 그런 상황에 익숙해지는 게 낫겠다 싶은 생각이 들었다. 멍한 생각에 잠겨 있는데 갑자기 휴대폰이 울렸다. 순간 머릿속 경고등이 번쩍하며 정신이 들었다. 뇌종양 환자에게 문제가 있다는 말을 하려는 레지던트 전화가 아닐까 겁이 났다.

"신경외과 당직 전문의시죠?"

비상 전화는 대개 당직 레지던트가 걸게 되어 있으므로 최대한 신중하게 대답했다.

"그런데요?"

"저는 응급실 SHO입니다."

목소리에 잘난 체가 배어 있었다.

"저희 응급실 전문의께서 여기 있는 환자에 관해 선생님께 전화하라고 하셨습니다. 신경외과 당직 레지던트가 삐삐를 받지 않아서요."

갑자기 짜증이 솟구쳤다. 그 환자가 그렇게 위급하다면 응급실 전문의가 직접 전화를 했어야지. 자기 SHO를 시켜 전화를 하다니 이게 무슨 경우란 말인가?

"그럴 리가 있나."

급히 전화를 받느라 떨어뜨린 빵과 귤을 주워 모으며 말했다. 어쩌면 응급실 팀이 환자들을 다른 과로 빨리 넘기려고 하는 건지도 모른다. 그래야 응급실 대기 시간이 짧아지고 응급실 목표를 채울 수 있으니까.

"바로 10분 전에 내 레지던트랑 이야기하고 있었는데……."

응급실 SHO는 내 말을 귀담아듣지 않고 자기 말만 이어갔다.

"67세 남성이 급성으로 만성 경막하……."

이게 예의를 밥 말아먹었나? 순간 열이 받아 나도 다시 그의 말을 끊어버렸다.

"피오나랑 통화해!"

빽 소리를 지르고는 어리둥절해하는 계산대 아가씨에게 사과의 미소를 지었다. 그러나 곧 불안한 느낌이 밀려왔다.

'진짜 급한 환자인가? 제임스가 삐삐를 정말 못 받았나?'

피오나의 휴대폰으로 전화를 걸었다. 간단히 상황을 설명하니 알아보고 전화를 다시 준다고 했다. 30분 뒤에 피오나에게 전화가 왔다.

"많이 기다리셨죠? 제임스가 삐삐를 안 받은 게 아니라, 일찌 감치 호출받고 응급실로 가는 중이었어요. 환자는 멀쩡했고요. 나이도 잘못 말했는데, 67세가 아니라 81세예요. 응급실 사람들이 뇌 스캔을 완전히 잘못 읽은 거였어요."

그녀가 깔깔 웃으며 말했다.

"빌어먹을."

밖에 비가 내리고 있었지만, 운동복으로 갈아입고 나는 밖으로 나갔다. 운동은 알츠하이머를 지연시키는 효과가 있지. 공원을 두세 바퀴 돌자 휴대폰이 울렸다. 비 때문인지 손에서 미끄러져 휴대폰이 떨어졌다.

"제기랄!"

"선생님, 제임스입니다. ······계속 새요."

진흙땅에 떨어진 휴대폰에서 제임스의 목소리가 흘러나왔다.

"뭐가 문제야?"

얼른 휴대폰을 들어 물었다.

"혈전은 떼어냈는데 박아 넣은 배액관에서 피가 줄줄 흘러나 옵니다."

"걱정할 거 없어. 서지셀(생체에 흡수되는 지혈용 거즈 - 옮긴이)을 안에 대고 틀어막은 다음 기다려. 차나 한잔하면서 좀 쉬고 있으면 돼. 30분 내로 갈게."

집에 가서 후딱 샤워를 한 다음 차를 타고 부리나케 병원으로 되돌아갔다. 날은 이제 어두워졌고 강풍이 불고 있었으며 4월이었는데도 북쪽에서는 폭설이 내려 으스스한 날씨였다. 급한 마음에 수술실과 가까운 병원 납품 구역에 차를 세웠다. 원래 거기에 주차를 하면 안 되지만 늦은 시간이니까 괜찮겠지 하면서.

무사하지 않을
뻔한 하루

수술실 문으로 고개를 들이밀었다. 제임스가 수술대 끝에 서서 환자 머리에 붕대를 감고 있었다. 수술복 앞자락에 피가 흠뻑 배어 있었고 발치에도 검붉은 피가 흥건했다. 수술은 이미 끝나 있었다.

"어때, 잘 끝났어?"

"네. 꽤 오래 걸렸지만요."

"차 한잔하고 기다렸더니 지혈이 되지?"

"음, 아뇨, 차는 안 마셨습니다."

그가 말하면서 코카콜라 병을 가리켰다.

"저런, 저걸 마셨으니 지혈이 오래 걸리지!"

일부러 더 비난하듯 말하자 다들 소리 내어 웃었다. 상황이 끝났다는 사실, 이제 집에 갈 수 있다는 사실에 안도와 기쁨이 몰려왔다. 간 김에 잠깐 시간을 내서 중환자실로 갔다. 겉으로 조용해 보이는 중환자실 역시 눈코 뜰 새 없이 바쁜 한 주를 보냈을 터였다. 환하게 빛이 드는 커다란 창고 같은 방 안에 환자 열 명 중 한 명 빼고 모두 의식이 없는 상태다. 아홉 환자는 루비와 에메랄드 빛깔의 불빛과 숫자들이 깜박이는 기계들에 둘러싸여 있다. 마치 기계로 만들어진 숲 속에서 잠을 자듯이. 중환자실에서는 환자마다 전담 간호사가 있다. 방 한가운데에는 컴퓨터 모니터들이 놓인 큰 책상이 있고 많은 직원이 거기서 통화를 하거나 컴퓨터 작업을 한다. 그들은 집중 치료에 필요한 일들로 매우 분주하지만 틈틈이 플라스틱 컵에 담긴 차를 후루룩 마시기도 한다.

유일하게 의식이 있는 환자가 바로 내 환자다. 뇌종양인 그는 침대에 똑바로 앉아 있었다. 여전히 얼굴이 붉어 보였지만 마취에서 완전히 깨어난 상태였다.

"몸 상태는 어떠신가요?"

"좋습니다."

그가 피곤한 미소를 지으며 대답했다.

"수술 잘 해내셨습니다."

외과 의사가 자기 일을 잘한 것에 대해 축하를 받는 것만큼, 환자도 살아남은 것에 대해 마땅히 큰 축하를 받아야 한다.

"죄송하지만, 보시다시피 여긴 좀 전쟁터 같아서,"

그에게 말을 걸면서 의식이 없는 환자들과 수많은 기계들, 정신없이 바쁜 직원들을 가리켰다. 다른 환자들 중 살아남을 가능성이 있는 사람은 극소수일 것이다. 그들이 받은 뇌 손상으로부터 무사히 헤어날 사람 역시 마찬가지다.

"오늘밤 푹 주무시기 힘들 수도 있습니다."

그는 고개를 끄덕였다. 만족스럽게 하루 일과를 마치고 차를 세워둔 지하로 내려갔는데, 내 차 앞 유리에 커다란 경고 딱지가 보였다.

'귀하의 차량은 주·정차 위반으로 단속되었습니다.'

그 문구 아래에는 마치 나의 부주의와 결례 등을 비난하는 듯한 경고문과 함께 경비실에 거액의 벌금을 지불하라는 말이 길게 나열되어 있었다.

"뭐하자는 거야!"

애꿎은 콘크리트 기둥을 향해 소리를 마구 질러댔다. 미친 듯이 쿵쾅거리며 내 차를 한 바퀴 돌면서 분통을 터뜨리고 있는데 어라, 바퀴에 자물쇠가 채워져 있지 않았다. 의아한 마음에 다시 딱지를 보니 '다음번에는'이라는 말이 두 개의 큼직한 느낌표와 함께 볼펜으로 덧붙여져 있었다. 순간 치밀어 오르던 분노가 훅 꺼져버렸다.

다시 차분해진 나는 짜증과 감사의 마음이 뒤섞인 채로 집으로 차를 몰았다.

살아 있는 것은
다
행복하라

Do No Harm

멜로드라마:
노골적으로 감정에 호소하고
대개는 행복하게 끝맺는
감상적이고 극적인 작품.

얼마 전, TV 메디컬 드라마 〈홀비 시티〉의 각본 팀이 나에게 조언을 부탁했다. 드라마 속 홀비 시티 종합병원에 신경외과 병동을 추가할 생각이라며, 나더러 뇌 수술에 관해 이야기해달라고 했다. 미팅 날, 나는 그들을 만나러 윔블던에서 런던의 반대편 끝에 있는 보어햄우드까지 기차를 타고 잘 꾸며진 전원주택에 도착했다. 최소한 스무 명은 돼 보이는 많은 사람들이 긴 탁자에 둘러앉아 회의를 하고 있었다. 지금 기억으로는 내가 거의 1시간 동안 쉬지 않고 떠든 것 같은데 그들의 표정은 그리 밝아 보이지 않았다. 나도 모르는 사이에 내가 이 일의 암울하고 비극적인 면을 너무 많이 이야기한 것 같았다.

"시청자들이 좋아할 긍정적인 이야기도 분명히 있겠죠?"

누군가가 물었고 다음 순간 문득 멜라니가 떠올랐다.

"참, 오래전이긴 한데 언젠가 아기를 낳기 직전에 눈이 멀어갔던 젊은 엄마를 수술한 적이 있어요……."

내 시력보다
아기가 더 소중해요

그날은 수요일이었고 수술할 환자가 세명 있었다. 뇌종양이 있는 여성 두 명과 허리 디스크가 있는 젊은 남성 한 명이었다. 첫 번째 환자가 바로 임신 38주차인 멜라니였는데, 3주 전부터 눈이 멀기 시작한 28세 여성이었다. 그녀는 지역 병원의 산전 진료소가 급히 의뢰하여 화요일 오후에 응급으로 우리 병원 신경외과에 도착했다.

다행히 내가 그날 응급실 당직이었고, 그녀는 곧바로 내게 진단을 받으며 입원할 수 있었다. 그녀의 남편은 한 손을 그녀의 어깨에 얹고 다른 손으로는 여행 가방을 든 채, 병동을 향하는 병원 복도를 따라 멜라니를 데리고 왔다. 그녀는 급히 가다가 뭐라도 들이박을까 봐 두려운지 오른팔을 앞으로 뻗고 왼손으로는 태어나지 않은 배 속의 아이를 누르고 있었다. 마치 시력을 잃는 것처럼 아이마저 잃을지 모른다고 겁먹은 사람처럼. 나는 그들에게 병동 입구로 가는 길을 알려준 다음 어떻게 해야 할지 나중에 돌아와서 의논하겠다고 말했다.

뇌 스캔을 보았더니 뇌의 밑바닥에 수막종이 있었는데, 그중에서도 뇌와 척수를 감싸는 수막에서 자라나는 안장위수막종이었다. 이 종양은 100% 양성이고 대개는 상당히 천천히 자라 비교적 덜 위험하다. 그러나 종양 중 일부는 에스트로겐 수용체를 가지고 있어서, 매우 드물긴 하지만 에스트로겐 수준이 올라가는 임신 기간 동안 빠르게 커질 수 있다. 바로 멜라니의 사례처럼 말이다. 천만다행으로 아이는 크게 위험하지 않았지만 곧 없어지지 않으면 멜라니는 완전히 실명할 상태였다. 빨리 진행된다면 당장 며칠 안에 일어날 수도 있었다.

이런 종양을 제거하는 수술 자체는 간단하지만, 수술 전 시력 손실이 심각할 경우 수술을 한다고 시력이 다시 회복된다는 보장은 없다. 아니, 오히려 더 나빠질 위험도 있다. 예전에 비슷한 수술을 했었는데 수술 직후 환자가 실명해버린 적이 있어서 절대 안심할 수 없는 상황이었다. 물론 당시 그 환자는 수술 전부터 이미 거의 실명 상태였지만 말이다. 멜라니의 시력 상태도 그리 좋지는 않았다. 1시간쯤 뒤 병동으로 가보니 멜라니는 침대에 앉아 곁에 있는 간호사와 함께 동의서를 작성하고 있었다. 그녀의 남편은 절망적인 표정으로 침대 옆 의자에 앉아 있었다. 침대 끝에 걸터앉은 채로 간단히 나를 소개하고 그녀에게 이 모든 일이 어떻게 시작된 것인지 물어보았다.

"3주 전이었어요. 산모 교실에서 집으로 돌아와 차를 세우다가 차고 문에 차 옆구리를 긁었어요. 매번 똑같이 해온 주차였는데 갑자기 왜 긁었는지 이해가 안 갔죠. 그러다 왼쪽 눈이 잘 안 보여서 그랬다는 생각이 들었어요."

그녀가 눈을 불안하게 움직이면서 눈이 안보일 때 짓는 약간 멍한 표정을 지었다.

"그때부터 점점 더 나빠졌어요."

"시력을 좀 살펴봐야겠군요."

그녀에게 내 얼굴이 보이느냐고 물었다.

"네. 하지만 온통 흐릿해요."

그녀의 얼굴 앞에 손가락을 펼친 다음, 손가락이 몇 개가 보이느냐고 물었다.

"잘 모르겠어요."

멜라니가 절망적인 어조로 말했다.

"안 보여요……."

사무실에서 가져온 검안경(시력 상태를 측정하기 위해 눈의 내부를 바라볼 수 있도록 고안된 기구 – 옮긴이)을 대고 그녀의 왼쪽 눈 망막에 초점을 맞추었다.

"똑바로 앞을 보세요. 빛을 보지 마시고요. 그러면 동공이 작아집니다."

시인들은 눈을 영혼의 창이라고 말하지만 눈은 뇌의 창이기도 하다. 망막은 뇌로 직접 연결되어 있으므로 망막을 살펴보면 뇌의 상태를 잘 알 수 있다. 눈 안의 가느다란 혈관들은 뇌 속 혈관들과 매우 비슷한 상태일 것이다. 다행히도 그녀 눈 안의 시신경 끝은 아직 건강해 보였다. 망막 혈관도 마찬가지였다. 수술로 실명을 막기만 하는 정도가 아니라 떨어진 시력을 호전시킬 가능성도 얼마든지 있었다.

"그렇게 나빠 보이지는 않는군요."

그녀의 오른쪽 눈을 들여다본 뒤 내가 말했다.

"우리 아기는요? 우리 아기는 어떻게 되는 거예요?"

멜라니가 다급하게 물었다. 자신의 시력보다 아이를 더 걱정하는 게 분명했다. 나는 손을 내밀어 그녀의 손을 잡고 아기는 무사할 거라고 말했다. 이미 산부인과 의사들에게 연락을 해서 제왕절개 준비를 하도록 이야기가 되었다. 그들이 아기를 받기 전에 먼저 내가 종양을 받아야겠지만. 이 모든 과정을 마쳐 한 번으로 끝낼 수 있을 거라고 그녀를 안심시켰다. 마음속으로는 이 수술로 시력이 다시 좋아지기를 바랐지만, 그녀와 남편 앞에서 시력 회복은 보장할 수 없다고 이야기해야만 했다. 그뿐 아니라 수술이 끝난 뒤 자칫 그녀가 실명할 위험도 있다고 말해야만 했다.

그것은 오로지 종양이 시신경에 어떻게 들러붙어 있을지에 따라 결과가 갈린다. 고약하게 붙어 있으면 나도 어쩔 도리가 없다. 그러므로 정확한 답은 수술을 마칠 때까지 나도 모른다. 확실한 것은 수술하지 않으면 그녀가 완전히 실명한다는 것뿐이다. 그녀 부부에게 위로가 되었을지는 모르겠지만, 우크라이나와 수단 같은 가난한 나라에서 이런 종양을 가진 환자들이 처치를 미루다 완전히 실명한 경우를 많이 보았다고 덧붙였다. 그리고 마지막으로 수술 동의서에 서명할 것을 부탁했다. 남편이 몸을 기울여 펜을 쥔 아내의 손을 바라보았다. 그녀가 알아볼 수 없는 뭔가를 갈겨썼다.

신경외과 수술실에서
태어난 아기

다음 날 아침, 당시 나와 함께 일하던 선임 레지던트 패트릭과 함께 그 수술을 맨 먼저 집도했다. 배 속의 새 생명 때문인지 평소와 다르게 대단히 흥분됐다. 어쩌면 수술 밖 복도에서 대기하고 있는 의사와 간호사들 때문인지도 몰랐다. 산부인과 의사, 소아과 의사, 간호사들이 만일의 사태에 대비하듯 줄지어 대기하고 있었다. 의사들은 이런 극적인 수술을 오히려 즐기는 경향이 있어서 그날 아침에는 마치 축제 같은 분위기가 감돌았다. 게다가 평소에는 조금 음울한 신경외과 수술실에서 아기가 태어난다니, 생각만으로도 즐거워졌다. 수술진도 모두들 아기의 탄생을 고대하고 있었다.

걱정하는 사람은 내가 유일했다. 드라마틱한 수술에 흥분이 되면서도 그녀의 시력을 구할 수 있을지, 혹여 그녀의 시력을 완전히 잃게 만드는 건 아닌지 걱정이 앞섰다. 드디어 그녀가 병동에서 수술실로 실려 왔다. 이동 침대에 누운 그녀 곁에는 남편이 함께 따라 걸어왔다. 임신한 배가 병원 시트에 덮여 언덕처럼 솟아올라 있었다. 남편은 눈물을 참으며 마취실 문 밖에서 작별의 키스를 했고 간호사의 배웅을 받아 수술실을 나갔다.

마취과 의사인 주디스가 그녀를 마취시켰고, 사람들이 멜라니를 굴려 옆으로 눕히자 주디스가 다시 큰 바늘을 써서 요추 천자(뇌척수액을 뽑거나 검사를 하기 위해 허리 뼈 사이에 긴 바늘을 꽂는 것 - 옮긴이)를 실시한 다음, 바늘 위로 가늘고 하얀 카테터를 꽂았다. 그 카테터를 이용해 멜라니의 머리에서 뇌척수액을 전부 뽑아낼 것이다. 그렇게해야 머리 안쪽에 수술할 수 있는 공간을 몇 mm라도 더 확보할 수있다. 최소한으로 머리를 삭발하고 그녀의 이마에서 헤어라인 안쪽으로 약 1cm 정도 들어간 곳을 길게 곡선 모양으로 절개했다. 그리고 절개한 양쪽 부위를 손가락 끝으로 꽉 눌러 두피의 출혈을막으면서 피부 가장자리에 플라스틱 집게를 물려 피부 혈관을 막았다. 다음엔 이마에서 두피를 잡아당겨 얼굴 위로 접어 내렸다. 그녀의 얼굴은 이미 마취관을 고정시키는 접착테이프로 완전히 덮여 있었다.

"젊은 데다 미인이니 미용적으로도 좋아야 해."

패트릭에게 내가 말했다. 안구를 둘러싼 얼굴뼈인 안와 뒤쪽에 작은 구멍을 하나만 뚫은 다음, 지글리톱—지글리라는 사람이발명했다고 해서 이름 붙인 톱으로 뼈를 아주 섬세하게 자를 수 있다—으로 멜라니의 오른쪽 눈 바로 위 두개골에 아주 작은 입구를만들었다. 패트릭은 내 옆에서 이 모든 과정을 숨도 안 쉬고 주의깊게 살펴보고 있었다.

지글리톱을 사용하는 모습은 옆에서 보기엔 사뭇 잔인해 보인다. 손을 써서 톱을 앞뒤로 당기는 동안 피와 뼈가 가는 물보라처럼 튀어 오르고 귀에 거슬리는 불쾌한 소리도 나기 때문이다. 하지만 이 톱 덕분에 수술 부위를 섬세하고 완벽하게 자를 수 있다. 그렇게 힘들여 잘라낸 3cm 정도의 작은 뼈 뚜껑을 패트릭이 조심조심 떼어냈다. 곧바로 내가 드릴을 가지고 멜라니의 뇌 아래에 자리한 두개골 안쪽을 매끄럽게 갈아냈다. 두개골 안쪽에는 높이 2~3mm의 아주 작은 산처럼 보이는 요철이 있는데, 이를 평평하게 갈아냄으로써 뇌 밑에 공간을 더 만들 수 있다. 이렇게 되면 종양을 찾아 뇌 아래로 갈 때 견인 도구를 덜 사용할 수 있다.

나는 패트릭에게 가위로 수막을 열라고 말했다. 요추에 박은 배액관으로 뇌척수액을 빼낸 터라, 수막의 바깥층인 청회색의 경막은 오그라들어 쭈글쭈글해져 있었다. 뇌척수액이 빠져나가자 뇌가 두개골에서 떨어져 내려앉았기 때문이다. 패트릭은 이빨처럼 홈이 자잘하게 파인 얇다란 겸자로 경막에 거즈를 채워 넣고, 가위로 경막 안을 잘라 열기 시작했다. 패트릭은 작은 체구에 단호하고 거침없는 아르메니아계 미국인이다.

"날이 무뎌요. 이건 자르는 게 아니라 씹는 건데요."

가위가 가죽처럼 질긴 수막에 물려 꼼짝 못하자 그가 말했다.

"다른 가위 주세요."

수술실 간호사 마리아가 다시 가지고 온 가위로 패트릭이 이번에는 경막을 잘 가른 다음 앞으로 접어 내렸다. 그러자 멜라니

뇌의 오른쪽 전두엽 끝이 노출되었다.

뇌의 오른쪽 부분인 전두엽은 우리 삶에서 어떤 특정한 역할을 하지 않는다. 실제로 사람들은 전두엽에 어느 정도 손상을 입어도 그 때문에 무엇이 나빠지는지 그리 뚜렷하게 느끼지 않는다. 다만 전두엽에 광범위한 손상을 입으면 '성격 변화'라는 문구 아래 뭉뚱그려지는 전반적인 행동의 문제점이 나타나게 된다. 멜라니에게 이런 일이 일어날 위험은 거의 없었지만, 수술 도중 종양에 닿으려고 오른쪽 전두엽을 몇 mm 들어 올리다가 뇌의 표면을 손상시키기라도 하면 그녀는 십중팔구 평생 간질로 고생할 것이었다.

다시 수술로 돌아와서 요추 배액관을 꽂고 두개골을 갈아낸 결과, 멜라니의 뇌는 신경외과 의사들의 말마따나 '헐렁해' 보이는 것이 딱 좋았다. 나와 패트릭이 수술 도구를 뇌 밑으로 집어넣을 공간이 충분했다는 말이다.

"상태 좋은데요!"

나는 수술대 반대편에 서 있는 주디스에게 소리쳤다. 주디스는 의식 없는 멜라니에게 연결된 각종 모니터와 기계들, 실뜨기하듯 얽혀 있는 튜브와 케이블 앞에 앉아 있었다. 마취과 의사가 환자의 몸에서 볼 수 있는 것이라고는 발바닥뿐이다. 주디스는 멜라니의 생명뿐만 아니라 엄마와 똑같이 전신이 마취되어 있는 태어나지 않은 아기의 생명까지 지켜봐야만 한다.

"다행이네요."

그녀가 말했다.

"현미경 들여오고 패트릭에게 견인 도구 줘요."

이윽고 무거운 현미경이 들어오고 패트릭이 수술 의자에 자리를 잡았다. 마리아가 견인 도구 한 줌을 조그만 카드 한 벌처럼 펼쳐서 내밀자, 패트릭이 그중 하나를 뽑았다. 나는 초조하게 조수용 현미경으로 내려다보며 한편에 서 있었다.

우선 패트릭에게 한 손으로는 뇌척수액을 석션하고, 다른 한 손으로는 멜라니의 전두엽 아래로 견인 도구를 살살 집어넣으라고 말했다. 그러자 그가 그녀의 뇌를 천천히 2~3mm 당겨 올렸다.

이어 접형골(코를 중심으로 얼굴 양쪽으로 나비처럼 펼쳐진 뼈 – 옮긴이), 일명 나비뼈의 세 번째 날개에 해당하는 외측판을 찾은 다음 그것을 따라 코 안쪽, 시신경이 모여 있는 전상돌기(앞침대돌기)까지 가라고 말했다. 이 뼈들이 뇌 밑에서 우리를 인도하는 중요한 이정표 역할을 한다.

"대장님, 이게 맞는 신경입니까?"

나는 고개를 끄덕였다. 시신경은 끔찍하게 늘어난 상태로 보였다. 과립 형태의 붉은 종양 덩어리 위로 폭이 2~3mm 되는 희끄무레한 띠 모양의 오른쪽 시신경이 팽팽하게 벌어져 있는 모습을 볼 수 있었다.

"미안하지만 아기도 그렇고 환자의 시력도 너무 나빠서 이건 직접 해야겠어."

"아, 네. 그렇죠."

패트릭이 수술 의자에서 내려왔고 내가 대신 앉았다. 재빨리 시신경 왼쪽의 종양을 뚫고 들어갔고 다행히 종양은 물러서 쉽게 빨려 나왔다. 물론 대부분의 안장위수막종이 그렇긴 하다. 오른손에 든 흡인기와 왼손에 든 소작기로 종양의 부피를 줄이는 데 시간은 오래 걸리지 않았다. 그렇게 속을 파낸 종양을 시신경에서 조금씩 살살 떼어냈다. 종양이 시신경에 딱 붙어 있지 않아서 한 시간쯤 뒤에는 좌우 양쪽의 시신경과 함께 두 신경의 교차점인 시교차까지, 좀처럼 보기 힘든 눈 속 장관을 볼 수 있었다.

종양 때문에 가늘게 늘어나 있긴 해도 시교차는 마치 작고 하얀 바지처럼 생겼다. 교차되어 뇌로 연결된 시신경의 양쪽에는 뇌로 가는 혈액의 대부분을 공급하는 거대한 경동맥이 있으며, 그 뒤에는 뇌하수체줄기가 뇌하수체를 뇌로 연결한다. 온몸의 호르몬계를 조정하는 뇌하수체는 완두콩 크기 정도로 작은데 시신경 바로 밑에 안장이라 불리는 공간에 있다. 그래서 그곳에 생긴 멜라니의 종양을 '안장위수막종'이라 부른다.

"다 나왔으니 빨리 닫읍시다. 산부인과! 이제 제왕절개 준비하시죠!"

나는 사람들에게 큰 소리로 알렸다. 그리고는 패트릭에게만 귓속말로 신의 가호로 그녀의 시력이 회복되기를 바란다고 작게 속삭였다. 패트릭과 나는 머리를 닫은 다음 동료들이 아기를 무사히 받을 수 있도록 자리를 비켰다. 우리가 수술실에서 나오는 동안 소아과 의사들이 소아용 인공호흡기와 소생 장비를 굴리며 급히 방으로 들어갔다. 나는 한숨 돌리며 커피를 한잔하고 서류 작업을 하러 사무실로 갔다. 패트릭은 제왕절개를 구경하겠다며 계속 수술실에 남겠다고 했다. 1시간 뒤, 패트릭이 전화를 걸어왔다. 모처럼 책상에 앉아서 편지를 쓰던 참이었다.

"다 잘됐습니다. 산모는 중환자실에 있고 아기도 무사히 태어나 지금 엄마 옆에 있습니다."

"산모 시력은 어때?"

"뭐라 단정 지어 말하기는 아직 이릅니다. 동공이 약간 느려서요……."

익숙한 두려움이 뱃속을 훑고 지나갔다. 눈의 동공이 빛에 적절하게 반응하지 않는다는 건 여러 의미가 내포되어 있었다. 단지 일시적인 마취 효과일 수도 있고 신경이 돌이킬 수 없이 손상되어 그녀가 완전히 실명한 것일 수도 있다. 그렇게 수술이 잘된 것 같았는데도 이런 일이 벌어지다니. 전화기에 대고 말하는 내 목소리에 힘이 빠졌다.

"두고 보는 수밖에 없겠군."

"다음 환자가 수술대에서 대기 중입니다. 시작할까요?"

다음 수술이 있었지. 한가하게 걱정이나 하고 있을 때가 아니었다. 나는 전화를 끊고 패트릭이 있는 수술실로 향했다.

눈물 끝에
해피엔딩

일정에 있는 두 번째 환자는 왼쪽 측두엽에 악성 종양이 있는 50대 여성이었다. 일주일 전 외래 진료실에서 그녀와 남편을 처음 만났는데, 두 사람은 그녀가 몇 주 전부터 매우 혼란스러워하고 잘 잊어버리게 되었다며 서로의 손을 꼭 잡고 있었다. 나는 두 사람에게 그녀의 뇌 스캔 검토 결과가 악성 종양이라고 설명했다.

"아버지도 악성 뇌종양으로 돌아가셨어요. 병세가 악화되어 돌아가시는 모습을 지켜보는 게 너무 끔찍해서, 만일 나한테 그런 일이 일어난다면 나는 치료를 받지 않겠다고 생각했어요."

내가 마지못해 말했다.

"문제는 그 일이 환자분께도 어쨌든 일어날 거라는 사실입니다. 치료를 하고 약간의 운이 따라준다면 무리 없이 몇 년쯤 더 사실 수도 있지만, 지금 아무것도 하지 않으면 앞으로 남은 시간은 몇 개월입니다."

사실 이조차도 낙관적으로 이야기한 것이었다. 스캔을 보니, 언어를 담당하는 측두엽에 자리한 못된 악성 종양이 이미 뇌 안으로 깊이 자라 들어가고 있었다. 내가 그 어떤 신공을 부리건 그녀에게 남은 시간은 고작 몇 개월 정도다. 그러나 언제나 희망은 존재하는 법이고 통계를 벗어나 평균치에서 더 길게 사는 환자들도 존재하는 법 아니겠는가. 우리는 수술하는 것에 모두 동의했다. 패트릭이 수술을 집도하고 내가 그를 보조했다. 패트릭이 그녀의 머리를 열고 수막을 가르자마자 종양이 이미 넓게 퍼져 버린 모습이 한눈에 들어왔다. 겨우 2주 전에 찍은 뇌 스캔보다 급격히 넓게 퍼져 있었다. 수술은 비교적 잘됐다. 왼쪽 중간대뇌동맥에 얽혀 있는 종양을 안전하게 떼어낼 수 있는 선에서 최대한 떼어낸 것이다. 그럼에도 우리의 수술은 그녀에게 큰 도움은 되지 못했다. 이런 경우, 반대로 심각한 해를 입히지도 않은 것이라 생각해야 하는 건지…….

"환자의 예후는 어떻습니까, 대장님?"

패트릭이 경막을 꿰매며 질문을 던졌다.

"아마도 2~3개월쯤."

나는 그렇게 대답하고, 그녀가 부친에 대해 한 말을 전했다.

"그렇다고 아무것도 안 하기는 또 그렇지. 죽음이라는 결과가 언제나 나쁜 것은 아니잖아. 빠른 죽음이 느린 죽음보다 오히려 더 나을 때도 있어."

패트릭은 아무 말도 하지 않고 봉합을 계속했다. 때때로 나는 신경외과 동료들과 함께 악성 뇌종양 진단을 받는다면 우린 어떻게 하겠는지 이야기를 나눈다. 신경외과 의사로서 치료 결과가 얼마나 보잘것없는지 이토록 잘 아는 상황에서 말이다. 그럴 때 나는 보통 자살할 거라고 이야기한다. 물론 실제로 어떤 결정을 내리게 될지는 그 상황이 닥치기 전까지 아무도 장담하지 못하지만.

패트릭과 함께 그녀의 머리를 마저 꿰맬 때는 아무 문제도 예상되지 않았다. 주디스가 그녀를 이동 침대에 태우고 중환자실까지 데려다주는 동안, 나는 수술 일지를 적고 있었다. 몇 분 뒤, 주디스가 수술실 문으로 고개를 디밀었다.

"헨리, 환자가 깨어나지 않아요. 왼쪽 동공이 오른쪽보다 더 크고요. 어떻게 할까요?"

빌어먹을……, 나직이 욕을 내뱉고는 빠른 걸음으로 중환자실로 갔다. 방 한구석에 멜라니와 그녀 곁에 아기 침대가 놓여 있는 게 보였지만, 인사할 여유가 없었다. 얼른 두 번째 환자에게 가서 한 손으로 그녀의 눈꺼풀을 가만히 열어보았다. 왼쪽 동공이 접시만큼 크고 검었다.

"스캔해."

소식을 듣고 서둘러 와 있던 패트릭에게 힘 빠진 목소리로 말했다. 주디스는 이미 환자를 다시 마취시키고 호흡기를 달기 위해 폐 속으로 튜브를 찔러 넣고 있었다. 나는 패트릭을 시켜서 스캐너 담당 직원에게 당장 스캔할 환자가 있으니 열 일 제쳐두고 대기하라고 말했다. 지체할 시간이 없어 나와 패트릭이 직접 이 일 저 일다 했다.

패트릭이 스캐너 담당 직원에게 전화하는 동안, 주디스와 간호사들은 환자를 중환자실에서 데리고 나와 얼른 CT 스캐너로 데려갔다. 때마침 대기하고 있던 방사선 촬영 기사와 함께 재빨리 그녀를 기계로 밀어 넣었고, 나는 곧바로 제어실로 돌아갔다. 제어실 창밖으로 환자가 스캐너에 머리를 넣고 누워 있는 방 안이 들여다

보였다. 컴퓨터 모니터에 나타난 뇌 스캔 위로, 가로 모양의 절편들이 하나둘씩 나타나 수술 부위를 향해 서서히 채워지는 모습이 보였다. 그녀의 뇌 깊은 곳에 엄청난 출혈이 생긴 것이었다. 더 이상 수술은 불가능하다. 아주 드물긴 하지만 수술 합병증으로 인정되는 일종의 뇌내출혈이다. 나는 제어실의 전화기를 들어 그녀의 남편에게 전화를 걸었다.

"좋지 않은 소식을 전해드려서 유감입니다만……."

나는 외과 휴게실로 가서 소파에 드러누워 높은 창을 통해 하늘을 뚫어져라 쳐다보며 그녀의 남편과 딸이 도착하기를 기다렸다. 1시간 뒤 중환자실에 딸린 작은 면담실에서 그들에게 이야기를 전했다. 그들은 무너지듯 서로의 팔에 안겨 눈물을 흘렸다. 나는 수술복 차림으로 초라하게 그들을 바라보았다.

죽어가는 그녀를 간호사들이 곁방으로 옮겼고, 가족들이 그녀 곁으로 모였다. 그녀는 의식도 없고 말도 없이 눈을 감은 채 머리에 삐딱하게 감긴 붕대 밑으로 피 묻은 머리카락을 늘어뜨리고 있었다. 그녀의 생명을 유지하고 있는 인공호흡기만이 가만히 한숨을 내쉬고 있었다.

"엄마가 우리가 하는 말을 하나도 못 듣는 게 확실한가요?"

그녀의 딸이 내게 물었다. 어머니는 깊은 혼수상태여서 듣지 못하는 상황이고, 설사 들을 수 있다고 해도 뇌에서 언어를 담당하는 부분에 출혈이 있었기 때문에 무슨 말을 하는지 이해하지 못할 거라고 이야기했다.

"그렇다면 엄마가 병원에 계실 이유가 있을까요? 집으로 모시고 가면 안 돼요?"

어쩔 수 없지만 환자가 24시간 안에 사망할 게 확실하다고 대답할 수밖에 없었다. 환자는 곧 뇌사 상태가 될 테고 그러면 호흡기를 끄게 된다.

"선생님, 저흰 이 사람을 너무 갑자기 빼앗겼어요. 우리가 남은 시간에 함께하려던 게 얼마나 많았는데, 그렇지 않니?"

그녀의 남편이 딸을 돌아보며 말했다.

"우린 아직 이 사람을 보낼 준비가 안 됐어요……."

그가 딸의 손을 붙잡고 말하더니 나를 쳐다보며 덧붙였다.

"저는 선생님을 믿었고…… 아니, 아직도 믿습니다. 아내가 깨어나지 못하는 게 확실한가요? 만약에 아내가 깨어나서 우리가 여기 없다는 걸 알면 어쩌죠? 그러면 얼마나 무섭겠어요! 지난주 내내 짐이 되고 싶지 않다는 말을 하긴 했지만……."

"사랑에는 조건이 없잖습니까."

내 말에 그는 다시 울음을 터뜨렸다. 우리는 한동안 더 이야기를 나누었다. 그러다 이제 집으로 가야 할 것 같다고, 그러지 않으면 내가 울 것 같다고 했더니, 남편과 딸이 내 말을 듣고 잠깐이지만 싱긋 웃었다. 그들을 두고 나오면서, 의도한 건 아니지만 아버지처럼 비참하게 죽지 않게 해달라는 그녀의 소원이 이뤄진 건 아닐까 하는 생각이 들었다.

수술실로 돌아오자 패트릭이 세 번째이자 마지막 환자의 탈출한 디스크를 제거한 뒤 출혈을 멈추느라 애를 먹고 있었다. 반 농담으로 그에게 욕을 한 바가지 퍼붓고는 스크럽을 하고 재빨리 출혈을 잡았다. 수술을 마치고 패트릭과 함께 그 남자의 절개 부위를 닫은 다음, 바로 멜라니를 보러 중환자실로 돌아갔다. 그녀는 평화롭게 잠들어 있었고 사내 아기는 옆에 놓인 아기 침대에서 쌔근쌔근 자고 있었다. 관찰 일지를 보니 그녀의 동공이 드디어 빛에 반응하고 있었다. 그녀를 돌보는 간호사도 모든 게 순조롭다고 말했다. 아기 침대 곁에는 간호사들이 옹기종기 모여 아기를 들여다보며 깔깔거리거나 미소 짓고 있었다. 그녀의 남편이 헐레벌떡 달려왔다. 기뻐서 미치기 직전이었다.

"아내가 다시 볼 수 있게 되었어요! 덕분에 기적이 벌어졌어요, 마시 선생님! 아내가 수술에서 깨어나서 다시 아기를 보다니 믿기지가 않아요! 시력도 거의 정상으로 돌아왔대요! 우리 아들도 건강하고요! 저희가 이 은혜를 어떻게 갚을 수 있을까요?"

정말 대단한 하루였다.

전원주택 테이블 주위로 모인 〈홀비 시티〉 작가들에게 이 이야기를 자세히 들려주자, 그들은 기쁨과 놀라움으로 나직이 탄성을 터뜨렸다. 그들이 멜라니에 관한 이야기를 드라마에 써먹었는지 어쨌는지는 나도 모르겠다.

우크라이나의
비밀 수술
I

Do No Harm

삼차신경통:
얼굴에 분포하는 하나 이상의
삼차신경 가지에서 잠깐씩
발작적으로 느껴지는
타는 듯한 통증.

환자의 두개골을 톱질해 연 다음 수막까지 열고 보니, 끔찍하게도 뇌가 검붉은 피로 가득 차 있었다. 낡아빠진 수술등에서 나오는 희미한 불빛은 내가 뭘 하고 있는지 간신히 볼 수 있을 만큼 지독히도 침침했다. 동료와 나에게 어떤 뒤탈이 미칠지 생각만 해도 겁이 났다. 그렇게 커지는 공포를 가누기 위해 싸워야 했다.

당시 수술했던 여자에게는 삼차신경통이라 불리는 고통스러운 얼굴 통증이 있었다. 그녀를 진찰했던 의사들은 수술이 불가능하다고 여기는 병이었다. 텔레비전 방송 제작진이 전국에 내보낼 뉴스를 위해 수술을 녹화하고 있었다. 많은 의사와 간호사가 수술대 위 커다란 돔 모양의 유리창을 통해 마치 신이라도 보듯 나를 내려다보았다. 돔 유리는 대체적으로 금이 가거나 깨져 있었고, 수술실의 큰 창문을 통해 보이는 바깥에는 망가진 기계와 버려진 건물로 채워진 잿빛 황무지 위로 눈이 내리고 있었다. 전에도 종종 이렇게 관객들이 지켜보는 상태에서 수술을 하곤 했지만, 이번엔 상황이 몇 곱절 더 나빴다. 그들 앞에서 평온한 외과 의사의 자신감을 보여줘야 했지만 내 마음속은 전혀 그렇지 않았다.

1995년, 나는 우크라이나로 떠났다. 고국에서 3,000km나 떨어진 곳에서 공식 허가도 없이—아마도 불법이었을 테지만—런던에서 가지고 온 중고 장비를 가지고, 어떤 여자의 뇌에 그 나라에서 전에는 한 번도 없었던 위험한 수술을 했다. 게다가 수술을 도왔던 수련의는 조현병을 앓고 있었다. 당시에는 몰랐지만 나중에 그 병원 신경외과 선임 교수가 BBC 대담에서 그 끔찍한 사실을 밝힌 덕분에 알게 된 사실이었다. 나는 이 수술로 보수를 받기는커녕 오히려 내 돈을 쏟아부었다. 미치도록 손이 떨리는 것을 멈추려 애쓰며 나 자신에게 투덜거렸다.

'도대체 내가 왜 이 짓을 하고 있는 거지? 이게 정말로 필요한 일인가?'

1992년,
잿빛 우크라이나

처음으로 우크라이나에 간 것은 1992년 겨울이다. 그곳에 가게 된 것은 순전히 우연이었다. 나는 그 무렵 5년차 전문의로 넘치는 환자들을 진료하기 바빴다. 소비에트 연방이 무너지고 2~3개월이 지난 시점이었는데, 한 영국인 사업가가 의료 장비 수출 차 우크라이나의 수도인 키이우로 출장을 가면서 신경외과 의사와 함께 가고 싶다며 우리 병원으로 전화를 걸었다. 키이우에 있는 유명한 신경외과 병원에 영국인 외과 의사 몇 명을 데리고 가서 최신 뇌 수술과 그에 필요한 장비에 관해 강연을 시키고 싶었던 것이다. 그 제의에 당황한 전화 교환원은 곧바로 만능 해결사인 내 비서 게일을 연결했다. 통화를 하던 게일이 내 방문으로 고개를 내밀었다.

"다음 주 목요일에 우크라이나에 한번 가보시겠어요?"

"안 가요. 나 너무 바빠. 그때 진료도 있잖아요."

"에이, 한번 가보지 그러세요. 러시아에 관심은 많은데 아직 한 번도 못 가보셨다면서요."

외래 진료까지 취소하고 자리 비우는 걸 누구보다 싫어할 사람이 게일인데 그런 이야기를 하다니 의외였다. 환자들 불평불만을 다 들어주고 예약도 다 다시 잡아줘야 할 텐데. 게일의 말에 나는 키이우 출장을 진지하게 생각해보기로 했고 결국 가기로 결정을 내렸다.

그렇게 해서 두 명의 동료와 함께 나는 러시아에서 갓 독립한 우크라이나로 여행을 떠났다. 당시는 소비에트 연방이 무너진 직후라 그런지 우크라이나는 독립이 뭔지 잘 모르는 상태였으며, 경제는 붕괴 직전이었고 모든 것이 혼돈에 빠져 있는 분위기였다. 공장 문도 모두 닫혀 있고 모든 사람이 일자리를 잃은 듯 보였다. 설상가상으로 내가 방문한 병원은 그야말로 악몽 그 자체였다.

우리는 모스크바에서 출발하는 야간열차를 타고 아침 일찍 키이우에 도착했다. 가는 여정은 장엄한 우크라이나의 풍광을 느낄 수 있어 꽤 괜찮았다. 특히 키이우를 관통해 흐르는 거대한 드네프르 강을 건널 때는 페체르스카야 대수도원의 황금색 돔에 떠오르는 태양 빛이 강렬하게 비춰지는 아름다운 장관을 감상할 수 있었다. 화려한 황금빛 수도원은 밤 동안 지나친 어두운 철도역이나 도시 외곽의 음침한 아파트 단지들과 극적인 대비를 이루었다.

나는 침대에 누워 얇은 담요를 덮고 잠이 들었다 깨기를 반복하며, 칙칙폭폭 하는 구식 기차의 오래된 규칙적 리듬에 귀를 기울였다. 러시아를 가로질러 남쪽을 향해 가다가 멈춰 선 어둠침침한 역에서는 알아들을 수 없는 러시아어 방송이 눈 덮인 텅 빈 승강장 위로 울려 퍼지기도 했다. 그 모든 것이 굉장히 낯설면서도 이상하리만치 친숙하게 느껴졌다. 옛날에 몰두했던 러시아 문학 때문일까. 우리는 모스크바에 잠깐 두세 시간 정도 머물렀을 뿐이지만 옛 소비에트 연방의 향취를 느끼는 데는 그것으로 충분했다.

공산주의의 거대한 붉은 깃발이 크렘린의 스파스카야 탑에서 맥없이 펄럭이고 있는 눈 내리는 어둠 속에서 역사적인 붉은 광장의 한가운데 서보았다. 그리고 무장한 경비원을 세 번이나 통과해 들어가야 하는 호텔에서 근사한 식사를 하기도 했다. 닳아빠진 양탄자가 얇게 깔린 허름한 호텔 복도에서 남자 손님을 찾는 아름다운 여성들이 그토록 많은 데 놀라기도 했으며, 주머니에 든 단 몇백 달러가 우리를 영국에서 온 백만장자로 만드는 루블화의 끝없는 추락을 몸소 느끼기도 했다.

키이우에 도착한 우리는 거대하고 보기 싫게 생긴 신경외과연구소 건물로 들어갔다. 대형 병원마다 하나씩은 있는 저주받은 복도가 끝도 없이 길게 뻗어 있었다. 복도는 어둡고 빛이 제대로 들지 않았고, 벽에는 구소련 신경외과의 위업을 기리는 진지한 전시물이 걸려 있었다. 구소련의 외과 의사들이 썼던 높고 흰 주방장 모자가 인상적인, 영웅적 의사들의 거친 흑백 사진들이었다. 인물 사진 사이사이에는 망치와 낫, 붉은 별, 강렬하고 센 표어 그리고 '대조국전쟁' 장면을 찍은 사진들이 걸려 있었다. 대조국전쟁은 구소련에서 제2차 세계대전을 부를 때 쓰는 명칭이다.

건물 자체부터 벽에 걸린 사진에 이르는 모든 것들이, 싸구려 담배 냄새와 묘하게 역겨운 소독약 냄새가 밴 퀴퀴한 공기에 둘러싸여 낡고 피곤하고 빛바랜 느낌을 주었다. 우리는 이곳 연구소장이자 학술원 회원인 로마다노프의 사무실로 안내를 받았다. 커다란 덩치가 위풍당당한 느낌을 주는 백발의 나이 든 남자였는데, 그 사자 갈기 같은 백발 아래로 단추를 끝까지 채운 흰 하이칼라 상의를 입은 모습이 무척이나 인상적이었다. 그는 어두운 병원 복도만큼 지치고 빛바래 보였다. 안타깝게도 실제 몇 개월 뒤 그는 세상을 떠났다. 통상적인 소개와 인사를 한 뒤 우리는 그의 사무실에 있는 긴 테이블에 둘러앉았다.

"여긴 왜 왔습니까? 관광하러 온 거요? 후진 곳을 보니 즐겁습니까? 지금 우리가 매우 힘든 시기라는 건 알고 있습니까?"

그가 화를 내며 물었다. 공격적인 질문에 최대한 외교적으로 답하려 애쓰며 침착하게 친선, 직업적 협력, 국제적 제휴에 관해 말을 꺼냈다. 이야기를 듣는 내내 그는 전혀 납득하지 못하겠다는 표정이었다. 그가 납득하지 못했던 건 너무도 당연했다. 그의 조수가 자신들의 유명한 연구소를 관람시켜주겠다고 했다.

"이곳은 세계에서 가장 큰 신경외과 병원입니다. 5층에 걸쳐 8개 과가 있으며, 병상 수도 400개나 됩니다."

병상 400개? 세상에! 나는 그 말을 듣고 깜짝 놀랐다. 영국에서 가장 큰 신경외과 전문 병원에 속하는 우리 병원도 병상이 50개다. 우리는 계단을 오르내리고 복도를 따라 어슬렁거리며 지하층을 시작으로 각 과를 차례로 방문했다.

"이곳은 후두와종양과입니다."

그의 설명이 이어졌다. 우리가 문을 통과할 때마다 직원들이 나와서 악수를 하고 우리와 사진을 찍었다. 그들은 자신들이 진행하는 광범위한 수술에 관해 온갖 이야기를 늘어놓았지만, 정작 내가 구체적으로 던지는 질문에는 언제나 모호하게 대답했다. 나머지 7개 과에서도 정확히 똑같은 과정으로 견학이 진행됐다. 중간에 수술실을 볼 수 있느냐고 묻자 그들은 수술실을 현재 다시 꾸미는 중이라 닫혀 있다고 했다. 환자는 단 한 명도 보기 힘들었다. 모든 견학이 끝나고 우리의 강연 차례가 됐다. 궁금할 게 많은 복잡한 강연이었을 텐데 질문이 거의 없었다. 우리가 설명하고자 애쓴 내용을 전혀 알아듣지 못한 것 같았다.

그렇게 하루 일정을 마치고 호텔로 돌아왔다. 모스크바의 호텔과 마찬가지로 아리따운 젊은 여성들이 사방에서 눈에 띄었다. 놀라운 사실은 그들이 직업적인 매춘부가 아니라 필사적으로 돈을 벌려는 고학력 여성들이라는 점이었다. 서구에서 온 사업가와 한나절 함께하는 값이 당시에 한 달 치 수입보다 높으니 그럴 수밖에. 쑥스러워하며 얼이 빠져 수줍게 그들을 지나친 우리는 얼른 방으로 피신하듯 들어왔다. 병원에서 들은 화려한 이야기와 우리가 직접 본 광경이 빚어내는 초현실적인 부조화 때문에 혼란과 충격에 사로잡힌 채, 우리는 밤새 면세 위스키를 들이켰다.

다음 날 안내받아 간 곳은 키이우 동쪽에 있는 응급 병원이었다. 외상이 어떻게 관리되는지 보고 싶다고 부탁하자 안내인들이 약간 마지못해 하며 데려간 곳이었다. 오후 늦게 도착해서인지 날이 어두워지기 시작했다. 병원은 무려 10층이나 되었으며 병상은 800개쯤 되는 것 같았다. 지은 지 10년밖에 되지 않았다고 했는데 이미 몇십 년은 된 듯 퇴락하고 노쇠해 보였다.

부서진 건물들이 들어찬 황무지를 통과해 병원에 다 와갈 때쯤 눈이 내리기 시작했다. 건물을 둘러싼 엄청난 크기의 파이프와 납빛 하늘 사이로 내리는 순백의 눈이 묘한 조화를 이뤘다. 병원 옆에는 다 쓰러져가는 큰 노천 시장이 있었는데, 함석이 덮인 낡아빠진 막사에 싸구려 화장품과 보드카가 칙칙하게 진열되어 있었다. 굴러갈까 싶을 정도로 노후되어 보이는 라다, 모스크비치, 볼가 등의 자동차들도 완전히 무질서하게 주차되어 있었다. 모든 것이 구소련 도시 특유의 잿빛과 무채색과 우중충함 그 자체였다. 나중에 들은 바로는 시장 상인들에게서 불법으로 자릿세를 거둬들이는 일이 병원장의 중요한 업무 중 하나이며, 동시에 도시 보건행정 공무원의 쏠쏠한 수입원이라고 했다.

정전으로 병원 대부분이 칠흑같이 어두웠고 건물 전체에서 암모니아 냄새가 코를 찔렀다. 병원에 소독제가 떨어져서 청소용으로 쓸 수 있는 게 암모니아뿐이라고 했다. 건물은 거의 사람이 살지 않는 곳 같았다. 나는 어두운 수술실로 안내를 받았다. 엄청나게 휑뎅그렁한 방, 큰 창문 밖으로 공습을 당한 듯한 풍경이 내려다보이는 곳. 수술실 창에서 비치는 흐릿한 불빛 사이로 힘없이 흩날리는 눈발에 나는 잠시 사로잡혔다.

그곳에서는 이미 수술 한 건이 진행되고 있었다. 한 외과 의사가 몇 년 전 사고로 목 아래가 마비되었다는 남자 환자를 수술 중이었다. 그의 곁에는 마치 고철 더미에서 주워온 듯 낡아빠진 기구들이 작은 쟁반에 담겨 있었다. 환자는 옆으로 누워 있었고 빛바랜 꽃무늬가 찍힌 낡은 커튼이 그의 몸을 가렸다. 의사가 환자의 척추

속으로 꽂은 여러 개의 큰 바늘을 통해 척추관 속으로 차가운 식염수를 주입하는 모습이 눈에 들어왔다. 척수를 자극해서 회복시키려는 심산이겠지. 식염수 주사가 마비된 남자의 다리에서 반사 운동을 일으킬 때마다 환자는 흥분한 듯 비명을 질러댔다. 치료가 그런대로 먹히고 있다는 증거다.

의사 이고르와의
첫 만남

유별나게 어둡고 적막한 한 복도를 따라 걸어가는데, 한 젊은이가 활발한 스패니얼 강아지처럼 헐레벌떡 내게로 다가왔다. 마비된 남자를 수술하던 외과 의사였다.

"여기는 신경외과입니다. 응급신경외과 안에만 과가 3개나 있습니다. 저는 척추응급과 과장인 이고르 쿠릴레츠입니다."

그가 엉터리 영어로 말했다. 곧 길고 지루한 설명이 이어질 테지. 우크라이나 병원을 찬양하는 장황한 이야기라면 이제 이골이나 있었다. 우크라이나의 응급척추신경외과는 세계적인 수준이다, 세계 최고는 아니더라도 그에 버금간다 등…….

"보시다시피 여긴 모든 게 끔찍합니다!"

이 친구, 괜찮은데? 그 말을 듣는 즉시 이고르가 좋아졌다. 로마다노프를 빼면, 그는 내가 만난 의사들 가운데 우크라이나의 의료 상황이 비참하다는 것을 공개적으로 인정하는 유일한 의사인

듯했다.

구소련은 총과 로켓을 만드는 데는 뛰어났지만 의료 제도를 만드는 데는 완전히 실패했다. 그들은 화려한 스펙을 자랑하는 연구소와 수천 명의 교수를 자랑했지만, 제대로 훈련받지 못한 의사들과 변변한 장비도 없는 병원의 끔찍한 현실은 제3세계 수준과 다를 바 없었다. 그도 그럴 것이 소비에트 연방은 '로켓을 가진 오트볼타'라 불리곤 했다. 지금의 부르키나파소가 1992년에는 나라 이름이 오트볼타였는데, 당시 부르키나파소는 아프리카에서 가장 가난한 나라였다. 아마 내가 만난 의사 대부분은 수치심과 애국심, 질투와 당황스러움이 뒤섞인 감정에 사로잡혀 이를 부인하는 수밖에 없었을 것이다. 구소련의 문화는 이고르처럼 감히 임금님이 벌거숭이라고 까발리는 사람을 절대 반기지 않았다. 비판이라는 것이 존재하지 않는 곳이었고 무슨 수를 써서든 사람들을 구소련 밖 세계와 격리시키려 했다. 소비에트 연방이 완전히 사라졌지만 신생 독립국인 우크라이나의 지도자는 여전히 옛날 방식을 답습했다. 그 와중에 나라와 국민들이 갑자기 바깥 세계를 접했고 서유럽의 선진 의학과 동유럽의 정체된 의학 사이에 자리한 어마어마한 격차를 목격한 것이다.

1992년의 첫 번째 방문을 뒤로 하고 키이우를 떠나기 전, 나는 보건성에서 열린 한 회의에 참석했다. 무표정하고 얼굴이 붉은 관료 한 사람이 자기 명함을 건네주었다. 이러저러한 관청의 몇 번째인지 모를 부서의 몇 번째인지 모를 비서관이라고 했는데 명함에는 몇 개인지도 모를 직함이 몽땅 나열되어 있었다. 더 높은 관료는 이보다 더 직함과 직책이 많다는 뜻이겠지. 그걸 다 나열하려면 명함이 두 장 이상 필요할 터였다. 이 남자는 명함이 겨우 한 장밖에 안 되니, 그다지 중요한 인물이 아닌 것이 분명했다. 회의는 매우 지루했다. 러시아어도 느렸는데 이게 다시 영어로 느릿느릿 통역되니 지루함이 두 배로 느껴졌다. 대부분의 구소련 관공서와 마찬가지로 싸구려 합판을 댄 방에는 높은 창문들이 달려 있었다. 건물은 보잘 것 없었지만, 그 아래로 내려다보이는 공원 풍경은 너무나 매력적이었다. 다시 눈이 내리기 시작했다. 경찰차 한 대가 중무장한 회색 제복 차림의 전투경찰과 독일산 셰퍼드들을 토해내고 있었다. 개도 사람도 대단한 열의를 가지고 차 뒤에서 뛰어나오는 것 같았다. 보건성으로 오는 길에 우크라이나 민족주의자당의 시위를 보았다. 저 경찰과 개들은 마치 시위대와 한 판 붙기를 고대하는 듯 보였다. 우리를 우크라이나로 데려온 영국인 사업가가 내 옆에 앉아 있다가 몸을 기울이고 이렇게 말했다.

"저 전투경찰이 바로 우리가 호텔에서 본 아가씨들의 포주입니다."

고개를 돌려 회의실 광경을 보니 국제적인 의료 협조를 진척시키는 것에 관해 하찮고 무의미한 대화가 이어지고 있었다. 회의가 끝날 때쯤, 나는 우크라이나 신경외과 의사가 런던에서 나와 함께 일하게끔 주선해주길 바란다고 말했다. 그리고 얼른 덧붙였다. 응급 병원 척추응급과 과장인 이고르 쿠릴레츠 선생이 좋겠다고.

'응급 병원 척추응급과 과장'이라는 직책은 언뜻 꽤 있어 보이지만 실은 좌천의 한 형태였다. 구소련 의료계는 불구나 마비 환자에게는 거의 관심이 없기 때문이었다. 나중에 이고르가 내게 이야기해준 덕에 알게 된 것이지만. 우크라이나의 신분 사다리 아래쪽에 걸쳐 있는 이고르가 출국 허가를 받을 가능성은 매우 희박하다는 것을 충분히 잘 알고 있었지만 어쨌든 시도해볼 가치는 있지 않은가. 가식적인 노교수들 가운데 한 명을 초대할 생각은 추호도 없었으니까. 관료는 어찌할 바를 몰라 했고, 나는 그렇게 할 말을 다 하고 그날 오후 모스크바를 거쳐 런던으로 돌아왔다.

1년 뒤, 키이우를 떠날 때 가졌던 희망을 거의 잊었을 무렵 뜻밖에 이고르에게서 크리스마스카드가 도착했다. 카드와 함께 이고르를 런던에 데려가서 현대식 신경외과 수술을 보여주길 부탁하는 로마다노프의 편지가 동봉되어 왔다. 나로서는 부담 없는 관광으로 시작한 키이우 방문이었는데, 마지막 내 발언으로 이고르가 우크라이나 의료계 기득권층의 반발에 부닥치면서 상황이 점차 심각해졌다. 이고르는 런던에서 나와 함께 3개월 일한 뒤 돌아갔는데, 자신의 후원자였던 로마다노프가 세상을 떠나고 말았다. 자신을 후원하고 지지해줄 새로운 인물을 찾는 대신 그는 우크라이나 의료 현실을 공개적으로 비판하고 나섰다. '머리를 덮는 지붕'이라고 표현될 만큼, 우크라이나에서 사회생활을 하려면 나를 후원해줄 누군가를 찾는 일이 반드시 필요하다. 이고르는 이를 거부한 채 우크라이나의 신경외과 수술은 원시적이며 퇴보하고 있으므로 대대적인 혁신이 필요하다고 선언했다.

학술원 회원인 로마다노프가 죽자 그의 자리를 계승하기 위해 미묘한 투쟁이 벌어지는 복잡한 상황이 이어졌다. 학술회 회원이라는 지위에는 큰 아파트와 운전기사가 딸린 차와 같은 중요한 특전이 따랐다. 마침 이고르의 상사가 일찍부터 그 자리를 노리고 있었기 때문에, 이고르의 이러한 돌발 행동은 상사에겐 눈엣가시 같이 느껴졌을 터였다. 그다음 몇 년은 이고르에게 매우 힘든 시기였다. 서유럽식으로 과를 재조직하고 현대화하려 분투하는 동안 공식적인 고발과 수사와 협박 전화가 오래도록 이어졌다. 한동안 밤마다 다른 방에서 잠을 잤을 정도로 그를 노리는 사람이 많았다. 대체 이런 것들을 그는 어떻게 극복했던 걸까. 지금도 나는 상상조차 할 수 없다.

그를 돕고 싶다는 나의 순진한 바람이 결국 문제를 일으킨 것을 깨달았다. 이렇게 된 이상 어떻게든 이고르를 살려야만 했다. 그를 반대하는 사람들이 그를 쫓아내려 할 때마다 할 수 있는 모든 방법을 동원하여 어떻게든 도움을 주려고 했다. 다시 키이우로 가서 상급 관료들과 불쾌한 만남이 이어져도 나는 언제든지 다시 고국으로 탈출할 수 있기에 상관없었다. 나는 이고르의 도움을 받아 우크라이나 신문에 기고를 하고 기자 회견도 했다. 중고 의료 장비를 차에 싣고 키이우로 반출했고, 이고르의 수련의들을 런던으로 데려와 함께 일하기도 했다. 우크라이나에서는 아무도 한 적 없는 뇌 수술들을 집도했다. 그토록 열악한 수술 조건과 기득권층의 무자비한 적의를 놓고 볼 때, 지금 생각하면 그 시절에 내가 한 일은 거의 미친 짓이었다. 지금은 희미해진 자신감과 독립심이 당시에는 충만했기에 가능했던 일이다.

우크라이나에서 받은 기이한 선물

불길한 출발과 굴욕적인 상황에도 불구하고, 그 여자 환자의 삼차신경통 수술은 대성공이었다. 그녀는 다음 날 전국에 방영되는 TV 뉴스에 나와 여러 해 만에 처음으로 통증이 없어졌다고 말했다. 그렇게 수술이 끝나고 나는 친구에게 맡겨두었던 차를 가지러 폴란드로 다시 날아갔다. 내가 런던에서 수술 현미경을 폴란드의 친구 집으로 가지고 가면, 이고르가 밴을 가지고 폴란드로 와서 나와 장비를 싣고 다시 우크라이나로 가는 식이었다. 공항으로 가는 길에 우리는 우회해서 키이우 중심에 있는 베사라비아 시장에 들렀다. 베사라비아 시장은 키이우 판 레 알 Les Halles(파리의 식료품 도매 시장이 있던 곳 - 옮긴이) 또는 코번트 가든Covent Garden(런던의 청과와 화초 도매 시장이 있던 곳 - 옮긴이)이다. 철로 만든 아치에 유리 지붕이 덮인 큰 원형 모양의 19세기 건물에 있는 시장인데, 드세지만 친절한 여성들이 밝은 색깔의 스카프를 머리에 두른 채 피라미드처럼 높고 아름답게 진열된 과일과 채소 뒤에 서 있었다. 우크라이나인들이 사교 모임에서 언제나 꽃을 주고받는 만큼 꽃을 파는 상점이 많고, 돼지 머리통과 신선한 고기 더미가 쌓여 있는 옆으로 돼지 몸통이 통째로 갈고리에 걸려 있는 정육점도 있다. 그곳에는 우크라이나의 전형적인 단순함과 생생함, 거친 아름다움이 살아 있지만, 그것마저도 현대식 슈퍼마켓이 하나둘씩 생기고부터는 사라지기 시작했다. 그나마 베사라비아 시장이 아직도 굴러가고 있는 유일한 이유는 관광객 때문이라며 이고르는 심드렁하게 말했다. 그렇게 함께 시장을 구경하고 있는데 그가 갑자기 몹시 흥분하더니 생선 진열대 하나를 가리켰다.

"이거, 아주 귀한 거예요!"

그가 유리장 안에 진열된 긴 훈제 장어 세 마리를 가리키며 말한 다음, 한 마리를 사서 나에게 선물로 주었다. 귀하고 뭐고 일단 냄새가 무척 고약했다.

"빨간 책에 올라 있는 놈이라고요!"

"빨간 책이 뭔데?"

"머지않아 없어질 동물들을 기록한 책이죠. 멸종 위기인 동물이요. 이걸 건지다니 선생님은 운이 좋으시군요."

"하지만 이고르, 그럼 이게 마지막 우크라이나 장어일 수도 있잖아."

어느 외딴 강에서 자유롭게 헤엄치며 길고 반짝이는 몸을 자랑했을 아름다운 장어. 그러던 장어가 훈제된 채 비닐봉지에 싸인 신세로 전락한 것이 안타까웠다. 나는 이고르의 선물을 조심히 여행 가방에 챙겨 넣었다.

며칠 후 런던으로 돌아오자마자 그 훈제 장어를 우리 집 뒤뜰에 던져 놓았다. 나는 차마 먹을 수가 없었지만 떠돌이 여우는 좋아할지도 모른다고 생각했다. 다음 날 장어가 감쪽같이 사라진 줄 알았는데 나중에 몇 미터 떨어진 덤불 밑에서 다시 발견했다. 괜히 좀 슬퍼졌다. 놈은 여우한테서조차 버림받은 건가. 생각 끝에 정원 한 구석에 있는 무성한 꽃밭에 구멍을 파고 그 녀석을 묻었다. 최후일지 모르는 우크라이나 장어를 고이 묻어주었다.

의사도
언젠가는
환자가 된다

Do No Harm

앙고르 아니미:
죽음에 대한 공포나
죽고 싶다는 욕망과는 다른,
죽어가고 있다는 느낌.

　　　　　내가 처음 우크라이나에 간 것이 딱히 그들을 돕고 싶어서가 아니라 호기심에서였듯이, 의사가 된 것도 깊은 소명의식이 아니라 인생의 위기 때문이었다. 스물한 살까지 내 인생의 길은 우리 가문과 비싼 교육을 바탕으로 내 앞에 넓게 펼쳐져 있는 듯 보였다. 나와 같은 배경을 가졌다면, 직업 걱정 없이 무엇을 하고 싶은지 결정하면 된다고 쉽게 생각할 만한 시절이었다. 유명한 사립학교에서 특권층의 영국식 교육을 받으며 라틴어와 그리스어를 익히고 영어와 역사를 배우는 데 여러 해를 바쳤다. 학교를 휴학하고 2년 정도 독특한 경험을 쌓기도 했다. 몇 개월 동안 아버지 연줄로 공문서 보관소에서 중세 관습에 관한 문서를 편집하기도 했고 1년 동안 자원봉사자로 서아프리카의 외딴 구석에서 영문학을 가르치기도 했다. 그런 다음 옥스퍼드에 진학해 정치학, 철학, 경제학을 공부했다.

이렇게만 본다면 나는 학문적이거나 행정적 직업을 가질 운명이었을 것이다. 다양한 교육을 받고 경험을 했지만 과학 교육을 받은 적은 사실 없었다. 20세기 초반 프러시아의 시골 마을 의사였던 외증조부를 빼면, 우리 가문에서 의학이나 과학과 관련된 일을 한 사람은 아무도 없었다. 우리 아버지는 저명한 영국의 인권 변호사이자 교수였고, 나치로부터 도망쳐온 독일 출신 어머니는 문헌학자를 꿈꾸던 분이었다. 히틀러 치하의 독일여성동맹에 가입하기를 거부해 대학 입학이 거부되는 바람에 그 꿈을 이루지 못했지만. 그 외 양가의 선조들은 교사, 목사 아니면 상인이었다. 아, 삼촌은 정예 중대에 속한 메서슈미트 전투기 조종사 출신이다.

옥스퍼드에 있는 동안 나는 짝사랑에 빠졌고 절망적인 자기연민에 사로잡혀 아버지에게 실망을 안긴 채 대학을 그만두고 달아나버렸다. 그 후 잉글랜드 북부에 있는 탄광촌에서 병원보조원으로 일했다. 영화 〈잃어버린 전주곡〉의 마지막 부분, 알래스카로 떠나는 잭 니콜슨 흉내를 내고 싶었던 걸까. 거기서 6개월을 보내며 환자를 수술대 위로 올렸다 내렸다 하고, 벽과 장비를 닦고, 마취과 의사를 거드는 일로 하루하루를 보냈다. 내가 살았던 곳은 어느 열병 전문 병원에 있던 작은 방이었다. 말이 좋아 병원이지 오염된 완스벡 강의 진흙투성이 강둑 위에 위치한, 대강 올린 철제 지붕을 가진 다 쓰러져가는 건물이었다. 모래사장이 역청탄으로 검게 물든 해안에서 몇 킬로미터 떨어진 곳이었다.

내 방 창문을 열면, 석탄을 때는 거대한 발전소가 높은 굴뚝에서 흰 연기와 증기를 해풍 속으로 쏟아붓는 우울한 모습이 보였다. 밤이면 산더미같이 쌓인 석탄 한가운데 우뚝 솟은 가로등이 솟아오르는 증기를 비추었고, 석탄 더미 위로 불도저들이 별빛 아래에서 이리저리 기어 다니는 모습도 볼 수 있었다. 그 어둡고 침울한 세계에 사로잡혀 이류 시를 쓰면서 이곳을 천국의 광경으로 묘사하기도 하고 지옥의 광경으로 묘사하기도 했다. 젊은이 특유의 멜로드라마적 감성에 몰입해 있었기에 나 자신이 피처럼 붉고 눈처럼 하얀 세상에서 살고 있다고 생각했다. 그곳에서 내가 본 수술은 유혈이 낭자하지도 않았고, 겨울도 온화해서 눈이라고는 없었는데도 말이다. 무엇보다 뼈저리게 외로웠다. 돌아보면 병원, 즉 질병과 고통의 장소에서 일하면서 나 자신의 불행을 실현하려 애썼다. 그 과정에서 청춘의 고뇌와 짝사랑으로부터 스스로를 치유하고 있었다. 이는 또한 내 삶의 대부분을 손수 결정한 가엾은 아버지에 대한 의례적 반항이기도 했다. 그렇게 6개월을 보내고 나자 나 자신이 선택한 일이었음에도 간절히 집으로, 가족에게로, 중산층의 전문직으로 되돌아가고 싶었다.

외과 의사들이 수술하는 모습을 구경하며 6개월을 보낸 나는 이것이야말로 앞으로 내가 할 일이라고 결정을 내렸다. 근본적으로는 남을 위한 일이지만, 실행에 있어서는 폭력적이라 할 수 있는, 그러면서도 철저하게 통제된 이 일의 특성에 마음 깊이 매력을 느꼈다. 또한 극도의 흥분과 안정된 직업, 손재주와 잔머리의 조합, 게다가 권력과 사회적 지위까지 골고루 섞여 있는 것 같았다. 그러나 이런 결정 뒤에도 진정한 나의 천직을 발견하는 데는 8년이라는 시간이 더 걸렸다. 수련의로서 첫 번째 동맥류 수술을 보고 난 다음이었다.

나의 첫
의과 대학 생활

운이 좋았던 덕분에 1년을 떠나 있던 옥스퍼드 칼리지로부터 학위를 마쳐도 좋다는 허락을 받았다. 런던에서 유일하게 이과 성적이 검증되지 않은 학생을 받아주는 의대로부터 의학을 공부해도 좋다는 허가도 받았다. 런던의 다른 모든 의대에서는 내가 O-레벨(Ordinary Level의 줄임말로 영국에서 10~11학년 때 치르는 일종의 고등학교 졸업 시험. 최소 5개의 원하는 과목에서 C 이상의 성적을 받아야 칼리지 입학 자격이 주어진다 - 옮긴이)과 A-레벨(Advanced Level의 줄임말로 영국에서 12~13학년에 치르는 대학 입학 준비 과정. 보통 4개 과목을 선택해 시험을 보는데, 대학마다 요구하는 입학 자격 점수가 다르다 - 옮긴이)에서조차 과학을 듣지 않았다는 이유로 거절을 당한 참이었다. 그래서 나는 왕립자유의대에 전화를 걸었고, 그들은 나더러 이튿날 와서 면접을 보라고 했다.

면접은 의대 사무주임과 간단하게 치렀다. 작고 비좁은 사무실 안에 파이프 담배를 피우는 스코틀랜드 노인이 한 명 앉아 있었다. 그는 몇 주 뒤면 은퇴할 몸이었으므로 당시에 장난이나 은퇴 기념으로 나를 의대에 입학시켰을지도 모른다. 어쩌면 정신이 딴데 가 있었는지도 모르고. 어쨌든 그는 제물낚시를 즐기느냐고 물었고 나는 하지 않는다고 대답했다. 그는 의학을 두고 예술도 과학도 아닌 기능의 한 형태로 보는 게 최선이라고 했다. 그때는 몰랐지만 세월이 흐른 뒤엔 나도 똑같이 생각하게 된 말이다. 면접은 5분 만에 끝났고, 그는 3주 뒤에 시작하는 의대 수업에 내 자리를 하나 만들어주었다.

그 시기 이후, 영국의 의대생 선별은 더 엄격한 과정을 거치도록 개편되었다. 내가 알기로는 이제 우리 병원과 같은 대형 병원의 의대에서는 의사 선발을 위해 꽤 많은 절차를 밟는다. 심지어는 배우들과 역할극을 하기도 한다. 배우에게 "당신 고양이가 방금 차에 치였다."라고 말함으로써 나쁜 소식을 실토하는 의사의 능력을 보여주어야 하는 것이다. 각본을 진지하게 받아들이지 못하면 즉시 탈락된다고 한다. 지금의 선발 과정이 그때보다 더 나은지는 아직 입증되지 않았지만, 연기력이 좋은 의사 후보를 선별하는 게 꽤 도움이 되는 모양이다.

왕립자유의대에서 나는 1차 MB라 불리는 과정에 합류했다. 1년짜리 기초과학 속성 과정이었고, 이어지는 2차 MB 과정이 의대 학부생을 위한 표준적인 5년 과정이었다. 그해를 마지막으로 의대에서는 더 이상 1차 MB 과정을 운영하지 않았다. 이 정도는 다 배우고 오라는 뜻인지도 모르겠다. 어쨌든 1차 MB 과정은 과학계에서도, 대학들 가운데에서도 마치 숨겨진 오지나 외딴섬같이 취급됐다. 그래서인지 이 과정을 가르치는 과학자들 중 다수는 괴짜에다 종종 세상에 울분을 품고 있었다.

학생들을 가르쳐본 적 없는 이들은 그나마도 오래 있지 않고 다른 곳으로 이직이 잦았다. 어떤 사람은 유명한 과학 작가가 되었고, 어떤 사람은 상원의원이 되어 토리당(영국의 보수 정당 - 옮긴이)의 당수가 되었다. 그밖에 은퇴를 앞둔 나이 든 선생님들도 많았는데, 이들 가운데 일부는 경력이 기묘하게 뒤섞인 1차 MB 학생들에게 공공연하게 혐오감을 드러내기도 했다. 나 같은 대학 중퇴자를 포함하여 증권 중개인, 사우디의 공주, 자동차 판매원과 A-레벨 결과가 나쁜 어린 학생들이 한데 모여 있었으니 지금 생각하면 그럴 수도 있겠다 싶다. 우리는 커다란 흰 토끼를 해부하며 생물학을 배우고 약품들을 섞어가며 화학을 배웠다. 아무리 들어도 물리학 강의는 이해하는 데 매번 실패하며 그렇게 시간을 보냈다. 어떤 강의는 용기를 주었고 어떤 강의는 우스꽝스러웠다. 수업을 듣는 사람들 간의 분위기는 히스테리에 가까울 만큼 불안했다. 대부분 이런 저런 이유로 패배감을 느낀 채 이곳에 온 사람들인 데다가 다들 필사적으로 의사가 되고자 했기 때문이었다.

여러 우여곡절을 겪었지만 내가 기억하는 한 우리는 모두 다 최종 시험을 통과했다. 1차 MB를 마친 나는 해부학, 생리학, 생화학, 약리학 등 임상 전에 필요한 공부를 하며 2년을 보낸 다음 병원에서 임상 실습생으로 3년을 보냈다. 해부학 수업에서는 학생들을 작은 분단으로 나누어 분단마다 방부 처리된 시체 한 구를 주었고, 우리는 그것을 1년에 걸쳐 서서히 해부했다. 본래도 그다지 매력적이지 않았던 시체지만 연말이 되면 정말 딱한 모습이 되어서 너무 불쌍했다. 채광창이 달린 크고 높은 다락 양쪽으로 시체가 녹색 방수포로 덮인 이동 침대가 여섯 대씩 늘어서 있었는데, 그곳에 가면 포름알데히드 냄새가 진동했다.

첫날, 우리는 갓 구입한 해부 지침서와 함께 작은 캔버스천 두루마리에 싸인 기구 몇 개를 들고 약간 긴장한 상태로 다락으로 이어지는 계단 위에 줄을 섰다. 담당자가 과장된 몸짓으로 문을 열었고 우리는 분단별로 배정된 시신을 알현하러 들어갔다. 이런 방식은 수백 년 동안 내려온 전통적인 의학 교육이지만 이제는 더 이상 이렇게 하지 않는다. 외과 의사가 되면 진짜 해부학을 처음부터 다시 배워야 한다. 피가 줄줄 흐르는 살아 있는 몸은 해부만을 위해 방부 처리된 번들거리는 잿빛 살덩이와는 전혀 다르기 때문이다. 하지만 죽은 몸뚱아리로 배운 해부학은 우리가 속세에서 질병과 죽음의 세계로 넘어가는 일에 익숙해지도록 단련시키는 중요한 입회식이었다.

그밖에도 해부학 수업은 꽤 사교적인 과정이기도 했다. 한 무리의 동료 학생들과 함께 배정된 시체를 둘러싸고 앉아서 죽은 조직을 떼어내고 긁어내며 수백 개의 이름을 외워야 하는 일이니까.

나는 특히 손의 해부학에 각별한 매력을 느꼈다. 해부학과에는 해부 단계별로 절단된 손들이 비닐봉지에 들어 있었는데 나는 그것을 보고 안드레아스 베살리우스Andreas Vesalius(근대 해부학을 창시한 벨기에의 의학자로 《인체 해부학 대계》라는 저서에 정교한 해부도들을 남겼다 - 옮긴이)를 본떠 정교한 채색화를 즐겨 그리곤 했다. 1979년에는 드디어 의대생들이 입는 짧은 흰 가운을 벗고, 병동에서 수련의가 입는 긴 흰 가운을 입을 수 있었다. 당시에는 가운이 바뀐 것을 무척 자랑스러워했는데 다른 병원에서는 의대생이 긴 가운을 입고 수련의가 짧은 가운을 입는 곳도 있었다.

교육받는 병원으로 출근을 하니 나 자신이 매우 중요한 사람으로 느껴졌다. 마치 높은 지위를 나타내는 휘장이라도 되는 듯 자랑스럽게 호출기, 즉 삐삐를 가슴 주머니에 넣고 옆 주머니에는 청진기, 채혈용 압박대, 의약품집을 넣고 열심히 돌아다녔다. 의대를 졸업하면 우선 인턴—그야말로 일종의 막일꾼—으로 1년을 보내는데, 6개월은 외과에서 일하고 6개월은 내과에서 일했다. 일반 개인 병원이 아니라 외과 의사나 내과 의사로서 큰 병원에 몸담고 싶은 사람은 학생일 때 교육 받은 수련 병원에서 어떻게든 인턴 일을 얻으려고 무지하게 노력한다. 그래야 선배 의사들에게 자신을 알릴 수 있으니까. 선배 의사들의 추천과 후원이야말로 자신의 미래가 결정되는 중요한 조건임을 잘 알았기 때문이다.

외과 수련의 시절의
뼈아픈 경험

　　　　　나는 외과 의사가 되고 싶어서—당시에
는 최소한 그렇다고 생각했다—수련 병원에 속한 외과로 들어갔
다. 쉽게 말해 '외과 회사'에 간신히 취직을 한 것이었다. 회사는
전문의, 선임 레지던트와 레지던트, 인턴으로 구성되어 있었다. 나
는 '1 in 2'로 일했다. 정상 근무일은 일주일에 5일이지만 격일로
야간 당직, 격주로 주말 당직이 있었다. 일주일에 약 120시간 동
안 병원에 있어야 한다는 뜻이었다. 전임자는 나에게 삐삐를 건네
면서 상사를 만족시키는 법과 죽어가는 환자를 돕는 법에 관해 몇
마디 조언을 해주었다. 둘 다 의대 강의와 교과서에서 다루지 않는
주제였다.

　길고 긴 근무 시간을 지내다 보면 내가 병원에서 떠나서는 안
되는 중요한 사람이라는 느낌이 생기는데, 나는 이 느낌을 당시엔
꽤 즐겼다. 사실 내게는 책임이 거의 없었다. 환자의 기록을 관리
하고, 채혈을 하고, 서식을 작성하고, 어디론가 사라진 엑스선 사
진을 찾아다니는 일로 낮과 밤을 보냈다. 보통은 모자라지 않을 만
큼 잠을 잤고 밤에 자다 깨는 데에도 차츰 익숙해졌다. 이따금 수
술실에 보조로 들어갈 때도 있었는데 선임들이 환자의 복부를 이
리저리 뒤지는 동안 나는 오랜 시간 꼼짝없이 서서 견인 도구로 복
부를 열고 있었다.

30년이 지난 지금 돌아보면 단지 근무 시간이 길다는 이유 하나로 내가 중요한 사람이라고 느꼈던 것이 어찌나 가소로운지 모르겠다. 병원에서 수련의로 지내는 것은 좋았지만 외과 인턴으로 몇 달을 보내는 동안 앞으로 의사로서 무엇을 할 것인지 점점 더 확신이 없어졌다. 외과의 현실은 예전에 병원보조원이었을 때 느꼈던 피상적인 인상과 판이하게 달랐다. 이제는 외과라고 하면 불쾌하고 냄새 나는 괄약근과 끈적끈적한 체액이 연상됐고, 외과 의사도 매력 없이 느껴졌다. 그러나 병원에는 내가 외과 의사가 되는 데 지대한 영향을 준 훌륭한 외과 전문의들이 있었다. 그들의 기술적 솜씨만큼이나 나를 자극한 것은 환자를 대하는 친절한 마음이었다. 나는 의대생과 인턴 시절에는 신경외과 수술을 본 적이 없었다. 신경외과 수술실은 출입 금지 구역이었고, 사람들은 공포에 가까운 경외심을 가지고 그곳에 관해 이야기하곤 했다.

인턴으로서 다음 6개월은 오래되어 다 쓰러져가는 남부 런던의 병원에서 보냈다. 19세기에 가난한 사람들을 위한 시설이었던 그 건물은 그때까지도 예전의 음울한 명성에서 벗어나지 못한 듯 보였다. 빈민 구제와 복지도 좋지만 이렇게 어두운 시설을 보고 있으면, NHS National Health Service(영국의 국민 건강보험 - 옮긴이)에 대한 영국 사람들의 애착이 가끔 이해할 수 없을 정도다.

그 병원에는 양쪽으로 수십 개의 병상이 줄지어 있는 크고 보기 싫은 방에 환자들을 가축 떼처럼 몰아넣고 있었다. 응급실이 1층에 있고 바로 위 2층에 중환자실이 있었지만 승강기는 병원 안에 한 대뿐이었고 그나마도 병원의 중앙 통로에서 400미터나 떨어져 있었다. 만약 환자 한 명을 응급실에서 중환자실로 긴급 이송해야 하는 일이라도 생기는 날엔 거의 마라톤을 하는 기분이었다. 우선 당직 인턴이 병원보조원의 도움을 받아 환자의 침대를 밀며 복도를 따라 병원의 한쪽 끝에서 반대쪽 끝까지 먼 길을 갔다가 승강기를 탄 다음, 환자와 침대를 밀며 다시 먼 길을 돌아가야 했다.

나는 이 과정을 가능한 한 짧게 끝내려고 복도를 지나다니는 사람들을 밀어내고 크고 덜거덕거리는 낡은 승강기를 낚아채듯 점령하면서 극적이고 긴급한 상황을 애써 연출했다. 임상적으로 꼭 필요한 액션이었는지는 의문이지만 TV 속 의사들은 언제나 그렇게 했다. 한편으로는 그렇게 해보는 재미도 쏠쏠했다.

밤에는 잠을 거의 못 자긴 했지만 의사 전용 식당 겸 바가 있어서 그곳을 운영하는 친절한 스페인 아주머니가 밤에도 아무 때나 식사를 차려주었다. 본관 밖에는 잔디밭까지 있어서 짬이 날 때면 거기서 동료 수련의들과 크로케를 하곤 했다. 시간이 지나자 처음에 외과 인턴으로 하던 일보다 책임은 더 많고 감독은 훨씬 덜 받는 바쁜 날들이 이어졌다. 일하면서 많은 실용적 의술을 빨리 익혔지만 수업이 언제나 즐거운 것은 아니었다. 나는 '외과 회사'의 밑바닥에 있는 존재에 지나지 않았으니까.

나의 임무는 대부분 응급으로 입원하는 모든 환자가 도착하는 것을 살피고 병동에 있는 환자들을 돌보는 일이었다. 그러면서 눈치로 득달같이 배운 한 가지가 있다면 내가 먼저 직접 환자를 보지 않고서는 절대로 선임에게 환자에 대해 전화를 걸면 안 된다는 사실이었다. 처음에는 몰랐었다. 첫 당직 때 해서는 안 될 실수를 하고 나서야 깨달은 사실이었다.

간호사가 어떤 환자 건으로 나를 호출했는데, 환자를 보러 가기 전에 레지던트에게 조언을 구했던 것이다. 답으로 욕만 한 바가지 얻어먹고 나서 어찌나 후회를 했던지. 그다음부터는 마음을 졸이며 경험도 없이 모든 환자를 보고 어떻게 할지 신중하게 결정을 내리려고 노력한 다음, 정말로 도저히 확신이 서지 않을 때에만 감히 선임에게 전화를 걸었다.

일을 시작한 직후인 어느 날 밤, 한번은 이른 시간에 병동에 있는 중년 남자를 봐달라는 전화를 받았다. 그가 숨이 가빠졌다는데 응급의학과 병동에서는 더없이 흔한 문제였다. 나는 침대에서 나와 흰 가운을 걸치고—1~2시간 이상 잘 수 있는 경우가 드물기 때문에 언제나 옷은 입고 잔다—나이팅게일 병동으로 갔다. 조명을 낮춘 긴 병동 양쪽으로, 병상 20개에 잠 못 들고 뒤척이거나 코를 고는 환자들이 누워 있었다. 간호사 두 명이 방 한가운데 어둠 속의 작은 빛을 의지한 채 책상에 앉아 서류 작업을 하고 있었다. 그들이 한 환자를 가리켰다.

"어제 들어왔는데 MI가 의심됩니다."

한 간호사가 말했다. MI란 심근경색, 즉 심장마비의 줄임말이다. 남자는 침대에 몸을 세우고 앉아 있었다. 겁먹은 표정이었다. 맥박도 빨랐고 호흡도 가빴다. 나는 그의 가슴에 청진기를 대고 심장과 숨소리에 귀를 기울였다. 그리고 ECG—심장의 리듬을 보여주는 심전도—를 측정했다. 측정 결과, 충분히 정상으로 보였으므로 그를 안심시키면서 심장에는 심각한 이상이 없다고 말했다.

"뭔가 문제가 있어요, 선생님. 제가 안다니까요."

"모든 게 정상입니다. 그냥 불안하신 겁니다."

다시 침대로 돌아가고 싶은 간절함에, 약간 조바심을 내며 내가 대답했다. 병동을 나가는 나를 그가 절망적으로 바라보았다. 그의 힘겨운 숨소리, 웅크린 채 잠 못 드는 환자들 사이로 나를 질책하듯 뒤따라오던 그 숨소리가 지금도 들리는 듯하다. 내가 문 쪽으로 갔을 때였다. 갑자기 그의 호흡이 뚝 끊기고 병동이 불현듯 조용해지던 게 아직도 생생하다. 허둥지둥 침대로 도로 달려가보니 그가 침대에 푹 쓰러져 있었다.

"코드 블루 내보내요!"

나는 그의 가슴을 세차게 누르며 간호사들에게 정신없이 외쳤다. 2~3분 뒤 동료들이 게슴츠레한 눈으로 우당탕 뛰어왔고, 그의 심장을 다시 뛰게 하려고 반 시간을 허비했다. 내 레지던트가 앞서 측정한 ECG 기록을 살펴보더니 이렇게 말했다.

"V-Tach(심실성빈맥)이 있었던 것 같은데, 그걸 못 봤어? 나한테 전화했어야지!"

그가 비난하듯 내게 말했다. 나는 아무 대꾸도 하지 않았다. 그 환자는 앙고르 아니미Angor Animi, 영혼의 불안을 뜻하는 앙고르 아니미를 느꼈다. 심장마비가 왔을 때 일부 사람들이 느낀다고 하는,

곧 죽을 것이라는 느낌이다. 30년도 더 지난 지금까지도, 나를 바라보던 죽어가는 남자의 절망적인 앙고르 아니미의 표정이 또렷하게 보인다.

의사라는
십자가를 메고

　　　　　　　　그 뒤로도 일을 하며 음울하면서도 짜릿한 강렬함을 느꼈지만, 의대생일 때 가졌던 단순한 이타심은 금세 잃어버리고 말았다. 당시에 환자들에게 동정을 쉽게 느꼈던 이유는 그들에게 벌어지는 일에 대한 책임이 없어서였다. 환자에 대한 책임과 함께 실패의 공포를 느끼기 시작하면, 의사에게 있어 환자는 불안과 스트레스의 근원이 된다. 물론 동시에 성공에 대한 자부심의 근원인 것도 맞는 말이다. 나는 심폐소생을 통해 내출혈로 죽어가는 환자들과 더불어 날마다 죽음을 맞닥뜨렸다. 심폐소생의 현실은 TV에서 보여주는 것과 매우 다르다. 생명을 살리는 영웅적인 행동이라기보다 비참한 폭행에 가까울 때가 많으며, 평화롭게 죽도록 내버려두는 편이 나을 노인 환자들에게는 쓸데없이 갈비뼈만 부러뜨리는 경우가 될 수 있다.

　　젊은 날의 나는 '의사라면 그래야 한다'는 방식대로 항상 비정했고 환자들을 별개의 인종 대하듯 했다. 나처럼 지극히 중요한 위치에 있는 젊은 의사들과는 완전히 다른 족속이라도 되는 듯. 경력의 끝에 다가가고 있는 지금은 이 거리감이 희미해지기 시작했다. 지금은 실패를 덜 두려워한다. 실패를 인정하고 나서부터 실패의 위협을 덜 느끼게 되었기 때문이다. 이것은 과거에 저지른 실수에서 무언가를 배우고자 하면서 맞이하게 된 변화다. 이로써 감히 환자들과의 거리감도 조금은 줄일 수 있다고 말하고 싶다. 뿐만 아니라 나이를 먹을수록 내가 환자들과 똑같은 살과 피로 만들어져 있으며 똑같이 나약하다는 사실을 더 이상 부인하지 않는다. 지금은 과거보다 환자들에게 더 깊은 연민을 느낀다. 나 역시 조만간 그들처럼 붐비는 병실 한편 어느 침대에 꼼짝없이 갇혀 내 목숨을 걱정할 것이기에.

인턴으로 한 해를 마친 뒤, 나는 런던 북부에 있는 수련병원으로 돌아가 중환자실에서 SHO로 일했다. 외과 의사가 나의 길이라는 확신은 줄고 있었지만 어쨌든 외과 수련을 받기로 결심했던 터라 그 첫 단계로 중환자실에서 일하는 게 가장 유용해 보였다. 하는 일은 기껏해야 주로 서식 작성, 정맥주사액 걸기, 채혈이었는데 이따금씩 운이 좋을 때면 흥분되는 일이 주어지기도 했다. 가슴에 배액관 삽입하기나 목의 굵은 정맥에 정맥주사 꽂기 같은. 모든 지시는 경험 많은 수련의가 내렸다. 수술실로 내려가 동맥류 수술을 보고, 외과 의사로서의 확신을 갖게 된 것도 바로 중환자실에서 일하는 동안이었다.

정확히 무엇을 하고 싶은지 알고 나자 인생이 훨씬 쉬워졌다. 며칠 뒤 나는 곧바로 그 수술실에서 동맥류 결찰을 집도한 신경외과 의사를 찾아가 신경외과 의사가 되고 싶다고 말했고 그는 신경외과에서 곧 SHO 자리 공고를 낼 거라며 그때 지원하라고 했다. 나는 학생 시절에 일했던 '외과 회사'의 '사장'인 일반외과 선배와도 이야기를 나누었다. 외과 의사치고 예외적으로 친절한 그 선배는 내가 숭배에 가까울 정도로 존경하는 스승이기도 하다. 그분은 내 희망 진로를 듣자마자 전국에서 최고로 손꼽히는 신경외과 의사 두 명을 만날 수 있도록 주선해주었다. 뇌 전문 외과 의사 지망생으로서 나 자신을 알릴 수 있었을 뿐 아니라, 그들과의 대화를 통해 내 진로를 더 상세히 계획할 수 있었다. 그 시절 신경외과는 온 영국을 통틀어 전문의가 백 명도 안 되는 작은 섬 같은 세계였다. 나는 이스트엔드에 있는 로열런던병원으로 선배 외과 의사 한 명을 만나러 갔다. 상냥한 말투와 인상이 지금도 기억에 남는데 내가 갔을 때 선배는 사무실에서 시가를 피우고 있었다. 벽이 포뮬러원(속도만을 위해 개조된 자동차 경주인 포뮬러 경주 중 가장 급이 높은 자동차 경주 대회 - 옮긴이) 경주용 차 사진으로 도배되어 있어 매우 인상적이었다. 알고 보니 그는 포뮬러원의 공식 의사였다. 선배 앞에 서자 신경외과 의사가 되려는 나의 깊은 열정이 숨김없이 드러났다.

"자네의 아내는 어떻게 생각하나?"

이것이 그의 첫 번째 질문이었다.

"아내도 좋은 생각이라고 할 겁니다, 선생님."

"글쎄, 내 전처는 그 생활을 견디지 못했어. 그렇게 헤어지고 지금의 아내를 다시 만나게 됐지. 알겠지만 힘든 삶이야, 신경외과 의사가 된다는 건."

몇 주 뒤에는 차를 몰고 사우샘프턴으로 내려가 다른 선배 신경외과 의사를 만났다. 그도 똑같이 친절하게 이런저런 조언을 해주었다. 벗겨지기 시작한 머리에 붉은 머리카락과 콧수염이 있는 그는 신경외과 의사라기보다 쾌활한 농부의 모습에 가까웠다. 책상에 환자 일지 더미가 하도 높이 쌓여 있어 선배 얼굴이 거의 보이지 않을 정도였다. 이번에도 나는 신경외과 의사가 되려는 야망에 대해 열심히 이야기했다.

"자네의 아내는 어떻게 생각하나?"

똑같은 질문이 돌아왔다. 나는 괜찮을 거라고 장담했다. 그는 한동안 아무 말도 하지 않았다.

"알겠지만, 수술은 쉬워. 그건 문제가 안 돼. 내 나이가 되면, 난관이란 난관은 죄다 의사 결정과 관계가 있다는 사실을 깨닫게 되지."

85세 여성의
뇌종양이
치료될 확률

Do No Harm

수막종:
뇌와 척수를 덮고 있는 섬유질에서
발생하는 양성 종양. 대개 서서히 자라고,
밑에 있는 신경 조직을 누르는 데서 증상이 생김.

2월의 어느 월요일, 쏟아지는 빗소리에 아침 7시에 일찍 잠이 깼다. 희미하긴 했지만 침실 창을 통해 보이는 하늘은 우중충한 납빛이었다.

'월요일……, 수술 일정이 많은 날이네.'

그걸 다 끝낼 수 있을지 의심스러웠다. 병원이 또다시 넘쳐흘러 병상이 모자랄 지경이었다. 그러니 오늘도 최소한 한 명에게 오늘은 수술 못 들어간다고 사과하는 구차한 신세가 될 게 뻔했다. 금식 때문에 굶주리고 불안한 상태로 온종일 대기하다가 결국 수술을 연기해야 한다는 말을 듣는 환자도 기분이 좋지는 않을 테지.

우울한 날씨와 병원의 열악한 상황을 저주하며 바람과 비를 뚫고 얼른 자전거를 타고 출근길에 올랐지만 아니나 다를까, 잡생각으로 꾸물거린 탓인지 아침 회의에 지각하고 말았다. 조용히 회의실로 들어가 신경방사선과 의사 옆에 앉았다. 잘못된 판단에서 나를 구해주는 뇌 스캔 해석의 일인자. 그의 조언이 없다면 나는 제대로 된 판단을 내릴 수 없다.

간밤에 응급실 당직이었던 레지던트 앤서니가 입원 상황 발표를 막 시작할 참이었다. 그는 회의실 앞쪽 컴퓨터 앞에 앉아 내가 도착하기를 기다리고 있었다. 한참 후배인 앤서니는 외과 의사 특유의 열정이 끓어넘치는 친구다. 신경외과 의사로서 경험이 점점 쌓이면 그 열정을 잃게 되겠지만.

"지난밤에는 각별하게 흥미를 끄는 일이 없었습니다."

그 말에 순간 짜증이 나서 한마디 쏘아붙였다. 단순하고 일상적인 문제들이 가장 중요한 문제의 시작인데 저렇게 말하다니. 나의 지적에 앤서니가 상처를 받은 듯했고 그 모습을 보자 못되게 말한 것이 금세 후회됐다.

"이분은 96세 여성으로 그동안 혼자 사시다가 최근 들어 균형을 못 잡고 넘어지는 횟수가 늘어나기 시작했습니다. 대동맥 판막 협착증(판막이 좁아져서 대동맥으로 피가 원활히 흐르지 못하는 질환 - 옮긴이)이 심해서 침대 끝에서도 심장잡음이 들릴 정도입니다. 왼쪽에 편측 부전 마비(신체 한쪽이 마비되는 증상 - 옮긴이)가 와서 걸을 수는 없지만 방향감각은 완전히 살아 있습니다."

나는 앞줄에 앉아 있는 가장 낮은 연차의 수련의 한 명을 골라,

가장 그럴듯한 진단을 내려보라고 했다.

"그 연세의 환자에게 나타날 수 있는 병은 만성 경막하혈종(뇌를 둘러싼 경막에 피가 고여 생긴 물혹 - 옮긴이)밖에 없을 겁니다."

연차 낮은 수련의가 자신 있게 대답하자 나는 바로 대동맥판막협착증의 의미에 관해 물었다.

"전신마취를 하면 환자가 죽을 수도 있다는 뜻입니다."

앤서니에게 그 환자의 스캔을 보여달라고 했다. 몇 분이 걸려서야 겨우 우리와 지역 병원을 연결하는 웹사이트가 열렸다. 앤서니가 땀을 뻘뻘 흘려가며 컴퓨터로 자료를 찾는 동안 다른 수련의들은 그를 돕는 한편 병원의 IT 시스템에 관해 깔깔대며 농담을 지껄였다.

"스캔 전송 소프트웨어는 완전 쓰레기라니까······. 재생해봐, 앤서니. 아니, 보기로 간 다음 새 창을 옆에다 띄워보라고. 안 먹혀? 그럼 왼쪽으로 드래그해봐. 소용없네. 그냥 다시 로그인해······."

쓰레기 같은 소프트웨어와 몇 분간 씨름한 뒤 마침내 그 할머니의 뇌 스캔이 벽에 번쩍 비쳤다. 할머니의 두개골 안쪽과 뇌의 표면 사이에서 두터운 액체 층이 오른쪽 뇌를 일그러뜨리고 있는 모습이 보였다. 노인 환자의 만성 경막하혈종은 신경외과에서 가장 흔한 응급 질환이다. 뇌의 나머지 부분은 96세라는 나이 치고는 그리 나빠 보이지 않았고 그 나잇대 노인의 뇌와 다르게 덜 쪼그라들어 있었다. 나는 갑자기 아버지 생각이 났다.

"우리 아버지는 저 연세에 알츠하이머로 돌아가셨어. 아버지 뇌 스캔은 스위스 치즈처럼 구멍이 숭숭 뚫려 있었지. 남은 게 거의 없었어."

내가 계속해서 물었다.

"그래서 앤서니, 뭐가 문제지?"

"이게, 윤리적 차원의 문제로 발전했습니다. 할머니는 집을 떠나 요양원에서 생을 마감하느니 차라리 죽겠다고 하십니다."

"음, 말이 안 되는 말씀을 하신 건 아니야. 자네 노인정신과 병동이나 요양원에서 일해본 적 있나?"

"없습니다."

나는 한때 노인정신과 간호조무사로 일한 적이 있다. 대소변을 가리지 못하는 노인이 스물여섯 명이나 되는 병동을 돌보는 일은 결코 쉽지 않다. 이런 상황이니 인구가 노령화할수록 매체에 보도되는 양로원 내 학대 문제가 점점 많아지는 것도 무리가 아니다. 2050년이면 유럽 인구의 3분의 1이 예순이 넘을 것이다. 일반외과에서 나의 첫 번째 상사였던 전문의도 치매로 요양원에서 생을 마감했다. 그는 끊임없이 죽고 싶다고 이야기했다지만, 지독하게도 몸이 건강했던 덕분에 소원이 이뤄지기까지는 꽤 여러 해가 걸렸다. 젊었을 적에는 아침마다 냉수욕을 하던 사람이었다. 내가 옛 경험담을 늘어놓자 뒷줄에 있던 한 레지던트가 내 독백을 가로막았다.

"그래도 할머니가 돌아가시게 그냥 둘 수는 없잖습니까."

"왜 안 되지? 그게 할머니가 진정 원하시는 거라면?"

"할머니가 우울증에 걸리신 건지도 모르죠. 마음을 바꾸실지도 모르고요."

우리는 이에 관해 오래 의견을 주고받았다. 그 레지던트의 말이 맞을 수도 있다. 자살만 안 한다면 앞으로 살날이 많은 젊은 사람에게는 충분히 맞는 말이다. 그러나 집으로 다시 돌아갈 가능성이 거의 없는 아흔여섯 노인에게도 맞는 말인지는 잘 모르겠다. 나는 앤서니에게 수술을 하면 할머니가 예전처럼 집에서 혼자 생활할 수 있는 확률이 얼마나 될 것 같으냐고 물었다.

"할머니 연세에는 그리 높지 않지요. 한동안은 회복세가 이어질지도 모르겠습니다. 그런다 해도 대동맥판막협착증으로 돌아가시거나, 아니면 요양원에 계시다 결국 돌아가시겠죠."

"그래서 우리가 할 일은?"

앞에 있는 사람들에게 물었더니 불편한 침묵이 흘렀다. 대답이 나오길 계속 기다렸다.

"그 할머니와 가까운 친척이라곤 조카딸뿐입니다. 조카딸이 오늘 아침에 올 예정이니, 어떤 결정이 내려지든 일단은 그때까지 기다려야 합니다."

앤서니가 입을 뗐다. 방사선과 동료가 내 쪽으로 몸을 기울이며 조용히 말했다.

"나는 항상 이런 사례가 재밌더라."

그가 턱을 들어 수련의들의 줄을 가리켰다.

"젊은 친구들은 죄다 큰 수술이나 흥분되는 대대적인 사건을 바라겠지. 그 나이야 충분히 그럴 만하지만. 하지만 사실 이런 일 상적 사례에 관한 논의도 흥미진진하단 말이지."

"음, 옛날에는 나도 똑같았어."

"그 할머니는 어떻게 될 것 같아?"

"모르겠어. 내 환자가 아니라서."

나는 모여 있는 의사들에게 몸을 돌려 말했다.

"10분 남았는데 오늘 내 수술 일정에 있는 사례 하나를 추가로 봐볼까?"

내가 앤서니에게 환자의 이름을 말하자 그가 이번에는 대단히 빠른 속도로 뇌 스캔을 벽에 띄웠다. 거대한 양성 수막종이 환자의 뇌 왼쪽을 누르고 있는 모습이었다.

"85세 여성."

내가 시작했다.

"32년 전 신경외과에 들어왔을 때니까 자네들은 아직 기저귀를 차고 있었겠지? 그때는 이렇게 나이든 사람은 절대 수술하지 않았어. 일흔이 넘은 환자는 수술하기에 너무 늙었다고 여겼거든. 지금은 수술 환자 나이에 한계 같은 건 없는 것 같아."

그날, 그렇게 그 환자에 관한 이야기가 시작됐다.

대답하기 힘든
환자의 질문

시그레이브 부인을 처음 본 것은 몇 주 전 외래 진료실에서였다. 부인은 저명한 의사의 미망인으로 자기 생각을 매우 분명하게 표현하는 편이었다. 병원에 올 때면 자신과 똑같이 의사 표현이 분명한 중년의 세 자녀를 대동했다. 예상치 않게 보호자가 세 명이나 오는 바람에 다른 방에서 의자를 빌려와야 했다. 아담한 체구, 긴 백발에 유달리 날씬한 부인은 나이보다 젊어 보였고 당당하고 꼿꼿한 태도로 나와 상담을 했다. 부인이 내 책상 옆 의자에 앉자 세 자녀는 깍듯하면서도 단호한 표정으로 나란히 한 줄로 앉아 나를 쳐다보고 있었다. 전두엽에 문제를 가진 사람들이 대부분 그렇지만 부인 역시 상황에 대해 현명한 인식은 거의 할 수 없는 상태였다. 간략하게 내 소개를 한 뒤 어떤 문제가 있는지 물었다. 어떻게든 부인을 돕고 싶지만 동시에 환자가 감정적으로 나오는 건 피하고 싶었다.

"나는 완벽하게 정상입니다!"

부인이 낭랑한 목소리로 중대 발표라도 하듯 말했다.

"내 남편이 세인트앤 병원의 부인과 교수였는데, 혹시 남편을 알고 계셨나요?"

나보다 윗세대 분이라 몰랐다고 대답하자 부인은 흥분하며 말을 이어갔다.

"이건 말도 안 돼요. 쟤들이……."

그녀는 손가락으로 반대편에 앉아 있는 자녀들을 가리켰다.

"운전을 못 하게 한다니까요. 나는 정말이지 차 없이는 지낼 수가 없어요. 이건 완전히 성차별이라니까……. 내가 남자라면 운전하게 해줄 텐데."

"하지만 여사님은 연세가 여든다섯이니까……."

"그건 이 일과 아무 상관도 없어요!"

"연세 말고 뇌종양 때문이기도 합니다."

내가 모니터를 가리키며 덧붙였다.

"여사님, 뇌 스캔 보셨습니까?"

"아뇨. 뭐, 별 관심도 없어요."

크게 선심이라도 쓰듯 부인은 스캔을 한동안 바라봤다. 자몽만 한 덩어리가 여사의 뇌를 압박하고 있었다.

"하지만 정말로 운전은 해야 해요. 난 차 없인 못 살아."

"괜찮으시다면 자녀분께 몇 가지 여쭙고 싶습니다."

최근 몇 달 동안 어머니가 어떤 어려움을 겪었는지 물었다. 내 생각이지만 그들은 어머니 앞에서 직접적으로 문제를 이야기하는 것을 꺼리고 있었다. 물론 부인이 말하는 도중 계속 끼어들어 자식들 말에 반박을 하기도 했지만. 무엇보다 자식들이 운전을 못 하게 한다는 사실에 불만이 이만저만이 아니었다. 세 사람끼리 넌지시 하는 말로 이해하건대 부인은 전보다 더 자주 혼동하고 더 자주 잊어버리는 것 같았다. 처음에는 지극히 자연스럽게 어머니의 연세 탓이거니 했지만 날이 갈수록 기억력이 꾸준히 나빠지자 어머니를 진찰한 노인병 전문의가 뇌 스캔을 주선한 것이었다.

부인의 경우 같은 뇌종양은 드물게나마 치매를 일으킬 수 있고, 문제를 일으키기 시작할 무렵이면 크기가 놀랍도록 큰 경우가 많다. 알츠하이머병과 뇌종양을 동시에 앓을 가능성도 얼마든지 있었으므로 종양 제거 수술로 부인이 호전된다는 보장은 없었다. 오히려 환자 상태를 훨씬 더 악화시킬 실제적인 위험도 따랐다. 어쨌거나 부인의 문제가 종양 때문인지 아닌지 아는 확실한 방법은 그걸 제거하는 길밖에 없었다. 문제는 스캔만 가지고선 부인을 악화시킬 위험이 얼마나 큰지 예측하는 게 불가능하다는 점이었다.

종양의 표면이 뇌의 표면에 얼마나 단단히 들러붙어 있느냐에 따라 수술 위험도가 0부터 10까지 극명하게 갈릴 것이었다. 만일 단단히 들러붙어 있으면 뇌가 손상을 입을 것이고, 그러면 부인은 오른쪽 몸이 마비되어 의사소통을 할 수 없을지도 모른다. 언어 기능을 담당하는 왼쪽 뇌가 손상을 입으면, 오른쪽 몸이 말을 안 듣게 되는 동시에 언어 기능도 망가져버린다. 부인의 딸이 침묵을 깨고 질문을 했다.

"종양을 일부만 떼어낼 수는 없나요? 뇌에 붙어 있는 부분은 남겨두고요."

그 방법은 거의 효과가 없다. 이런 식의 종양은 딱딱한 경우가 많아서, 종양의 내부만 빨아들이고 단단한 껍질을 남겨두면 뇌가 여전히 눌려 있게 된다. 환자는 조금도 좋아지지 않고 종양이 다시 자랄 수도 있다.

"그럼, 종양이 뇌에 딱 들러붙는 경우는 얼마나 되나요?"

다른 딸이 물었다.

"글쎄요. 어림짐작이지만 20%쯤 될 겁니다."

"그러니까 엄마가 아주 나빠질 확률이 5분의 1이로군요?"

사실은 그보다 더 될 수도 있다. 왜냐하면 두개골을 열 때마다 끔찍한 출혈이나 감염이 생길 위험이 1~2%는 늘 존재하니까. 게다가 부인 정도의 나이라면 그 위험도가 더 크다. 확실한 것은 아무 치료도 하지 않으면 앞으로 서서히 나빠지리라는 사실뿐이었다. 나는 주저하면서 이 말을 덧붙였다. 시그레이브 부인이 내 말을 알아채지 못하길 바라면서.

"어머님 연세를 고려한다면 수술을 받지 않고 서서히 돌아가시도록 하는 게 최선일 수도 있습니다. 다른 의사는 이렇게 말할지도 모릅니다."

내 말을 듣더니, 딸 중 한 명이 수술 말고 어떤 것이든 다른 치료가 도움이 될 수도 있느냐고 물었다. 그 와중에도 시그레이브 부인은 옆에서 운전을 못 하게 하는 자식들의 부당한 처사에 대해 계속 항의를 하고 있었다. 안타깝지만 방사선요법과 화학요법도 이 유형의 종양에는 소용이 없다. 그때까지의 정황으로 보건대 부인은 정상적인 대화를 따라올 능력이 없는 게 분명했다.

"선생님 어머니라면 어떻게 하시겠습니까?"

아들이 물었다. 나는 대답을 망설였다. 확신하지 못했기 때문이다. 모든 환자가 의사에게 한 번쯤 던질 법한 질문이지만, 대부분 실제로 질문을 하는 경우는 의외로 많지 않다. 의사가 환자에게 권유하는 것과 다른 선택을 할지도 모른다는 것을 암시하기 때문이다. 환자들은 그런 상황을 맞닥뜨리고 싶어 하지 않는다. 나는 느릿느릿 어렵게 입을 뗐다.

"저라면, 만일 우리 모두 어머님이 보호시설에 계셔야 한다는 것에 동의한다면 수술을 받으시도록 하겠습니다."

대답을 하긴 했지만 확정적으로 대답하긴 매우 어려운 질문이었다. 때문에 나는 전적으로 불확실성과 운의 문제라고 거듭 강조했다. 이 말을 하면서 어찌나 신경이 쓰이던지 말하는 동안 그들이 내 뒤의 창문을 통해 병원 주차장 너머 시영 묘지를 보지 않을까 하는 걱정이 되었다.

나는 당장 결정할 필요는 없다는 말로 진료를 마무리했다. 내 비서 연락처를 주고 충분히 상의한 뒤 연락을 달라고 하자, 그들은 알겠다며 우르르 걸어 나갔다. 휴, 한숨을 쉬며 의자 세 개를 치운 다음 다음 환자를 부르러 갔다. 그로부터 며칠 뒤 비서 게일에게서 그들이 수술 결정을 내렸다는 말을 들었다. 시그레이브 부인은 내원하고 정확히 3주 뒤에 수술을 위해 다시 입원했다.

그런데 수술 전날 저녁, 마취과 의사가 부인의 심장 초음파검사를 요구했다. 심장병 증상이 있는 것은 아니지만 나이 때문에 심장에 문제가 있을지도 모른다는 것이 이유였다. 내가 보기엔 젊고 경험 없는 마취과 의사가 던진 그 의견은 설득력이 매우 떨어졌다. 그렇지만 마취에 관해서는 최소한의 지식밖에 없는 외과 의사로서 내가 왈가왈부할 처지가 아니었기에 수련의들을 시켜서 다음 날 아침에 검사를 1순위로 완료하라고 일러두었다. 바빠 죽겠는데 갑자기 끼어든 검사 때문에 수술도 못 하고 하루 동안 시간이 붕 떠 버렸다. 나는 휴게실 소파에서 치밀어 오르는 화를 삭이며 꾸벅꾸벅 졸면서 하릴없이 시간을 때웠다. 졸지 않을 때는 그놈의 검사가 끝나기를 기다리며 높은 창을 통해 따분한 하늘을 구경했다. 이따금 비둘기가 날아가는 모습이 보였고, 가끔 멀리서 낮은 구름을 뚫고 히드로 공항을 향해 가는 비행기도 보였다.

내 말을 칼같이 듣는 수련의들이었지만 검사는 오후 4시가 되도록 끝날 기미를 보이지 않았다. 수술에 족히 대여섯 시간은 걸릴 텐데! 나는 병원에서 근무 시간 외에는 응급 수술만 하도록 배정되어 있기에 그렇게 되면 수술을 다음 날로 미뤄야 했다. 검사를 마친 부인이 휠체어를 타고 화난 딸과 함께 수술실 밖에 도착했다. 나는 내키지 않는 마음을 부여잡고 낙심해서 눈물을 흘리는 노환자에게 수술을 취소해야겠다고 설명해야 했다. 내 다음 일정에 첫 번째 순서로 올리겠다고 약속을 하자, 부인은 낙심한 표정으로 휠체어를 타고 병동으로 돌아갔다.

나는 더러운 기분으로 자전거를 타고 집으로 돌아왔다. 부인을 내 다음 일정에 추가한다는 것은 결국 그날 계획된 다른 수술을 또 취소해야 한다는 뜻이었다. 월요일 아침, 회의에서 수련의들과 부인의 사례에 대해 토론한 뒤 수술실 밖의 접수대로 갔다. 접수대에는 마취과 의사와 함께 있던 내 레지던트 마이크가 나를 우울하게 쳐다보았다. 아, 이번엔 또 무슨 일일까.

"지난 주 시그레이브 부인의 수술이 취소되었을 때 채취한 면봉 검체에서 MRSA(메티실린 내성 황색포도상구균. 항생제에 내성을 가진 세균으로 병원 감염의 주범 – 옮긴이)가 자라고 있습니다. 그럼 수술이 끝난 후 1시간 동안 수술실을 소독해야 하는데, 그렇게 되면 부인 뒤에 오는 수술 일정을 마칠 수가 없습니다. 그래서 부인 수술을 제일 마지막으로 일정을 재조정했습니다."

"이런, 제일 먼저 수술하겠다고 약속했는데. 그런데 이해가 안 되는군. 안 그래? MRSA는 수술 전날 검사하고 결과는 며칠 동안 알려주지도 않잖아. 만일 계획대로 지난주에 수술했다면 수술실을 소독할 일도 없었을 것 아닌가?"

"시그레이브 부인의 따님이 어젯밤 우리를 고소하겠다고 위협했습니다. 우리가 전부 구제불능에다가 엉망진창이라면서요."

"맞는 말 했네. 그렇다고 우리를 고소하는 게 도움이 되진 않을 텐데, 그렇지 않아?"

"도움 안 되죠. 열불나고 속만 상하죠."

"대체 고소하겠다는 이유가 뭔데?"

"마취가 의사가 수술을 또 취소해야 할 거라고 말했거든요."

"뭔 개소리야!"

나는 참지 못하고 폭발했다.

"부인 수술이 제일 마지막인데, 5시 전에 끝내지 못할 거라서 아예 다음 날로 다시 미뤘답니다."

"어떤 미친 마취과 의사가 그딴 소릴 해?"

"저도 모릅니다. 호리호리한 금발인데 새로 온 사람인 것 같습니다."

이유 있는 야근을
보장하라

곧바로 마취실로 달려가서 고개를 디밀었다. 마취과 의사 레이철과 수련의가 마취실 벽에 기대앉아 자판기 커피를 마시고 있었다.

"마지막 수술은 대체 왜 취소하는 겁니까?"

화난 목소리로 내가 물었다. 레이철은 출산 휴가 중인 마취과 의사를 대신해 최근에 새로 온 대리 의사였다. 두세 번 수술을 함께한 적 있었는데, 유능하고 유쾌한 사람인 것 같았다. 그런데 일처리를 이렇게 말도 안 되게 하다니.

"수막종은 큰 수술이라 오후 4시에 시작할 수가 없어요."

큰 선언이라도 하듯 단호하게 그녀가 말했다.

"오늘 저녁엔 애를 맡길 데가 없거든요."

"하지만 이걸 취소할 순 없어요. 그 환자 수술은 이미 한 번 취소됐단 말입니다!"

"아무튼 전 안 할 거예요."

"그럼 딴 사람에게라도 부탁해야죠."

"딴 사람도 안 할 거예요. 이건 응급이 아니니까."

그녀가 확정적인 어조로 대답했다. 잠시 한 대 얻어맞은 것처럼 멍해졌다. 2~3년 전까지는 이런 문제가 한 번도 일어나지 않았는데 대체 이유가 뭘까 생각했다. 나 역시 항상 일정을 합당한 시간에 끝내려 노력하는 편이었다. 모두가 그것을 알기에 과거에는 때로 일정이 늦어지는 경우가 있어도 그런대로 받아들였다. 영국의 전근대적 전문의 가운데 근무 시간을 세는 사람은 아무도 없었다. 그저 끝날 때까지 일을 계속할 뿐이었다. TV 드라마에서처럼 화가 나서 길길이 뛰는 외과 의사 역할을 연기하고 싶을 지경이었다. 옛날 같았으면 이렇게 소리 질렀을 텐데.

'염병, 탁아소 같은 소리 하고 있네! 앞으로 다시는 나랑 일할 생각 하지도 마!'

하지만 더 이상 이런 공허한 협박은 통하지 않는다. 내 환자를 마취할 마취과 의사에 대한 결정권이 나에겐 없으므로. 그 어떤 공격적인 외과 의사도 이제는 그런 태도로 의료업계에서 버틸 수가 없다. 내 윗세대가 갑자기 부러워졌다. 그들은 고소당할지 모르는 두려움 없이 난폭하게 멋대로 성질을 부리며 스트레스를 풀 수 있었다. 나는 휙 돌아서서 복도를 걸으며 문제를 풀 방법을 떠올리려 애썼다.

'줄리아! 그래, 줄리아가 있었지.'

때마침 병상 관리자인 줄리아가 나를 찾아 수술실 복도를 걸어오고 있었다.

"오늘 선생님 일정에 잡혀 있는 척추 환자 두 분을 들여보내긴 했는데요, 나중에 이분들을 입원시킬 병상이 없어요. 어젯밤에 응급 입원이 너무 많았거든요. 어쩌면 좋을까요?"

그녀가 긴장된 얼굴로 물었다. 그녀는 입원, 퇴원, 이송이 필요한 환자들의 긴 명단과 다른 병원 병상 관리자들의 전화번호가 적힌 일지를 꼭 움켜쥐고 있었다. 다른 병원에서도 아마 똑같은 문제로 스트레스를 받고 있을 테니 환자를 받아주려 하지 않을 것이다. 그들도 병상이 모자란 건 마찬가지다.

"수술 후에 환자를 입원시킬 병상이 없다면, 내가 수술을 못 하겠네요, 안 그래요? 환자분들께 이야기해서 수술을 미뤄야 할 거 같아요. 다행히 그분들 수술은 꽤 가벼우니까."

잘됐구나 싶어 얼른 대답했다. 수술이 미뤄진 환자가 생긴다는 건, 시그레이브 부인의 수술을 일찍 시작할 수 있단 뜻이므로 속으로 쾌재를 불렀다. 그렇게 극적으로 수술 일정은 충분히 단축되었다. 수술을 앞두고 자정부터 쫄쫄 굶은 두 명의 환자는 위로의 말 한마디와 차 한 잔을 건네받은 다음 집으로 돌려보내질 것이었다. 내키지는 않았지만 수술이 미뤄진 두 명의 환자들을 만나러 병동 휴게실로 갔다. 병원은 만성적으로 병상이 모자란 탓에, 점점 더 많은 환자가 수술 당일 아침에야 병원에 들어올 수 있었다. 수술 전날 입원은 꿈도 못 꿀 일이 되어버린 것이다.

사실 사설 병원에서는 그게 표준 관례다. 그곳에는 모든 환자가 들어갈 수 있는 병실과 병상이 충분하기 때문에 그렇게 해도 모든 행정이 순조롭게 돌아간다. 그러나 우리 병원처럼 과도하게 환자를 받는 병원에서는 어림없는 소리다. 작은 휴게실에 들어가보니, 환자 열다섯 명이 작은 방 안에 다닥다닥 붙어서 코트를 입은 채 하나같이 큰 수술을 기다리고 있었다. 그들의 코트를 적신 2월의 비가 비좁은 방 안 체온과 뒤섞여 모락모락 김을 내고 있었다. 일정이 바뀌어 첫 번째로 수술할 환자 앞에서 마이크가 무릎을 꿇고 있었다. 환자에게 동의서를 설명하고 있는 중이었다. 마이크 목소리가 워낙 커서 다른 모든 환자들도 그 이야기를 또렷하게 들어야만 했다.

"저는 환자분께 수술에는 약간의 위험, 즉 사망, 주요 뇌졸중, 큰 출혈이나 심각한 감염이 따른다는 경고를 해야 합니다. 여기에 서명만 해주시면 됩니다."

그가 환자에게 펜과 함께 동의서—최근에는 동의서 내용이 너무 복잡해져서 앞표지에 차례까지 생겼다—를 건네자, 남자는 읽어보지도 않고 재빨리 서명을 휘갈겼다.

나는 척추 수술이 취소된 두 여자 환자에게 사과했다. 밤새 응급으로 입원한 환자가 여러 명 있었다고 설명하자 그들은 이해한다고 공손하게 고개를 끄덕였다. 그러나 결국 한 환자가 울음을 터뜨리고 말았다.

"최대한 빠른 시일 내로 다시 모시도록 노력하겠습니다만……, 죄송하지만 그게 언제가 될지 당장은 저도 모릅니다."

환자들에게 수술 직전 수술이 취소되었다고 말하는 건 정말 내키지 않는다. 환자들에게 암으로 얼마 못 살 거라 이야기하는 것만큼이나 말이다. 내 잘못이 아닌 일로 사과해야 한다는 것 자체가 무척 분한 것도 사실이다. 그래도 누군가 뭐라도 말해주지 않고 불쌍한 환자들을 그냥 보낼 수는 없기에 내키지 않지만 매번 이렇게 씁쓸한 이야기를 해야만 한다. 환자 두 명에게 사과를 끝내고 다음 일정에서 첫 번째로 수술할 안면 통증이 있는 남자 환자와 이야기를 나눈 다음, 드디어 시그레이브 부인과 만났다. 부인은 구석에서 옆자리의 딸과 함께 기다리고 있었다.

"지난주 일은 정말 죄송합니다. 수술을 첫 번째로 해드리지 못하는 것도 또한 죄송하지만, 오늘 오후에는 꼭 해드리겠습니다."

모녀는 약간 의심스럽게 나를 쳐다보았다.

"글쎄요, 제발 그렇게 되길 바랄게요."

부인의 딸이 험상궂은 표정으로 말했다. 나는 돌아서서 조그만 방 안에 빽빽한 환자 모두를 마주보며 말했다.

"이 모든 일에 대해 죄송하게 생각합니다만, 저희가 현재 병상이 좀 부족합니다."

정부와 병원 경영진에 관해 욕을 퍼붓고 싶은 충동을 억누르고 이렇게 말하면서, 다시 한 번 이 나라의 환자들은 어떻게 이토록 불평이라는 걸 모르는지 의아하게 생각했다. 마이크와 함께 수술실로 가며 내가 물었다.

"내 사과가 충분했나?"

"예."

수술에도
전략이 필요하다

첫 번째 수술은 보통 MVD라고 말하는 미세혈관감압술(신경을 누르고 있는 혈관을 떼어내는 수술 - 옮긴이)이었다. 키이우에서 내가 집도한 것과 같은 수술이다. 남자 환자는 여러 해 동안 삼차신경통을 앓았는데 진통제가 점점 더 듣지 않게 되자 수술을 하기로 마음먹었다. 삼차신경통은 꽤 드문 증상으로 얼굴의 한쪽에서 발작적으로 참기 힘든 통증이 지속된다. 이 증상의 환자들은 그 통증을 엄청난 전기 충격이나 빨갛게 달군 칼로 얼굴을 쑤시는 것과 같다고 표현할 정도로 고통이 엄청나다. 과거에 효과적인 처치법이 생기기 전에는 이 병을 앓는 사람들 일부가 통증 때문에 자살까지 했다고 알려져 있다. 1990년대에 우크라이나에서 내가 치료한 환자들 가운데 몇 명은 실제로 정말 자살 직전까지 갔노라고 말했다.

수술은 귀 뒤로 두개골에 아주 작은 구멍을 뚫어 뇌에서 얼굴로 가는 감각신경, 즉 삼차신경에서 작은 동맥을 살살 들어올려 분리시키는 과정으로 이루어진다. 정확한 기제는 모르지만 신경을 누르는 동맥의 압력이 통증의 원인이다. 상당히 절묘한 현미경 수술이긴 한데 기술적으로는 간단한 수술이다. 간단한 수술이라도 위험은 언제나 있는 법이니 마이크가 동의서에 서명을 받으며 환자에게 겁을 준 것은 잘한 일이다. 그래도 이런 수술 수백 건 중에서 문제가 있었던 경우는 두세 건뿐이었으므로, 일단은 수술 과정에 심각한 문제는 없으리라 예상했다. 막상 그의 머릿속으로 들어가 수술 현미경으로 수술을 시작하고 보니, 비정상적으로 큰 정맥이 가로막고 있어서 삼차신경까지 도달할 수가 없었다. 어찌어찌하여 두개골 안으로 깊숙이 들어가 신경에 접근하기 시작하자 갑자기 그 커다란 정맥이 찢어지면서 검은 자줏빛 정맥혈이 격렬하게 뿜어져 나왔다. 깊이 6~7cm, 직경 2cm의 구멍을 통해 폭이 2~3mm밖에 안 되는 공간에서 온갖 신경과 동맥을 건드리지 않도록 필사적으로 수술을 하던 참이었다. 이렇게 갑작스런 출혈이 시야를 가리면 구름 속에서 길을 잃은 비행기 조종사처럼 어림짐작으로 수술을 해야 하는 위험에 빠진다.

"석션!"

간호사에게 소리를 질러가며, 미세 흡인기로 피를 닦으며 출혈의 진원지를 확인하려 애썼다. 생명을 위협하는 응급 상황은 아니었지만 지혈이 매우 어려운 상황이었다. 이럴 때는 출혈 지점을 찾아서 작은 지혈용 거즈 조각으로 출혈 지점을 싸맨 다음 거즈를 누르며 정맥에 혈전이 생기기를 기다려야 한다.

"정맥 출혈 따위로 냉정을 잃는 사람은 냉정한 게 아니야."

현미경을 통해 소용돌이치는 피 웅덩이를 걱정스럽게 응시하면서 마이크에게는 이렇게 말했다.

"싸매면 멈추기 마련이거든."

그러나 속으로는 내 수술 도중 사망하는 두 번째 환자가 되지 않을까 하는 걱정이 들기 시작했다. 20년도 더 된 옛날에 삼차신경통이 재발한 노인 환자를 수술했었는데, 몇 주 뒤 환자가 뇌졸중으로 사망한 적이 있었다. 20분가량 시간이 지났다. 나의 노력에도 불구하고 수술대 끝에 달린 큰 흡인 병이 검붉은 피로 찰랑찰랑할 정도로 피는 계속 흘러나왔다. 흡인 병을 새 것으로 갈아야 할 정도였다. 이쯤 되면 환자가 자기 몸을 순환하는 전체 피의 4분의 1을 잃은 셈이다. 마침내 기구로 눌러 싸매고 있던 정맥의 터진 부분이 접합되면서 출혈이 멈추었다.

꼼짝 않고 손으로 미세 기구를 붙잡은 채 정맥을 누르고 있는 동안 출혈을 걱정하는 동시에, 예상에 없던 상황으로 시그레이브 부인의 수술을 끝낼 시간이 충분치 않다는 걱정이 들었다. 수술을 두 번이나 취소하며 그들을 다시 만난다는 건 전혀 유쾌한 생각이 아니었다. 차차 시간의 압박을 느끼기 시작했지만 출혈이 확실히 멈춰야 했기에 지혈에 충분히 시간을 들여야만 했다. 환자의 머리를 닫은 후에 출혈이 다시 시작된다면 결과는 치명적일 터였다. 수술이 끝난 2시 무렵까지는 만족스럽게 지혈이 된 상태였다.

"다음 환자를 부르러 보냅시다."

내가 마취과 의사에게 말했다.

"마취과 레지던트가 노련한 사람이니까 우리가 여기서 마무리하는 동안 마취실에서 먼저 마취하고 있으면 되겠네요."

"죄송하지만 안 돼요. 병원보조원이 한 명밖에 없거든요."

"빌어먹을. 그냥 환자를 불러오면 안 됩니까?"

"병원보조원 관리자가 환자가 수술대를 완전히 떠나기 전에 다음 수술을 시작해선 안 된다는 새 규정을 만들었어요. 그건 안전하지 않다고 말이죠."

나는 끙 하고 앓는 소리를 낸 다음, 과거에 수술이 겹쳐서 문제가 된 적은 한 번도 없다고 지적하듯 이야기했다.

"선생님이 하실 수 있는 건 아무것도 없어요. 어쨌거나 선생님은 수술 일정을 더 현실적으로 짜셔야 해요."

현실적이라니, 갑작스러운 출혈을 예측할 방법 따위는 없는데 대체 뭘 현실적으로 생각하란 말인가. 예기치 못한 일을 감안하는 수술은 아무리 계획을 잘 짜도 소용없는 경우가 많다. 하지만 나는 아무 말도 하지 않았다. 이제 이 수술을 마무리한 뒤 한 시간 내로 시그레이브 부인을 수술할 가능성이 없어져버렸다. 시그레이브 부인의 수술을 오후 5시까지 끝내려면 빨리 시작해야 하는데, 그렇게는 하고 싶지 않았다. 수술이 오후 5시 넘어서도 계속되면 그렇게 내가 자주 시간 초과 업무를 수술진에게 요청하면, 앞으로 오후 5시에 끝날 예정인 수술은 일정에 잡기 어려워질 것이었다. 그렇다고 또다시 수술을 취소한다는 생각은 훨씬 더 끔찍했기에 마음을 단단히 먹었다. 첫 번째 수술을 마무리한 뒤 마취과 의사가 남자를 깨우기 시작했다.

"이제 보내도 될 것 같아요."

간호사가 메시지를 전하러 밖으로 나갔다. 시그레이브 부인이 수술대에 오르기 전까지 얼마간 시간이 걸리는 일이어서, 나는 서류 작업이나 좀 끝내려고 사무실로 내려갔다. 20분 뒤 수술실로 돌아와 시그레이브 부인을 붙들고 바쁘게 일하는 마취과 의사들을 보려고 마취실을 들여다보았다. 이게 웬일인가. 실망스럽게도 얼굴을 모르는 병원보조원 한 명 말고는 아무도 없었다. 그에게 환자는 어찌 되었느냐고 물었지만 그는 어깨만 으쓱하고 아무 대답도 하지 않았다. 시그레이브 부인에게 무슨 일이 일어난 건 아닌지 서둘러 휴게실로 직행했다.

"시그레이브 부인은 어디 계신 겁니까?"

내가 간호사에게 물었다.

"옷 갈아입으러 가셨어요."

"왜 미리 갈아입지 않으신 겁니까?"

"허락을 못 받아서요."

"무슨 소리예요?"

나는 격분해서 물었다.

"그걸 누가 허락한다는 겁니까?"

"정부가요."

"정부요?"

"그러니까 정부 말이, 성별이 다른 환자가 수술 가운을 입고 같은 방에 있어선 안 된대요."

"실내 가운을 위에 덧입으면 되잖아요."

"저희도 그렇게 이야기했죠. 경영진 말로는 정부에서 허락을 안 할 거라는데요."

"뭘 어쩌라는 거지? 총리한테 가서 하소연이라도 해야 하나?"

간호사가 미소를 지었다.

"저기 오시네요."

간호사가 말하는 순간 시그레이브 부인이 딸이 미는 휠체어를 타고 복도를 따라 다가오는 모습이 보였다. 병원 가운은 보통 매우 볼품이 없긴 하지만, 부인이 걸치고 있는 건 엉덩이만 간신히 가리는 것이라 수술실 밖에서 보기엔 살짝 민망하긴 했다. 어쩌면 정부의 의견이 옳은 건지도 몰랐다.

"옷을 화장실에서 갈아입어야 했어요."

부인의 딸이 눈을 부라리며 말했다.

"압니다. 수술 당일 아침에 들어오는 환자를 위한 시설이 따로 없습니다. 지금 시간이 없습니다. 어머님은 제가 직접 수술실로 모시지요."

복도를 따라 총총히 부인의 휠체어를 밀며 가고 있는데, 마침 병동 간호사가 시그레이브 부인의 일지를 움켜쥐고 나를 찾아 달려왔다. 이미 시계는 3시를 가리키고 있었고 마취과 의사는 한눈에도 기분이 안 좋아 보였다. 나는 서둘러 그녀를 안심시켰다.

"내가 다 진행할 겁니다. 처음부터 끝까지 직접 다 할 테니 안심해요."

마이크는 수술에서 제외될 거란 말에 실망하는 눈치였다. 본래는 마이크가 수술을 집도하고 내가 보조하겠다고 말했던 터였다. 이제는 상황이 바뀌어 그가 나를 보조해야 할 테지만 말이다.

"수술은 매우 간단해 보여요. 쉬울 겁니다."

내 거짓말을 레이철이 믿을 리 없다. 물론 기대도 안 했지만. 외과 의사가 하는 말을 믿는 마취과 의사는 거의 없다. 그렇게 해서 3시 반에 말도 많고 탈도 많았던 시그레이브 부인의 수술이 시작됐다.

하루의 끝은
중환자실에서

마이크가 볼트로 환자의 머리를 수술대에 고정시키고 머리 왼쪽 부분을 삭발했다.

"어떤 일이 벌어질지 아무도 모르는 수술이야."

나는 레이철에게 들리지 않게 마이크에게 웅얼거렸다.

"창에 찔린 산돼지처럼 피를 철철 흘릴지도 몰라. 종양이 뇌에 지독한 모양으로 들러붙어 있을지도 모르고. 그러면 뇌만 엉망이 되고 환자는 불구가 될 수도 있어. 뭐, 종양이 그냥 알아서 뛰쳐나와 가지고 수술실을 통통 뛰어다닐지도 모르지."

메스, 드릴, 클립을 가지고 우리는 힘을 합쳐 부인의 두피와 두개골을 착실하게 뚫고 들어갔다. 40여 분 뒤, 고인이 된 저명한 의사의 미망인 두개골에 붙어 있는 수막을 열자 뇌와 뇌를 누르고 있는 수막종이 보였다.

"꽤 좋아 보이는데요."

수술하지 못하는 실망을 대범하게 감추며 마이크가 말했다.

"그렇군. 출혈도 별로 없는 데다 얌전히 빨릴 것 같은데."

나는 금속 흡인기를 집어 들고 종양에 찔러 넣었다. 종양이 사라지기 시작하면서 오그라드는 뇌의 껍질이 슬슬 벗겨지는 동안, 기계가 종양을 빨아들이며 듣기에 유쾌하지 않은 요상한 소리를 냈다.

"끝내주네요!"

마이크가 말했다. 몇 분 뒤 나는 레이철에게 만족스럽게 소리쳤다.

"머리 여는 데 40분, 종양 없애는 데 10분! 싹 다 깨끗하게 나왔고 뇌도 완벽합니다."

"훌륭하군요."

그녀가 말했다. 나를 용서했는지는 의문이지만.

노부인의 머리를 닫는 것은 마이크에게 맡겨두고 나는 수술실 구석에 앉아 수술 일지를 썼다. 수술을 마무리하는 데 40분이 더 걸렸고 오후 5시 무렵이 되자 환자는 휠체어를 타고 중환자실로 떠났다. 수술을 끝낸 마이크와 나는 병동을 돌며 입원 환자들을 살펴볼 시간까지 생겼다. 이틀 전, 비교적 가벼운 척추 수술을 받고 별 일 없이 회복 중인 환자 두세 명밖에 없었으므로 회진도 몇 분밖에 안 걸렸다.

마지막으로 도착한 중환자실. 수술 일정의 끝, 환자들을 살펴보는 일이 남았다. 전문용어로 말하자면 환자들이 '의식이 명료하고 지남력이 완전한 GCS(글래스고 혼수 척도) 15점'인지 확인하는 일인데 신경외과 의사의 일과에서 꽤 중요한 부분이다. 시그레이브 부인은 침상에서 반쯤 등을 세우고 앉아 있었고, 곁에는 정맥주사 액 걸이와 주사 펌프, 여러 감시 장치들이 화면에서 깜박거리고 있었다. 그토록 많은 과학 기술을 동원했음에도 뭐든 잘못될 가능성이 아직 존재한다는 게 믿기지가 않는다. 여전히 간호사가 15분마다 환자를 깨워서 환자가 정신이 들었는지, 수술 후 출혈이 없는지 체크해야만 한다. 한 간호사가 부인의 머리카락에서 피와 뼛가루를 닦아내고 있었다. 평소 여성 환자를 수술할 때면 마지막에 언제나 머리를 감기고 말리기까지 하는데 이번에는 일정이 너무 급해서 잊고 있었다.

"완벽하게 끝났습니다."

침대 곁에서 약간 몸을 숙이고 말했더니, 시그레이브 부인은 팔을 뻗어 내 손을 꼭 쥐었다.

"고마워요."

마취할 때 꽂은 튜브 때문에 약간 쉰 목소리로 여사가 말했다.

"종양은 다 들어냈습니다. 양성이었습니다."

부인에게 인사를 하고 난 뒤 다음 침대에 있는 삼차신경통 환자를 보러 갔다. 그가 잠이 들어 있길래 살짝 깨웠더니 눈을 뜨고 약간 혼미한 상태로 나를 쳐다보았다.

"얼굴은 좀 어떻습니까?"

대답 대신 그는 조심스럽게 자기 뺨을 건드렸다. 수술 전에 이렇게 했다면 극심한 고통이 일어났을 것이었다. 통증이 없다는 것에 그는 놀란 듯했고 이번에는 조금 더 세게 자기 뺨을 찔렀다.

"사라졌어요."

그가 넋 나간 목소리로 말하더니 환하게 미소를 지었다.

"믿기지가 않아요!"

"수술이 잘 됐습니다. 동맥이 신경을 꽉 누르고 있더군요. 이제 다 나았다고 생각하시면 됩니다."

끔찍한 출혈에 관해서는 굳이 언급할 필요가 없어 보였다. 끝내야 할 서류 작업이 더 있는지 사무실로 갔는데 다행히 게일은 내 책상 위에 아무 일도 남기지 않은 채 퇴근했다. 훌륭한 하루였다. 수술 내내 이성을 잃지 않았으며 일정도 무사히 모두 끝냈다. 환자들도 무사하다. 시그레이브 부인의 종양도 병리검사 결과, 양성이었다. 병동 환자들도 큰 문제가 없었다. 외과 의사가 이 이상 무엇을 더 바라겠는가? 나가는 길에 저녁에 교대 근무를 하러 들어오는 앤서니와 마주쳤다. 죽고 싶다던 노부인 환자에 대해 물었더니 그는 이렇게 대답했다.

"수술을 받으신 것 같습니다."

앤서니는 병동을 향해, 나는 어둠 속으로 걸어갔다. 병원 입구 바깥에서 담배를 한 대 피우며 잠시 숨을 돌렸다. 자전거 자물쇠를 채우는 난간 옆에 시그레이브 부인의 딸이 서 있었다.

"어떻게 됐나요?"

"완벽하게 잘 끝났습니다. 며칠 동안은 좀 혼란스러워하실지 모르지만 아주 잘 회복하실 것 같습니다."

"해내셨군요!"

수술이라는 게 사실 운에 많이 의존한다고 말했지만 그녀는 아마 내 말을 믿지 않았을 것이다. 사람들은 수술이 잘되면 결코 그렇게 믿지 않는다.

"어제는 제가 화를 내서 죄송⋯⋯."

"신경 쓰지 마세요."

그녀의 사과를 막으며 내가 쾌활하게 대답했다.

"가족이 수술받을 때는, 병원에서 저도 똑같습니다."

내 아들만은
아니기를

Do No Harm

맥락총유두종:
맥락총, 즉 뇌척수액을 생산하는
뇌실 계통 안의 융모 뭉치로
이루어진 구조의 양성 종양.

30년 전 병원에는 언제나 수련의들을
위한 전용 바가 있었다. 긴 하루의 끝에 한잔하러 갈 수도 있었고,
아니면 당직 때 시간만 있다면 담배를 피우며 음료를 마시든가 구
석에 놓인 스페이스 인베이더나 팩맨 게임을 하며 시간을 보내곤
했다. 당시 나는 부인과 인턴으로 일하는 중이었고, 의사 자격을
얻은 지 고작 넉 달째였다. 신경외과 의사라는 꿈을 심어준 수술을
보기 18개월 전이었다.

어느 날 저녁, 바에서 맥주를 마시며 동료들과 수다를 떨고 있
었다. 기억은 잘 안 나지만 아마 대부분의 젊은 의사들이 그렇듯
약간 뻐기는 태도로 환자에 관해 토론하고 있었을 것이다. 한편으

로는 아내 힐러리와 3개월 된 아들 윌리엄을 보러 집에 일찍 들어가지 않는 것에 약간의 죄책감을 느끼고 있었을 것이다. 그때 요란하게 삐삐가 울렸고, 아내에게 전화를 하자 절망적인 목소리가 들려왔다. 아들이 지역 병원에 입원했는데 상태가 심각하며 뇌에 어떤 문제가 있다고 했다.

그때를 또렷하게 기억한다. 병원에서 뛰쳐나와 곧장 지하철역으로 달렸고, 가까스로 지하철에 탔지만 엄청난 불안감으로 구역질이 나서 도로 내렸다. 어둡고 황량한 밸햄의 겨울, 늦은 밤에 뒷골목을 쏜살같이 달려 지역 병원에 도착했다. 넋이 나간 힐러리는 아들을 품에 안은 채 조용히 앉아 있었다. 아들은 잠들어 있었고, 소아과 전문의는 내가 도착하기를 기다리고 있었다. 의사는 윌리엄이 급성뇌수종이라며, 다음 날 뇌 스캔을 위해 그레이트 오먼드 가에 있는 아동 병원으로 이송될 거라고 말했다. 자식이 죽을지도 모른다는 공포에 휩싸인 사람이 들어서는 그 낯선 세계에서, 나와 아내는 몇 주라는 시간을 보내야 했다. 병원 밖의 현실 세계는 우리에게 유령의 세계처럼 느껴졌다. 현실 속 사람들이 아득히 멀어지는 것 같았다. 우리가 피부로 느끼는 유일한 현실은 강렬한 공포, 무력하고 압도적인 사랑에 내몰리는 공포뿐이었다.

아들은 중병에는 어울리지 않는 금요일 오후에 이송되어 뇌를 스캔했다. 보호자인 나도 의사였고 우연의 일치로 윌리엄을 돌보는 수련의가 힐러리의 옛 학교 친구인 덕분에 나는 스캐너 통제실에 있어도 좋다는 허락을 받았다. 통제실 창을 통해 조막만 한 아기가 담요에 싸여 커다란 도넛 모양의 기계 안에 누워 있는 모습이 보였다. 그 곁에는 아내가 간절하고 일그러진 표정으로 앉아 있었다. 이와는 너무도 대조적으로 방사선 기사 두 사람은 초연하고 무관심하게 자기들이 참석했던 파티에 관해 희희낙락 잡담을 하고 있었다. 이 두 장면이 너무 어울리지 않았고 생소하게 느껴졌다. 스캐너가 윌리엄의 머리를 서서히 통과해 올라가는 동안 컴퓨터 화면에 아이의 뇌 영상이 나타났다. 급성뇌수종과 함께 아들의 뇌 한가운데에 종양이 선명하게 보였다.

아들은 다시 병동으로 보내졌다. 내가 보기에 윌리엄은 의식이 없고 아픈 것이 명백했지만, 외과 레지던트는 아들이 진정제 때문에 자고 있을 뿐이라고 나를 안심시켰다. 오후가 지나고 밖이 어두워졌다. 우리는 외과 전문의가 다음 월요일까지 오지 않을 수도 있다는 청천벽력 같은 말을 들었다. 나는 멍한 상태로 여기저기 배회하며 텅 빈 병원의 긴 복도를 헤매면서 의사를 찾아다녔다. 금요일 저녁, 병원에 남아 있는 신의 존재를 찾아다닌 것이다.

모든 의사가
짊어져야 하는 짐

의사 옷깃도 구경 못한 나는 절망에 빠져 더 이상 견딜 수 없었고, 아내와 아이를 내버려둔 채 집으로 도망가버렸다. 윌리엄 소식에 너무도 놀란 부모님 앞에서 나는 부엌 의자를 박살내며 만일 윌리엄이 조금이라도 잘못된다면 그 병원을 고소할 거라고 씩씩거렸다. 그렇게 집에서 엉망진창으로 꼴사나운 모습으로 있는 동안, 병원에서는 구세주처럼 외과 의사가 나타났다. 그는 윌리엄을 한 번 보고 힐러리를 병실 밖으로 데리고 나갔다. 윌리엄의 머릿속 압력을 덜기 위해 응급으로 숫구멍(갓난아이 정수리에 뼈가 아직 닫히지 않은 말랑한 부위 – 옮긴이)을 통해 뇌 안으로 배액관을 삽입해주기로 했다. 우리는 5일 뒤에 종양 제거 수술을 하겠다는 말을 들었다. 그 닷새는 고문이었다.

수술 전날 밤, 차를 몰고 집으로 가고 있는데 갑자기 검은 고양이 한 마리가 차 앞으로 뛰어들었다. 손쓸 새도 없이 녀석을 치고 말았다. 여태까지 그런 식으로 동물을 죽인 경험은 한 번도 없었다. 맑은 겨울 하늘 달빛에 드러난 고양이는 입을 벌리고 눈을 뜬 채 누워 있었다. 죽은 게 분명했다. 윌리엄의 작은 손목에 두른 이름표에 고양이 얼굴이 그려져 있던 게 떠올랐다. 미신을 믿지는 않았지만 매우 섬뜩하게 느껴졌다. 윌리엄은 수요일 아침에 수술을 받았다. 수술이 진행되는 동안 힐러리와 나는 런던 중심가를 하염없이 걸어 다니며 시간을 보냈다. 그렇게 보낸 몇 시간은 내가 수술하고 있는 동안 환자의 가족들이 얼마나 괴로울지 깨닫게 해준 소중한 교훈이 되었다.

수술은 성공적으로 끝났고 윌리엄은 살아남았다. 조직 검사로는 종양이 악성으로 보인다고 했지만, 실제로 들어낸 암 덩어리가 나중에 양성 맥락총유두종으로 밝혀졌던 것이 결정적인 이유였다.

그 나이에 뇌종양이 양성인 경우는 거의 없고, 설사 양성 종양이라고 해도 그렇게 어린아이의 경우는 수술의 위험성이 엄청나다는 것을 나는 나중에 깨닫게 되었다. 몇 년이 지나 소아과의 뇌 전문 외과 의사로 수련을 했을 때, 나는 내 아들이 있었던 수술실과 똑같은 수술실에서 한 아이가 피를 흘리며 죽어가는 모습을 지켜보았다. 내 상사이자 아들의 목숨을 구해준 바로 그 외과 의사가 수술에 실패해서였다.

안달복달하고 화를 내는 가족들의 짜증과 분노는 세상 모든 의사가 짊어져야 하는 짐이다. 때문에 나 자신이 그런 가족의 역할을 했던 경험은 의사로서 받아야 할 교육에서 매우 중요한 비중을 차지했다.

나는 요즘도 내 전공의들에게 껄껄 웃으며 말한다. 의사들이 아무리 괴로워해도 아직 한참 모자란다고.

영혼이
먼저일까,
뇌가 먼저일까

Do No Harm

전두엽 백질 절제술:
뇌 안의 백색 신경 섬유로를
수술로 절단하는 일.
원래는 이런 수술 중 하나인
전전두엽 절제술을 특정하여 지칭함.

　　　　　　　　우리 병원 수술실 옆에는 외과 의사 전
용 휴게실이 따로 있다. 병원이 지금 이 건물로 이사 오자마자 나
는 휴게실에 큼직한 빨간색 가죽 소파 2개를 사다 놓았다. 새로 지
은 병원 본관으로 이사했을 때, 신경외과는 건물 한 동의 3층을 통
째로 썼다.

　　그러나 시간이 가면서 경영진이 우리 과의 시설을 줄이기 시
작하더니 신경외과 수술실 하나가 급기야 고도비만 환자 전용 수
술실이 되어버렸다. 때문에 복도와 방들이 낯선 의료진들과 이동
침대에 실려 굴러다니는 고래만 한 몸집의 환자들로 가득 차기 시
작했다. 신경외과가 더 이상 내 집처럼 느껴지지 않았다. 나 역시

거대한 현대 병원에서 일하는 수많은 사람들 중 하나라는, 서먹하고 낯선 느낌이 생기는 게 두려웠다.

하루는 레지던트가 수술을 하는 동안 휴게실 문을 걸어 잠그고 빨간 가죽 소파에 앉아서 책을 읽고 있었다. 수술실 구역에 낯선 사람이 너무 많았기 때문에 문을 잠가야만 편히 쉴 수 있었다. 그런데 누군가가 문을 두드리고 흔드는 소리가 들렸다. 문을 열어달라는 기척을 느꼈음에도 문을 열어주지 않는 내가 바보처럼 느껴질 찰나 갑자기 문이 강제로 열리더니 한 번도 본 적 없는 의사 네 명이 샌드위치를 들고 방으로 쳐들어오는 것이 아닌가. 당황한 나는 벌떡 일어섰다.

"여기는 신경외과 전용 휴게실입니다. 뭐 하시는 겁니까?"

말은 그렇게 했지만 잘난 체하는 머저리가 된 기분이었다. 그들은 놀라서 나를 쳐다보았고, 한 명이 나를 아니꼽게 바라보았다.

"병원의 모든 시설이 공유될 거라던데요."

"경영진은 한 번도 우리와 의논한 적이 없는데요. 입장 바꿔서 생각해보세요. 과 전용 휴게실에 다른 사람들이 묻지도 않고 들이닥친다면 기분이 어떻겠습니까?"

"우리도 외과 의삽니다."

한 명이 어깨를 으쓱하며 말했지만 곧 그들은 방을 나갔다. 그곳에 더 이상 있을 수 없을 것 같아서 나도 방에서 나가버렸다. 얼마 남지 않은 우리 신경외과의 영토를 지켜야겠다고 결심하면서. 그 상태로 나는 수술실로 가서 레지던트에게 수술을 넘겨받았다.

하필 또 유난히 어려운 수술이었고 나는 종양을 제거하다가 환자 얼굴 왼쪽의 신경을 손상시키고 말았다. 내 기분 상태와 관계없이 일어날 일—환자의 신경 손상은 일반적인 합병증이었다—이었는 지도 모르지만, 어찌 되었건 그렇게 위험하고 민감한 수술을 집도 하기에는 적당한 마음 상태가 아니었다. 그 뒤로 여러 날 동안 그 환자를 보는 내내 마비되어 보기 흉해진 그의 얼굴을 볼 때마다 깊은 애석함이 느껴졌다. 그래서인지 이후로 우리 과의 작은 오아시스인 빨간 가죽 소파 휴게실에 아무도 들어오지 않았다는 사실도 별 위안이 되지 못했다. 그 일이 있은 뒤 다른 외과 의사들 사이에서 내가 완전히 재수 없는 인간으로 찍혀서 그랬을 수도 있다.

왜 그런지 모르겠는데 빨간 가죽 소파가 있는 방을 포함해 수술실 구역의 사무실에는 바닥에서 1.5m 높이에 창문이 있다. 일단 자리에 앉으면 창을 통해 보이는 것은 하늘뿐이고 이따금 구름을 뚫고 히드로 공항을 향해 날아가는 비행기가 보인다. 그러다가 비둘기가 보이기도 하고, 때로는 갈매기가 눈에 띄기도 하고, 아니면 아주 가끔 황조롱이가 보이기도 한다. 나는 긴 소파에 누워 의학 저널을 읽으면서 잠들지 않으려 몸부림치며 다음 수술이 시작되기를 기다리곤 했다. 하릴없이 높은 창을 통해 따분한 구름을 지켜보며 많은 시간을 보냈다.

최근 몇 년 동안 수술이 끝나고 다음 수술이 시작되기까지 텀이 점점 길어지는 추세다. 수술이 끝난 환자가 들어갈 병상이 있다는 걸 확인해야 그 수술을 시작할 수 있는데 병상 확보가 그만큼

안 되고 있다는 뜻이다. 우리가 더 효율적으로 일해야 한다는 정부와 경영진의 줄기찬 계획과 훈계는 그칠 줄 모른다. 환자들이 병상을 두고 벌이는 의자 놀이(사람보다 의자 수가 적은 가운데 음악이 멈췄을 때 의자에 먼저 앉는 사람이 살아남는 게임 - 옮긴이)와 다를 게 뭐가 있는가. 의자 놀이의 음악은 끊임없이 바뀌면서 계속되고 있어 도무지 끝날 기미가 보이지 않는다. 나는 소파에 누워 우울하게 구름을 응시하며, 서둘러 지나가는 비둘기들을 구경하며 많은 시간을 보낼 수밖에 없다.

누가
책임질 것인가

그날도 다음 수술이 시작되기를 기다리며 소파에 누워 책을 보다가 졸고 있었다. 같은 날 수술이 잡힌 동료도 나처럼 다음 환자가 마취되기만을 기다리다가 열이 받는 듯 이렇게 말했다.

"다들 NHS가 통째로 바뀌어야 한다는 걸 알지만 다 말뿐이지. 스태퍼드에서 그렇게 많이 죽었는데도 말야.(2013년, 스태퍼드 병원에서 2005년부터 4년간 최대 1,200명의 환자가 부실 진료로 사망했다는 보고에 대해, 영국 국민의료보험의 무리한 요구에 따른 예산 절감과 의료진 부족이 원인으로 지적되었다 - 옮긴이) 이제는 기가 막히지도 않아. 대체 누가 책임질 거냐고."

순간, 의대생 시절에 장기 정신병원의 장기 노인정신과 병동에서 간호조무사로 일하며 몇 달을 보냈던 일이 떠올랐다. 환자는 대부분 완전히 실성한 사람들이었다. 일부는 밖에서 멀쩡히 살다가 퇴행성 뇌 질환으로 들어온 사람들이고, 일부는 이미 생애 대부분을 병원에서 보낸 조현병 환자들이었다. 아침 7시에 출근해서 대소변도 못 가리는 노인 스물여섯 명이 기다리는 병실에 들어가는 일은 사실 교육이랄 것도 없었다. 환자들을 씻기고 면도해주고 먹이고 변기에 앉힌 다음 노인용 의자에 묶어두는 게 전부였기 때문이다.

어떤 간호사들은 그 일에 절대 안 맞아 보였지만, 깜짝 놀랄 만큼 인내심 강하고 친절한 사람도 있었다. 그 병동의 수간호사였던 빈스 헐리라는 서인도 남자가 특히 그랬다. 보상도 거의 없는 초라한 일을 하면서 인간이 어디까지 친절할 수 있는지, 특히 나 자신이 어디까지 친절할 수 있는지 그 한계에 대해 많은 것을 배웠다. 엄격한 교도소 같은 그 병원은 19세기에 지어졌는데 당시에는 병원에 광활한 농장이 있었고 환자들이 그 농장에서 일했다고 한다. 내가 있었을 때 그 땅은 그저 허허벌판일 뿐이었다. 환자들은 밖에서 농장 일을 하는 대신 이름도 모호하고 뭐 하는지도 잘 모르겠는 작업치료라는 것을 받았다. 밤색 실내복을 입은 중년의 억센 아줌마 세 명이 작업치료사가 되어 실성한 노인들을 이끌고 일주일에 두 번씩 병원 주위 들판으로 나가는 게 다였다.

내가 있었던 1976년은 대가뭄이 들어서 병원 땅은 온통 황갈색으로 그을려 있었고 환자들의 얼굴도 붉게 달아올라 있었다. 환자 대부분이 복용 중이던 항정신병약 라각틸이 빛에 민감한 물질이었기 때문이다. 작업치료사 세 명은 축구공 하나를 던져주고 환자들이 제멋대로 공을 차게 내버려두고 앉아 있었다. 물론 대부분의 사람들은 가만히 앉아서 허공을 응시할 뿐이었지만. 조금도 움직이지 못할 만큼 긴장증이 심한 한 환자는 몇 시간 동안 꼼짝도 하지 않고 앉아서 한 치료사의 등받이 구실을 했다. 그동안 치료사는 햇볕에 달궈진 따뜻한 풀밭에 앉아 그의 등에 편안히 기대어 뜨개질을 했다. 이름이 시드니인 그 환자는 엄청난 생식기 크기로 병원에서 유명했다. 아직도 기억이 나는데 출근 첫날 목욕 시간에 간호사들이 나를 불러서, 시드니가 욕조에 똑바로 빳빳하게 누워 있는 동안 그의 물건을 보여주었다. 여기서 일하는 동안 나는 뒷날 신경외과 전문의로 일하게 될 병원의 이름을 처음 맞닥뜨렸다. 내가 돌보고 있던 환자 가운데 다수가 긴장증 환자인 시드니처럼 1950년대에 그 병원에서 전두엽 절제술을 받은 사람들이었다. 전두엽 절제술은 조현병—당시에는 정신분열증이라 부르던—의 치료법으로 한때 유행했던 적이 있다. 이 수술은 매순간 불안해하고 환각을 일으키는 조현병 환자를 조용하고 온화하게 바꿔놓을 것으로 기대되었다. 이 수술은 전두엽과 나머지 뇌 사이의 연결 부위를 끊어버리기 때문에 수술이 끝나면 결코 돌이킬 수가 없다. 다행히 라각틸 같은 약이 개발되어 이 수술은 이제 하지 않아도 된다.

내게는 전두엽 절제술을 받은 사람들이 수술 뒤 최악의 결과를 맞이한 것처럼 보였다. 그들은 언제나 멍하고 주변 일에 무관심한 좀비 같았다. 하루는 그들의 일지를 훔쳐봤는데 종류를 불문하고 그 어떤 후속 조치나 수술 후 평가가 없었다는 사실에 심한 충격을 받았다. 전두엽 절제술을 받았던 모든 환자의 일지에는 '전두엽 절제술에 적합. AMH로 이송할 것.'이라고 짤막하게 적혀 있었다. 그다음 줄에는 'AMH에서 돌아옴. 9일 뒤 블랙 실크 봉합사를 제거할 것.'이라고 기입된 게 끝이었다. 확인해보진 않았지만 몇 년 뒤에 '불려와 진찰 받음. 다른 환자와 싸움. 두피 열상을 봉합.'이라고 대강 끼적였을지도 모른다. 그러나 급성 정신이상의 발현으로 환자가 병원에 처음 입원한 당시에 기입된 사항을 빼면, 환자가 병원에 수십 년 동안 있었는데도 의학적 기록란이 텅 비어 있었다. 내가 그 병원에 가기 2년 전, 나처럼 장기 정신병원에서 간호조무사로 일했던 한 학생이 병원의 잔혹성을 고발한 적이 있었다. 언론에서 엄청나게 떠들어댔던 사건으로 그 뒤로 즉각 왕립정신보건위원회가 설립되었다. 그래서인지 당시 병원 직원들은 상당한 의심의 눈초리로 나를 보았고 내가 정부의 염탐꾼이 아니라는 사실을 받아들이기까지 시간이 꽤 걸렸다. 지금 생각해보면 그들이 내게 뭔가를 숨기고 있지 않았을까 싶기도 하지만, 그곳에 있을 때 실제 잔혹 행위는 보지 못했다.

어느 날 아침 치아가 하나도 없는 홀쭉한 노인 입에 죽을 떠 넣어 주고 있는데 갑자기 선임 간호사가 식당으로 들어오더니 내게 오후에는 쉬라고 했다. 그가 들고 온 커다란 세탁물 자루 안에는 낡았지만 깨끗하게 세탁된 구식 양복과 속옷이 잔뜩 들어 있었다.

환자들이 모두 대소변을 가리지 못했으므로 우리는 모든 환자에게 잠옷을 입혔다. 갈아입히기도 편하고 병원도 깨끗하게 유지되는 등 우리의 편의를 위해서였다. 근데 그날은 모든 환자가 양복과 속옷을 입어야 한다고 했다. 우리는 가엾은 정신이상 환자들에게 늘어진 중고 양복을 갖춰 입혀서 노인용 의자에 도로 앉혔다. 그리고 곧장 나는 집으로 왔다. 다음 날 야간 교대를 위해 출근 카드를 찍고 병원에 오자, 환자들이 다시 잠옷 차림으로 돌아와 있었다.

"어제 왕립위원회가 왔었어. 환자들에게 양복 입힌 걸 보고 감동하더라. 선임 간호사는 네가 말실수를 할까 봐 얼쩡거리지 못하게 한 거야."

빈스가 씩 웃으며 말해주었다. 빈스는 내 의료 경력을 통틀어 가장 뚜렷한 인상을 준 사람 중 한 명이다. 그 가망 없는 환자들을 상대로 일하면서 그토록 친절하고 솜씨 있게 대하다니 볼 때마다 정말 놀라움 그 자체였다. 때때로 그는 대소변도 못 가리고 끊임없이 주절거리는 실성한 노인들 틈에 가만히 서 있었다. 노인 뒤에서 하얀 웃옷의 소매를 걷어 올리고 환자용 의자의 높은 등받이 위에 손을 얹고는 내게 이렇게 말하곤 했다.

"이게 다 뭐하는 짓일까? 내가 알고 싶은 건 그거야. 이게 다 뭐하는 짓이냐고."

허탈한 나머지 한바탕 웃고 나서 우리는 그날의 일과를 계속했다. 환자 먹이기, 씻기기, 들어서 변기에 올렸다 내리기, 하루의 끄트머리에 이르러 침대에 눕히기까지. 35년이 지난 지금까지도 그 병원 건물은 그대로 있지만 땅은 팔려서 말쑥한 골프장이 되었다. 내가 돌보던 환자들은 모두 오래전에 죽었을 것이다.

신경세포들의
매혹적인 지껄임

"뭘 읽고 있어?"

내 무릎에 책이 놓여 있는 것을 보고 동료가 물었다.

"뇌에 관한 책. 저자가 미국 심리학자인데 불교 명상과 양자역학을 조합한 집단요법으로 강박 장애를 치료하는 게 전문이래."

그가 콧방귀를 뀌었다.

"웃기고 자빠졌네! 자네도 강박 장애 공부하지 않았어?"

전임자에게 수술을 전수받고도 기꺼이 때려치운 적이 있다. 그 수술을 하려면 어쨌거나 전두엽을 일부 손상시켜야 했다. 전두엽 절제술의 끔찍한 예후를 없앤, 일종의 축소판 전두엽 절제술이었다. 정신과 의사들은 그 수술이 정말로 효과가 있다고 말했다. 그렇다 한들 내게는 그 모두가 억측에 가까울 뿐이었다. 그러나 요즘 들어서는 첨단 스캔 결과에 따라 전두엽의 일부 부위들이 강박증과 실제로 연관되어 있다는 걸 나도 받아들이는 중이다.

미국 캘리포니아에서는 법으로 정신외과 수술을 금지하고 있어서 많은 미국인들이 수술을 받으러 영국으로 오곤 한다. 불결에 대한 공포—강박증의 대표적인 증상인—로 하루 종일 손을 씻는 그들은 강박증에 지쳐 자살하고 싶을 지경일 것이다. 한 환자는 수술 동의서에 서명하라고 건넨 펜을 잡기 위해 무려 장갑을 세 개나 꼈다. 나의 오래전 정신외과 경험에 관해 동료에게 말하고 있을 때 한 간호사가 방으로 들어왔다.

"마시 선생님."

수술복 차림으로 소파에 큰 대자로 누워 있는 나를 못마땅하게 바라보며 그녀가 말했다.

"다음 환자분 동의서가 잘못돼 있어서요. 종양은 오른쪽에 있다는데 동의서에는 왼쪽을 수술하라고 되어 있어요."

"맙소사. 그분은 왼쪽 두정엽에 있는 종양 때문에 좌우 혼돈이 왔어요. 거스트만 증후군이라고 하는데 이참에 알아둬요. 그런 환자에게는 어디를 수술하는지 물어보면 절대 안 됩니다! 내가 직접 어젯밤에 그 환자랑 가족에게까지 다 이야기했어요. 그 자리에서 모두 동의했습니다. 그냥 하면 돼요."

"어떤 사람들은 거스트만 증후군이 실제로는 존재하지 않는다고 생각하지."

그런 방면에 매우 박식한 동료가 덧붙였다.

"선생님이 그분한테 다시 말씀하셔야 해요."

"말도 안 돼."

몸을 굴려 소파에서 일어서며 툴툴거렸다. 수술실에서는 첫 수술 뒤 바닥에 흘린 피를 대걸레로 닦으며 청소를 하고 있었다. 수술대 주위에는 평소처럼 쓰레기 더미─수천 파운드어치의 일회용 장비—가 흩어진 채 폐기되길 기다리고 있었다. 나는 여닫이문을 밀고 환자가 이동 침대에 누워 있는 마취실로 들어갔다.

"스미스 선생님, 안녕하세요! 오른쪽 머리를 수술해야 한다고 하셨다고요."

"오, 마시 선생님! 와주셔서 고맙습니다! 에, 저는 그게 오른쪽이라고 생각했는데요."

환자 목소리가 자신 없이 차츰 기어들어갔다.

"선생님은 오른쪽이 불편하시잖아요. 그건 종양이 뇌의 왼쪽에 있다는 뜻입니다. 모든 게 교차되어 있어요, 아시겠지만."

"아아……."

"뭐, 원하신다면 오른쪽을 수술할 수도 있지만 어느 쪽으로 할지는 제가 결정하는 편이 낫지 않을까요?"

"오른쪽이라니, 아닙니다! 아니에요!"

그는 다행히 웃음을 터뜨렸다.

"수술하실 선생님이 결정하셔야죠."

"그럼 왼쪽입니다."

이제 간호사가 마취과 의사에게 수술을 시작해도 된다고 말하겠지. 나는 빨간 가죽 소파가 있는 방으로 돌아갔다. 예상대로 정확히 40분 뒤 간호사가 돌아와 다음 환자가 마취되었다고 말했고 나는 내 수련의에게 수술을 시작하도록 지시했다. 수련의들은 실습 시간이 너무 짧아서 아무리 기초적인 수술 경험이라도 매우 간절하게 생각한다. 때문에 내게는 모든 수술의 개시와 마감을 그들에게 남겨줘야 한다는 일종의 의무감이 있다. 중요한 과정은 직접 하는 게 좋지만 시작과 끝은 그나마 간단하고 비교적 안전하기 때문이다. 그러나 수련의를 감독할 때 느끼는 강렬한 불안은 직접 수술할 때보다 훨씬 더 크다. 게다가 수련의가 간단하지 않은 수술을 할 때는 내가 수술실을 떠나는 것조차 허락되지 않는다. 그렇다고 서류 작업에 필요한 그 많은 종이 더미를 수술실로 가지고 올라올 수도 없기에 나는 빨간 가죽 소파가 있는 방에 머무를 때가 많다.

수술실을 들락거리며 수련의들을 지켜보다가, 환자의 뇌에 직접 닿는 순간을 지나 수술이 복잡하고 위험해진다 싶을 때만 스크럽을 한다. 때문에 내가 스크럽을 하는 시점은 철저하게 수련의의 경험과 수술의 난이도에 달려 있다. 그들이 잘하면 잘할수록 내가 투입되는 시간은 늦어질 것이다.

"어찌 되어 가나?"

나는 돋보기와 마스크를 쓰고 수술실로 걸어 들어가 상처를 유심히 들여다보며 물었다.

"잘되고 있습니다. 마시 선생님."

속으로 얼마나 내가 꺼지기를 바랄까. 나 역시 수술을 하고 싶어 미칠 지경이라는 사실을 잘 알면서도 수련의는 언제나 그렇게 대답한다.

"나 가도 되는 게 확실해?"

역시나 모든 것이 잘되고 있다는 대답만 돌아온다. 내가 보기에도 진짜 그랬기 때문에 수술을 못 한 안타까움을 한숨으로 날리며 대기실로 돌아왔다.

나는 팔다리를 뻗고 소파에 누워 책 읽기를 계속했다.

실제 뇌를 다루는 외과 의사인 내게 이른바 '마음과 뇌의 문제'라는 철학은 언제나 혼란스러운 주제였고 궁극적으로는 그것에 골몰하는 것이 시간 낭비로 느껴졌다. 공기처럼 자유로운 내 생각, 책을 읽으려고 애쓰지만 실은 구름을 구경하는 내 의식, 지금 이 단어를 쓰고 있는 내 정신을 굳이 '마음과 뇌의 문제'라는 복잡한 관점으로 볼 필요가 있을까. 나의 의식과 자아가 실은 1000억 개나 되는 신경세포들의 전기화학적 지껄임이라는 사실이 얼마나 매혹적인가. 나는 그저 경외심과 놀라움을 느낄 뿐이지, 물질에서 마음이 생겨난다는 것을 문제로 생각해본 적은 한 번도 없다. 책의 저자는 '마음과 뇌의 문제'에도 나만큼 매혹된 듯 보였지만.

나는 그가 책에 나열한 이론들의 목록—기능론, 부수현상론, 창발적 유물론, 이원론적 상호작용론, 아니 상호작용적 이원론이었나?—을 읽기 시작하자마자 금세 잠에 빠져들었다. 간호사가 와서 그 노인 환자의 뇌 수술을 시작할 시간이라고 나를 깨워주길 기다리며.

목숨만
살리는
수술의 딜레마

Do No Harm

트라우마:
공격이나 사고로 입은 모든 신체적 상처.
심리학 용어로는 감정적으로
고통스럽고 해로운 사건.

평소보다 일찍 도착한 그날, 수련의들을 기다리고 있었다. 흰 가운 입던 시절도 옛날 이야기다. 요즘 수련의들은 라이크라 소재의 자전거복을 입고 나타나거나 메디컬 드라마에서 자주 볼 법한 수술복을 입고 나타난다.

"간밤에는 입원 환자가 한 명밖에 없었습니다."

컴퓨터 앞에 앉아 있던 당직 레지던트가 짜증나고 못마땅한 어투로 말했다. 그녀는 젊은 패기로 가득 차 있는 시끌벅적한 다른 전공의들과는 사뭇 달랐다. 그녀가 사례를 발표할 때면 어김없이 회의 분위기가 가라앉았다. 저런 사람이 왜 신경외과 전문의가 되려고 할까. 도무지 이해가 가지 않았다.

"환자는 40세 남성인데, 어젯밤에 자전거에서 떨어진 것으로 보입니다. 경찰이 그를 발견했습니다."

"페달 밟는 자전거였나?"

"네. 그리고 선생님처럼 그 환자도 당시 헬멧을 쓰고 있지 않았습니다."

그녀가 또다시 못마땅한 표정으로 컴퓨터 자판을 두드리자 거대한 흑백 뇌 스캔의 단편들이 마치 사형선고를 알리듯 어둠에서 빠져나와 흰 벽 위로 모습을 드러내기 시작했다.

"믿지 않으시겠지만요."

다른 레지던트 하나가 끼어들었다.

"어젯밤에 제가 당직이어서 호출을 받았습니다. 그쪽에서 이 스캔을 CD에 담아 보냈는데, 정부가 기밀 어쩌고 하는 헛소리를 하면서 택시를 두 대나 보냈어요. 이거 하나 보내는 데 택시를 두 대나! 한 대는 빌어먹을 CD 보내느라, 한 대는 빌어먹을 비밀번호가 적힌 쪽지 보낸다고 말입니다! 응급 상황에 암호라니요. 이렇게 일처리가 멍청할 수 있는 겁니까?"

모두 깔깔대고 웃었지만 헬멧을 쓰지 않았다고 날 타박한 그 레지던트만은 웃지 않고 분위기가 조용해지기를 기다렸다가 무미건조하게 말을 이어갔다.

"경찰 말에 따르면 발견 당시 그는 말을 하고 있었지만 지역 병원에 입원할 때는 발작을 시작했습니다. 그래서 삽관을 하고 인공호흡을 한 다음 스캔을 했고요."

"이미 죽었잖아."

방의 뒤쪽에서 누군가가 소리쳤다.

"차라리 죽었다면 얼마나 좋겠어요."

당직 레지던트가 불쑥 말했다. 의외의 대답이었다. 내가 아는 그녀는 아무리 예후가 안 좋아도 환자를 치료해야 한다고 믿는 사람인데. 나는 앞줄에 있는 수련의들을 쭉 쳐다보다가 이제 막 트레이닝을 시작한 여선생에게 말했다.

"스캔에 비정상인 곳이 많군. 환자 상태를 얼마나 알아볼 수 있는지 한 번 봐봐."

"전두 두개골 골절이 있고 그 부위가 함몰되어 있습니다. 뼈가 눌려서 뇌에 박혔습니다."

"뇌는?"

"피가 차 있습니다. 타박상 때문에요."

"그래. 좌측 타박상이 엄청나니 전두엽 파열이라고 해도 되겠구먼. 그쪽 부분이 다 망가졌어. 반대쪽은 어떤가?"

"역시 타박상이 있습니다. 대신 왼쪽만큼 크진 않습니다."

"남자가 처음에는 말을 하고 있었고 이론적으로는 잘 회복할 수도 있는 건 맞아. 그런데 이렇게 뇌실질내 출혈이 지연되면 결과는 좋을 수가 없어. 뇌 손상이 너무 커."

"예후는 어떤가?"

내가 당직 레지던트에게 물었다.

"좋지 않습니다."

그녀가 말했다.

"얼마나? 50%? 90%?"

"그 환자는 회복될지도 모릅니다."

"그만해! 양쪽 전두엽이 저렇게 박살 났는데 무슨 소릴 하는 거야. 이 환자는 가망이 없어. 수술해서 출혈을 처리하면 살기는 하겠지만 영영 불구로 살아야 해. 언어 능력이 아예 없어지고 성격도 끔찍하게 변할 수 있어. 수술하지 않으면 오히려 평화롭게 죽을 수 있다고."

"그렇지만 가족은 뭔가 해주길 원할 겁니다. 수술 여부는 우리가 결정하는 게 아니라 가족들 선택입니다."

그녀가 꼿꼿한 자세로 대답했다. 가족이 뭘 원하느냐는 전적으로 의사가 그들에게 하는 말에 의해 결정된다. 만일 그녀가 "수술로 손상된 뇌를 제거할 수 있는데, 그러면 최소한 목숨은 건질 수 있습니다."라고 말하면 환자 가족들은 어김없이 수술을 선택할 것이다. 반면 "수술을 해도 환자분이 정상적으로 사실 수 있는 가능성은 없습니다. 불구로 평생을 지내야 하는데 환자분께서 그걸 원하실까요?"라고 말하면 가족은 다른 답을 줄 것이다. 그녀처럼 수술 여부는 가족들 선택이라고 말하는 것은 사실상 이렇게 묻는 거나 마찬가지다.

"환자분이 평생 불구가 된다고 해도 정성스레 보살필 만큼 사랑하시나요?"

이 말은 그들에게 선택의 기회를 주지 않는다. 이렇게 되면 십

중팔구 우리는 결국 수술을 하게 된다. 수술하고 끝내는 편이 솔직한 심정을 말하고 고통스러운 대화를 이어가기보다 쉽기 때문이다. 긴 설명 끝에 나는 당직 레지던트에게 이렇게 덧붙였다.

"자네는 환자가 살아서 병원을 떠나니까 수술이 성공했다고 생각할지도 모르겠지. 하지만 몇 년 뒤 환자가 사는 모습을 보면 그 수술은 사람이 일부러 만든 재앙이라는 걸 알게 될 거야."

방에는 한동안 침묵이 흘렀다.

"수술하는 쪽으로 결정됐습니다."

레지던트가 딱딱하게 말했다. 알고 보니 그 환자의 담당의는 내 동료였다. 영국 의료계의 불문율 중 하나는 동료를 결코 공개적으로 비판하거나 제압하지 않는다는 것이다. 더 이상 할 말이 없었다.

사람은 나이를 먹을수록 점점 더 보수적이 되기 쉽다. 신경외과 의사도 마찬가지다. 젊었을 때보다 환자에게 수술을 권유하는 횟수가 점점 줄어드는 것도 이런 보수적 성향과 관계가 깊다. 리스크가 큰 모험을 피하고 싶기 때문이다. 나 역시 그렇게 변해가는 것 같다. 하지만 내가 경험을 통해 수술의 한계를 더 현실적으로 가늠하게 되어서 그런 것만은 결코 아니다. 온전하고 평범한 일상으로 돌아갈 확률이 거의 없다면 과연 수술로 목숨만 살려놓는 것이 그 환자를 위한 길인지 의문이 점점 커진다. 인간의 존엄성이 사라진 삶을 살 바에는 평화롭게 죽는 게 더 나을 수 있다는 사실을 전보다 더 기꺼이 받아들이기 때문이기도 하다. 내가 이런 말을 거침없이 할 수 있는 것은 예측하는 실력이 늘어서가 아니라, 남들이 나를 어떻게 판단할지 신경을 덜 쓰게 되었기 때문이다. 물론 예후란 항상 불확실하기 때문에 무사히 회복할 확률이 얼마나 되는지 모르는 경우가 흔하다. 그러니 의사로서 일을 쉽게 하려면 그냥 모든 환자를 수술해버리면 된다. 이를 통해 많은 환자들에게 끔찍한 뇌 손상이 생길 수 있고 그 환자들의 인생이 망가질 수 있다는 가능성에서 고개를 돌려버리는 것이다.

토론이 끝나고 다들 각자 일과를 위해 병원 곳곳으로 흩어졌다. 수술실로, 병동으로, 외래 진료실로, 사무실로. 나는 신경방사선과 동료와 함께 엑스선실 복도를 따라 걸었다. 방사선과 의사는 뇌와 척추 스캔을 분석하면서 하루를 보내기 때문에 보통 환자를 직접 다루지 않는다. 동료도 나처럼 처음엔 신경외과였는데 신경외과 의사가 되기에는 너무 온유한 영혼이라 방사선과로 바꾼 것 같았다. 적어도 내 생각으로는.

"알겠지만, 아내가 정신과 의사잖아."

그가 말했다.

"아내가 수련의였을 때 뇌 손상 전문 병원에서 일한 적이 있거든. 그래서 아까 일에 대해 난 자네 의견에 동의해. 머리를 다친 환자들의 삶이 너무 끔찍하니까. 신경외과 의사들은 심각한 뇌 손상이 어떤 결과를 가져오는지 더 깊이 알아야 해. 그럼 수술 결정을 더 신중히 하겠지."

의료 서비스 교육의
허와 실

사무실로 내려가 보니 병원 데이터베이스에 문제가 있는지 게일이 또다시 컴퓨터에 저주를 퍼붓고 있었다. 게일 책상 위로 요란한 대문자들이 조잡한 색깔로 인쇄된 종이 한 장이 눈에 띄었다. '이 자격증을 수여하는……'으로 시작되는 글씨를 읽어보니, 게일이 'MAST 추격 세미나'라 불리는 뭔가에 참석했다고 적혀 있었다.

"이게 뭡니까?"

내가 종이를 가리키며 물었다.

"의무적인 법정 훈련이요. 완전 시간 낭비예요. 다른 선생님들이 그 강사 놀려대는 걸로 시간을 때워주셔서 그나마 참고 들었어요. 글쎄, 강사가 출장 요리를 하던 사람이래요. 자기가 무슨 말을 하는지도 몰라요. 선생님은 오늘 가셔야 할 텐데, 잊으셨어요?"

그녀가 아주 못마땅한 목소리로 덧붙였다.

"모든 병원 직원들이 다 들어야 해요. 전문의 선생님들도요."

"진짜요?"

놀란 척하며 대답은 했지만 사실 몇 주 전에 병원 CEO에게 이에 대한 서신을 받았다. 내가 법정의무교육에 참석하지 않은 사실을 꼬집어 이야기하면서 법으로 정해진 의무이니 반드시 참석해야 한다고 쓰여 있었다. 평소에는 얼굴도 잘 못 보는 바쁜 CEO가 직접 편지까지 쓴 걸 보니 그 MAST 과정이 중요하긴 한 것 같다. 내키지는 않았지만 법정의무교육을 들으러 교육개발센터로 향했다. 실내에만 내내 있다가 8월 말의 햇살을 받으며 걷는 건 그래도 기분 좋았다. 병원 주차장을 가로지르고 따분한 표정의 남자가 운전하는 작은 트랙터에 달린 쓰레기통에 부딪치지 않으려고 뛰기도 하면서.

교육개발센터는 이동식 주택으로 지어서 그런지 내가 화가 나서 성큼성큼 걸을 때마다 바닥이 삐걱대며 흔들렸다. 세미나가 열리는 방으로 가보니 이미 사람들이 한 40명 정도 앉아 있었다. 간호사, 청소부, 사무원, 의사 등 NHS 트러스트(NHS 병원을 운영하는 기구 – 옮긴이)를 구성하는 사람들이 뚱하게 앉아 있었다. 나는 멀리 뒤쪽 구석에 있는 의자에 골라 앉았다. 연한 적갈색 턱수염을 기르고 머리를 민 젊은 남자가 자신을 강사라고 소개하고 나에게 'MAST 워크북'이라는 제목의 서류철을 내밀었다. 학생도 아니고 이런 것까지 받아야 하나 하는 생각에 됐다고 했더니 그는 한숨을 쉬었다. 참을성 있는 표정으로 그는 내 옆의 바닥에 서류철을 내려놓고 청중을 향해 몸을 돌렸다.

세미나는 장장 3시간짜리였기에 잠이나 좀 자려고 편안히 자리를 잡았다. 수련의 시절, 열악하면서 엄청난 근무 경험 덕에 아무데서나 잠들 수 있는 기술이 몸에 배어 있는 덕분이다. 세미나가 반 정도 끝나자 소방 훈련과 고객관리 교육 전에 잠깐의 휴식 시간이 주어졌다. 기지개를 켜며 방에서 나오다가 꺼두었던 휴대폰에와 있는 메시지를 발견했다. 여자 병동에서 내 환자 한 명이 죽어가는데 그 환자의 가족이 나와 이야기하고 싶어 한다는 것이었다. 병동 간호사가 내게 전화를 걸었는데 내가 받지 않으니 메시지를 남긴 것 같았다. 세미나고 뭐고 나는 그 길로 병원으로 돌아가 병동으로 올라갔다.

환자는 유방암으로 뇌에 2차 종양이 생긴 40대 여성이었다. 한 선임 전공의가 일주일 전에 수술로 종양을 제거했는데 수술 이틀 뒤에 심각한 뇌졸중이 와서 힘없이 죽어가고 있었다. 문제는 이에 관해 가족에게 말해준 사람이 아무도 없었다는 사실이었다. 이 상황에 나는 충격을 받았다. 수술한 외과 의사는 휴가 중이었고, 내 레지던트도 마찬가지였다. 나는 수술하느라 바빴고 교대근무를 하는 수련의들은 아무도 이 환자에게 신경을 쓰지 않았다. 그래서 MAST 세미나를 잊은 내가 아침 9시에 그들을 만나기로 약속을 잡았던 것이다.

환자의 남편과 연로한 어머니가 침대 곁에 슬프게 앉아 있었다. 6인실은 침대 사이의 공간이 겨우 60cm로 매우 비좁아 두 명이 앉기엔 매우 불편하다. 그녀는 의식이 없었고 불규칙하게 숨을 몰아쉬고 있었다. 같은 병실의 환자들도 그녀가 서서히 죽어가는 모습을 지켜보고 있을 터였다. 말소리가 다 들리는 허술한 커튼으로 가린 침대 곁에서 환자와 환자의 가족에게 나쁜 소식을 전하는 건 정말 싫다. 환자와 가족—NHS 트러스트 식으로 말한다면 '고객'—을 내려다보며 이야기하는 것도 내키지 않는다. 죽어가는 여자와 여자의 가족을 내려다보며 침울한 소식을 전하고 싶지 않다.

그렇다고 내가 침대 위에 앉는 것은 모양새가 부적절해 보였다. 그나마도 감염관리과에서 엄격하게 금지하는 사항이기도 했다.

내가 입을 열었다.

"더 일찍 말씀드리지 못해 정말 죄송합니다만, 유감스럽게도 환자분께 수술 뒤에 뇌졸중이 왔습니다. 종양이 뇌의 주요 동맥 중 하나에 달라붙어 있었습니다. 이렇게 되면 수술로 종양을 제거해도 동맥에서 뇌졸중이 일어나는 경우가 있습니다."

남편과 어머니는 말없이 나를 바라보았다.

"이제 어떻게 되는 거죠?"

연로한 어머니가 울먹이며 말했다.

"글쎄요. 제 생각에는 아마……."

어떤 식으로 말해야 할지 망설여졌다. 다른 환자들도 듣고 있으니 죽는다는 말을 완곡하게 말해야 할까. 주저하던 끝에 우선 목소리부터 낮추었다.

"환자분은 사망하실 것 같습니다. 그 시기가 며칠 내로 올지 아니면 더 오래 걸릴지는 저도 모릅니다."

그녀의 어머니가 울기 시작했다.

"자식보다 오래 사는 것은 부모님들에게 견디기 힘든 악몽인 것 압니다."

"이 애는 제 외동딸이었어요."

나는 손을 뻗어 어머니의 어깨에 얹었다.

"정말 뭐라 말씀을 드려야 할지……."

"선생님 잘못이 아닙니다."

달리 할 말이 없어서 잠시 후 나는 병동 간호사를 찾으러 갔다.

"저 환자 곧 사망할 것 같은데, 곁방으로 옮길 수 없습니까?"

"저도 알아요. 저희도 노력 중이지만 당장은 침대가 날 것 같지 않아요. 일부러 침대를 비우려면 너무 많은 환자를 한꺼번에 옮겨야 해서 좀 어렵고요."

"오늘 아침 MAST 세미나에서는 고객 관리가 전부라던데요."

내 말을 듣더니 병동 간호사가 코웃음을 치며 감정적으로 대꾸했다.

"요즘 들어 관리가 엉망인 거라고요. 전에는 상황이 훨씬 더 나았어요."

"압니다. 환자들은 나만 보면 하나같이 여기가 얼마나 좋은지 모른다고 그러긴 해요, 지역 병원에 비하면."

그녀는 아무 말도 하지 않고 총총히 떠나갔다. 언제나 바쁘고 앞으로도 영원히 바쁠 사람.

다시 교육개발센터로 돌아오니 벌써 2부가 시작되었다. 강사는 파워포인트로 고객 서비스와 관리의 원리를 길게 나열한 슬라이드를 보여주었다. 화면에는 큰 글씨로 이렇게 쓰여 있었다.

'효과적으로 의사소통하라.'

'세부사항에 주의를 기울여라. 즉시 행동하라.'

환자에 대한 공감을 발휘하라는 충고도 덧붙여 받았다.

"침착하고 평온한 상태를 유지해야 합니다. 분명하게 생각하고 항상 집중하십시오. 여러분의 감정이 여러분의 행동에 영향을 미칠 수 있습니다."

이 얼마나 희한한 노릇인지. 30년 동안 병원에서 내가 겪으며 깨친 것들은 다 무엇이란 말인가. 죽음과 재앙, 무수한 위기와 재난과 싸운 끝에 피 흘리며 죽어가는 환자들을 그동안 수도 없이 지켜봐 왔다. 셀 수 없을 만큼 동료들과 격렬하게 논쟁했고 환자의 가족들과 끔찍한 만남을 가졌다. 신경외과 의사로서 철저한 절망과 심오한 환희의 순간들을 무수히 겪어왔다. 그런데 이제 와서 전직 출장 요리사였던 젊은이로부터 공감을 발휘하고 항상 집중하고 평온을 유지해야 한다는 말을 듣고 있어야 한다니. 출석부에 서명을 하자마자 나는 방을 뛰쳐나왔다. NHS 트러스트가 그토록 원하는 교육, 공감과 자기조절, 고객 서비스와 소방관의 분류법 등의 교육을 이수했다는 사인을 하고 나니 더 이상 그곳에 있을 이유가 없었다.

수술실에서 본 의문의 시체들

다음 날 아침, 게일에게 교육을 받았다고 말하고 있는데 한 수련의가 나를 찾아왔다. 근심스럽고 우울한 얼굴이었다. 그는 신경과 병동—뇌에 병이 있지만 외과 수술이 필요하지 않은 환자를 위한—의사였다. 다발성경화증이나 파킨슨병과 같은, 다시 말해 때때로 치료가 불가능해 보이는 병들을 신경과에서 다룬다. 신경과 의사들이 희귀한 나비처럼 수집하고 관찰해서 학술지에 보고하는 이상하고 모호한 병들 말이다.

"방해해서 죄송합니다만……."

내가 책상과 주위 바닥에 쌓인 일지와 서류 더미를 가리키며 대답했다.

"천만에, 마침 딱 하기 싫었는데 잘됐어."

"주말에 진행성 실어증이 있는 59세 여성이 입원했는데 갑자기 발작을 일으켜서 스캔을 했습니다. ADEM이 있는 것으로 보입니다."

"ADEM? 외과 쪽이 아닌 거 같은데."

"급성파종뇌척수염입니다."

그가 대답했다. 급성파종뇌척수염, 다시 말해 뇌와 척수에 갑작스럽고 치명적 감염이 일어났다는 뜻이다. 수술은 별로 도움이 안 되는 병이다. 내 대답에 그가 말을 이어갔다.

"네, 압니다. 하지만 환자가 오늘 아침 의식불명이 되면서 왼쪽 동공이 팽창했습니다. 스캔을 보니 광범위 종창(염증이나 종양으로 곪아서 부어오르는 증상 - 옮긴이)이 확인됐고요. 감압이 필요할지도 모른다는 판단입니다."

뇌가 너무 부어올라 압력이 높아진 것이었다. 쉽게 말해 퉁퉁 부은 뇌가 두개골 안에 갇혀서 환자가 죽어가기 시작했다는 소리다. 아무리 빛을 비춰도 더 이상 수축 반응을 보이지 않는 동공 팽창까지. 동공 팽창은 환자의 목숨이 아주 위태로워졌다는 첫 번째 징후다. 의식불명이 왔다는 건 빨리 조치를 취해서 머릿속 압력을 줄이지 않으면 몇 시간 안에 죽을 수도 있다는 뜻이다. 그녀의 뇌는 전부 부어 있었는데 특히 왼쪽이 심각하게 부어서 스캔이 까맣게 보일 정도였다. 이를 의학용어로 대뇌부종이라 한다. ADEM이 생기는 실제 원인은 모르지만, 어쨌든 부종은 ADEM이 있다는 증거다. 뇌의 어떤 부분은 제거를 해도 환자가 정상적 생활을 할 수 있지만, 이 여자의 경우에는 부은 부분을 제거하면 말을 못 하거나 언어 자체를 이해할 수 없는 치명적인 장애를 갖게 될 터였다.

"감압 두개절제술은 어떨까요?"

신경과 수련의가 물었다.

환자의 두개골 위쪽을 제거해 부은 뇌를 위한 공간을 만들어 주는 수술이다. 생명이야 살릴 수 있겠지만 정상 생활이 불가능할 정도로 손상이 생긴다면, 두개골 절반을 떼어내 봐야 아무 소용도 없었다.

"꽤 잘 회복될지도 모르죠."

"정말 그렇게 생각해?"

"글쎄, 그럴지도 모르……."

나는 한동안 아무 말도 하지 않고 스캔을 슬프게 바라보았다. 그러던 중 그녀가 내 나이라는 걸 알아차렸다.

나는 어렵게 입을 열었다.

"오늘은 내가 수술하는 날이 아니니, 다른 동료를 주선하지.

여러모로 따져서 아무래도 이 환자에게 수술이 유리하다면."

전화를 몇 통 걸었다. 그러고는 다시 눌러앉아 서류 작업으로 돌아갔다. 그 수술은 조잡하고도 간단해서 그리 큰 품이 들지 않는다. 하지만 쌓여 있는 보고서를 읽고 끝도 없이 서신을 주고받는 대신 내가 직접 수술할 수만 있다면 얼씨구나 할 텐데. 모든 외과 의사가 그렇듯 내가 원하는 것은 오직 수술뿐이다.

얼마 후 동료가 어떻게 하고 있는지 보러 수술실로 올라갔다. 그런데 마취실에 불이 꺼져 캄캄해서 어리둥절했다. 지극히 이례적인 일이었다. 무슨 일인지 문을 밀고 들어가다가 소스라치게 놀랐다. 이동 침대 위에는 환자 대신 천에 싸인 시체가 놓여 있었다. 시트 한 장이 생기 없는 몸을 둘러싼 다음 머리가 가려지도록 위에서 묶여 큰 매듭을 짓고 있었다. '죽음의 무도'라는 중세 그림에 나오는 인물을 보는 듯했다. 매우 거북한 느낌이 들었고 이 상황을 납득할 수 없었다. 수술실 문으로 고개를 디밀고 보니 동료와 간호사, 마취과 의사들이 ADEM 수술을 시작하고 있었다. 이게 대체 무슨 일이지? 이 사람들이 수술대에서 사망자를 냈나? 저 시체는 어디서 났지? 수술 중의 사망은 매우 드문 일이다. 그 힘들다는 외과 수술을 평생 하면서 딱 네 번 그 끔찍한 재난을 경험했다. 수술 도중 환자가 사망하면, 이후의 분위기는 언제나 엄숙하고 암울했다. 특히 죽은 환자가 어린아이였다면 간호사들은 때때로 눈물을 흘리곤 했다. 나 자신도 울기 직전까지 가곤 했다.

동료를 비롯한 수술진은 꽤나 쾌활해 보였다. 어찌나 밝게 보이는지 소리 없이 나를 비웃고 있는 것처럼 느껴질 정도였다. 그 모습이 너무 당황스러워서 마취실에 시체가 있는 이유를 물어볼 수가 없었다. 만일 수술 중 사망이 진짜 있었다면 굳이 그 일을 상기시켜서 그들을 우울하게 만들고 싶지 않았다. 용기를 내어 동료에게 감압 두개절개술을 어떻게 집도할 생각이냐고 물었다.

그는 수술등이 환하게 비추는 환자의 머리맡에 서 있었다. 환자의 머리는 삭발되어 있었고, 비인간적으로 보이는 민머리에 갈색 요오드 방부제를 칠하고 있었다.

"양측 전두 두개를 절개하는 큰 수술이 될 거야."

그가 말했다. 두개골에 막혀 있는 여자의 뇌가 한껏 부어오를 수 있도록 그는 환자의 두개골 앞쪽을 톱으로 잘라낼 것이다. 그리고는 두피를 꿰매서 닫고 뇌의 부기가 가라앉으면 두개골에서 떼어낸 뼈를 다시 제자리로 되돌리면 된다. 만일 환자가 그때까지 살아남으면.

그 이야기를 듣는 동안 온몸이 으스스할 만큼 매우 불편했다. 수술실 바로 옆 캄캄한 마취실에서 천으로 싸여 있는 송장의 불길한 존재가 피부로 느껴졌다. 나는 모른 체하고 그에게 다시 겸상막은 어떻게 할 거냐고 물었다. 뇌가 잘라낸 두개골 밖으로 부어오르면, 뇌의 안쪽에서 좌반구와 우반구를 나누고 있는 이 수막이 손상될지도 모른다.

"떼놔야지. 위에 덮인 시상정맥동 앞쪽을 희생시킨 다음에."

그가 무심하게 대답했다.

그렇게 한동안 수술 이야기로 시간을 때우다가 더 이상 참지 못하고 그 시체에 관해 물었다.

"아아."

그가 큰 소리로 웃었다. 수술실의 나머지 사람들도 그와 함께 크게 웃었다.

"자네 눈치챘군! 그거 장기 기증자 시체야. 중환자실에서 나온 두부 손상 뇌사자인데 정확히 말하자면 나머지 몸이지. 이식 팀이 어제 심장, 폐, 간에 신장까지 몽땅 얻어갔거든. 이식 팀이야 횡재했지, 뭐. 장기 상태가 아주 좋았거든. 이래저래 일이 많아서 평소보다 수술이 늦게 끝났는데 아직 못 치웠어. 아, 자네도 알겠군. 이틀 전에 자전거 타다 넘어져서 전두엽 파열된 그 사람이야. 전에 자전거 타다 떨어져 들어온 그 사람. 수술은 했는데 결국 죽었어."

희망과
현실 사이에서
외줄 타기

Do No Harm

뇌실막세포종:
뇌실의 구멍 안쪽을 덧대고 있는
비신경세포에서 유래하는
대뇌 종양.

수술 스케줄이 거의 없는 날이었다. 물론 사무실에는 많은 서류 작업이 기다리고 있었지만. 가끔 게일이 그 서류들을 내 앞으로 층층이 위협적으로 쌓아두면서 모종의 복수심을 불태우며 고소해하는 게 아닐까 생각한다. 우리 둘은 어떻게든 서류 작업을 서로에게 미루려고 날이면 날마다 눈치 싸움을 벌인다.

병원 경영진이 보내는 많은 이메일들, 나는 읽지도 않고 삭제해버렸다. 그러면서 링컨셔의 병원에서 일하는 의사가 환자 한 명에 관해 조언을 구하는 메일도 같이 버려버렸다. 아차, 싶어 그 메일을 휴지통에서 꺼내 읽어보니 헬렌 이야기였다. 헬렌은 10년에 걸쳐 수술을 세 번 했던 젊은 환자로, 뇌실막세포종이라는 이름의 뇌종양이 계속 재발했는데 종양은 그때마다 더 공격적인 악성 종양이 되고 있었다. 이미 가능한 모든 방사선요법과 화학요법을 받은 터라 당시엔 말기 환자로서 지역 병원에 입원한 것이었는데, 또다시 재발한 종양 때문에 두통이 심했다. 그 의사는 나더러 최근의 스캔을 살펴보고 뭐든 더 해줄 수 있는지 봐주겠느냐고 물었다. 가족이 그 아가씨가 삶의 끝에 다가가고 있다는 사실을 못 받아들인다고 했다. 해를 거듭하며 헬렌을 만날수록 나는 그녀가 무척 좋았다. 어쩌면 그게 실수였을지도 모른다. 그녀는 언제나 매력적이었고 자신의 병을 놀랍도록 잘 극복하는 것 같았다. 때때로 단순히 앞날에 대해 비현실적으로 생각하기 때문이 아닐까 싶기도 했지만, 현실 부정이 언제나 나쁜 것은 아니니까 말이다. 가족은 그녀에게 헌신했고 그들은 나를 볼 때마다 과분하도록 고마워하는 한편, 어찌나 강렬한 희망과 절망으로 가득 차 있던지 그들의 눈에서 마치 총알이 튀어나와 나를 벽에 못 박는 것처럼 느껴졌다.

'환자 가족이 다른 병원에 있는 신경외과 의사에게서 들은 말인데……'

링컨셔의 의사가 메일에서 이렇게 덧붙였다.

'종양을 다시 수술하면 이후 광역학요법(특정 파장에만 반응하는 약물을 투여하여, 그 약물이 종양에 붙으면 레이저를 쏘아 없애는 치료법 – 옮긴이)으로 치료가 가능하다고 합니다. 가족들은 그 치료를 받길 원하고요. 그래서 치료를 받을 수 있도록 선생님께서 수술하시기를 간절히 바라

고 있습니다.'

그 의사는 헬렌의 최근 스캔을 첨부해서 보냈다는데 늘 그렇듯 병원 인트라넷을 한참 욕하며 클릭질을 해야 간신히 찾을 수 있었다. 스캔을 보니 그녀 뇌의 오른쪽 측두엽에 종양이 광범위하게 재발하고 말았다. 이론적으로는 수술이 가능했지만 또 수술을 하게 되면 성공한다 해도 헬렌의 남은 생을 기껏해야 몇 주나 몇 개월밖에 늘려주지 못할 터였다. 그녀의 가족은 잘못된 희망을 키운 게 분명했다. 게다가 얼마 전에 거의 효과가 없는 것으로 밝혀진 광역학요법을 의사가 제안했다는 사실에 더 화가 났다. 그들은 더 이상 할 수 있는 게 없다는 사실을 못 받아들이고 있었다. 헬렌을 몇 주 더 살게 하는 것 외에는 별다른 효과가 없다는 걸 알면서도 그들은 내가 뭐든 해주기를 바랐다. 물론 그 마음은 너무도 잘 안다. 이런 생각을 하다 의욕이 사라진 나는 우선 레지던트에게 전화를 걸어 헬렌을 우리 병원으로 이송하라고 일러두었다.

가망 없는 환자를
수술하는 이유

그날 하루 동안 밤늦게까지 그녀의 상태와 그녀를 다른 병원으로 옮기는 것이 왜 어려운지 설명하는 전화와 문자 메시지에 시달려야 했다. 듣자 하니 그녀는 이미 의식이 없었고 그렇다면 인공호흡기를 단 채로 이송되어 도착하는 즉시 중환자실로 가야 했다. 문제는 우리 병원에 남는 중환자실 병상이 없다는 사실이었다. 맘이 급해진 나는 지역 의사들에게 인근의 신경외과 전문병원을 찾아보라고 말했다. 다른 병원 사람들은 가망 없는 환자를 수술하려는 내 계획에 전혀 감동하지 않는다는 걸 알면서도 나는 스스로에게 이렇게 되뇌었다.

'그들은 헬렌의 가족이 어떤 기분인지 모르니까.'

그러던 중 생각지도 못한 소식이 전해졌다. 그녀 상태가 나아져서 중환자실 병상이 굳이 필요하지 않다는 말이었다. 눈썹이 휘날리도록 재빨리 레지던트에게 전화를 걸었더니 마침 우리 병동에 병상이 있으니 그녀를 입원시킬 수 있을 거라고 했다. 그러나 밤 10시, 링컨셔의 병원에서 절망적인 연락이 왔다. 우리 병원 관계자로부터 병상이 없다는 말을 들었다고 했다. 짜증이 활화산처럼 폭발하는 상태에서 병상과 입원 담당 간호사를 찾으러 갔다. 때마침 간호사와 마주쳤다.

"링컨셔에서 오는 환자를 왜 받을 수 없는 겁니까?"

"죄송하지만 마시 선생님, 지금 구급차를 기다리는 중입니다. 새 환자를 받을 수 없습니다."

"그 환자는 150km 밖에서 오고 있단 말입니다! 당신이 계속 구급차 운운하며 고집을 피우면 그 환자는 캄캄한 밤중이나 돼야 여기 올 수 있단 말이요!"

참지 못하고 소리 지르는 나를 간호사는 안절부절못하며 쳐다보았고, 순간 그녀가 울음을 터뜨릴까 봐 걱정이 되었다.

"이봐요. 그냥 우리 병원으로 보내라고 하세요."

최대한 부드럽게 말하려 애쓰며 내가 말했다.

"만약 문제가 생기면 다 내 잘못이라고 말해요. 내가 우겼다고⋯⋯."

그녀는 고개를 끄덕이며 아무 말도 하지 않았지만 환자 입원에 관한 관리 규정을 어기라는 내 요구가 마뜩찮은 게 분명했다. 나는 차마 그녀에게 이제 어떻게 할 거냐는 질문은 할 수가 없었다. 더 이상 그녀를 괴롭히고 싶지 않았고 그렇게 그냥 집으로 왔다. 과거라면 이런 일은 결코 일어나지 않았을 것이다. 여분의 병상은 언제나 찾을 수 있었을 테고 내 지시에 의문을 제기하는 사람도 없었을 것이다. 악에 받친 내 말이 마치 예언이라도 된 듯 헬렌은 결국 한밤중에 도착했다. 아침에 병원으로 출근했을 때, 그녀가 어느 병동에 입원했는지 아는 사람이 아무도 없었다. 그녀를 만나지 못한 채로 아침 회의에서 헬렌의 뇌 스캔을 띄우고 그녀의 히스토리를 간단히 요약했다.

"여러분은 아무 가망 없는 환자를 내가 왜 수술하려 한다고 생각하나?"

수련의들이 아무도 대답하지 않았다. 조금 기다리다 다시 설명을 이어갔다. 그녀의 가족이 더 이상 아무것도 할 수 없음을 차마 받아들이지 못하게 된 경위를.

암이 서서히 진행되는 경우는 멈춰야 할 때를 알기가 매우 어렵다. 그렇게 되면 환자와 가족들은 현실 감각을 잃는다. 환자는 계속 치료받을 수 있으며 생의 끝은 결코 오지 않을 거라고, 죽음은 영원히 연기될 수 있다고 생각하기 시작한다. 눈물이 날 정도로 삶에 집착하는 것이다. 이어 수련의들에게 한 가지 사례를 더 들려주었다.

몇 해 전에 있었던 일인데 체외수정으로 어렵게 얻은 세 살배기 외동아들에게 집착하는 부모의 사례였다. 당시 악성 뇌실막세포종 수술을 받은 그 아이는 예후가 나쁘지 않았고 이어서 방사선 치료도 받았다. 뇌실막세포종이 항상 그렇듯 2년 뒤 재발했을 때는 망설이지 않고 다시 수술했다. 문제는 그것이 머지않아 뇌의 더 깊은 곳에서 다시 재발했을 때 일어났다.

세 번째 수술에 대해 나는 거절 의사를 밝혔다. 이유는 너무도 명확했다. 더 이상의 수술은 무의미해 보였기 때문이다. 아이 부모와의 대화는 끔찍했다. 그들은 내가 하는 말을 전혀 받아들이지 않았다. 결국 다른 병원을 찾아가서 1년 동안 자그마치 세 번이나 수술을 더 했지만 아이는 죽고 말았다. 그러자 실성한 아이의 부모는 나를 직무유기로 고소하려 했다. 그 일이 있고 나서 나는 미련 없이 소아과 일을 그만두었다. 이 사례를 통해 사랑이란 매우 이기적일 수 있다는 걸 전공의들이 알았으면 싶었다.

"그게 선생님께서 이 환자를 수술하시려는 이유입니까? 고소당할까 봐 걱정돼서요?"

누군가가 물었다. 고소당하는 것은 두렵지 않다. 다만, 낮은 확률에 겁쟁이가 되거나 게을러지는 건 두렵다. 내가 굳이 수술을 집도하려는 이유는 헬렌의 가족들에게 이제 그녀가 죽을 시간이 됐다고 말할 용기를 못 낼 것 같기 때문이다. 암 전문가들이 값비싼 최신 신약이 환자를 몇 개월만 더 살려도 큰 성공이라고 하는 마당에 의사로서 '고작 몇 개월'이라는 말로 가족들에게 수술을 하지 말자고 말할 용기가 내겐 없다.

"광역학요법이 뭡니까?"

다른 누군가가 물었다.

"종양에 레이저를 쏘는 거야."

동료 프랜시스가 대신 대답했다.

"종양 안으로 1mm밖에 침투하지 못하니까 쓸모가 없어졌지. 그런데 지금 광역학요법을 하자고 하니…… 바보 같은 짓이야."

프랜시스가 나를 쳐다보며 덧붙였다.

"이번이 그 환자의 네 번째 수술이 될 텐데 방사선 치료는 이미 받았으니 종양이 몇 주 안에 다시 자랄 거 아냐. 그럼 두개골판이 감염될 위험이 높고 감염되면 그 두개골판을 떼어내야 하니까 결국 두피 밑으로 큰 구멍이 생기잖아. 결국 환자는 곰팡이 때문에 서서히 비참하게 죽을 거라고."

그 의견에 부인할 수가 없었다. 나는 뒤쪽에 앉아 있는 레지던트들에게 몸을 돌려 '뇌곰팡이'를 본 사람이 있느냐고 물었고 아무도 대답하지 않았다. 그들이 영원히 뇌곰팡이 볼 일이 없기를 바랐다. 나는 우크라이나에 있을 때 딱 한 번, 그것을 보았다. 악성 종양을 수술한 뒤 두개골판이 감염되어 결국 떼어내야 했다. 두개골판이 제자리에 없으니 종양이 재발하면 그 구멍을 통해 비집고 나오며 자란다. 이렇게 비정상적으로 부풀어 오른 뇌 때문에 환자는 영화 〈스타 트렉〉에 나오는 외계인처럼 보인다. 두개골이 온전한 환자처럼 머리 안에 압력이 차서 빨리 죽지도 않는다.

"두개골판 대신 금속판을 넣으면 안 되나요?"

한 수련의가 물었다.

"그러면 그 금속판이 감염될 거야."

"그럼, 두개골판을 왜 굳이 떼어내는 거죠?"

"왜 환자 머리에서 고름을 일부러 쏟아내느냐고? 환자가 집에 있다면 우리도 아마 그냥 두겠지. 병원에서는 수술 부위 감염을 내버려두면 안 돼."

이번에도 프랜시스가 대신 대답하고 나를 쳐다보며 이렇게 덧붙였다.

"난 자네가 그 꼴을 안 당했으면 좋겠어. 그래서 여전히 자네가 바보 같다고 생각해. 가서 그냥 안 된다고 말해."

그날 오전 늦게 수술을 했다. 머리를 열어봤자 죽어가는 뇌와 혈관들이 종양과 슬프게 뒤엉킨 것을 확인했을 뿐 아무것도 하지 못한 거나 다름없었다. 헬렌의 연약한 두피를 도로 꿰매는 레지던트를 보조하면서 나약한 마음으로 수술에 동의한 것을 뼈저리게 후회했다. 그런데 갑자기 마취과 의사가 이런 말을 하는 게 아닌가.

"아까 관리자가 여기 왔다 갔습니다. 선생님이 병상도 없는데 환자를 입원시켰다고 매우 화가 나 있었어요. 선생님이 이런 환자를 수술하고 있으면 안 된다고 했습니다."

"그건 그 여자가 상관할 바가 아닙니다."

수술 도중 이게 무슨 경우지? 순간 화가 솟구쳐서 으르렁거리며 맞받아쳤다.

"여기서 임상적 결정을 내리는 건 그 여자가 아니라 나예요. 그 여자야 헬렌 가족한테 가서 사망이 임박했다고 때우거나, 죄송하지만 병상이 없다고 말하고 싶겠지……."

화가 나서 손이 떨릴 지경이었지만 애써 진정하고 어떻게든 수술을 마쳐야 했다. 두피를 닫은 뒤 레지던트와 나는 물러서서 헬렌의 민머리를 내려다보았다.

"썩 잘 아물 것 같지는 않아요, 그렇죠?"

그가 한마디 했다. 비극적인 앞일을 드라마 보듯 담담하게 이야기할 만큼 그는 아직 젊다.

"자네는 곰팡이를 본 적이 없으니까."

수술 후 '나쁜 소식 발표'를 할 때 주로 가는 작은 방에 들어가 헬렌의 가족과 마주 앉은 나는 최선을 다해 그들에게 모든 희망을 빼앗으려 했다. 애초에 수술을 감행한 의도와 정반대되는 내 행동에 스스로가 싫어질 참이었다. 그들에게 수술로 어떤 차도가 생기지는 않을 거라고 헬렌이 죽는 것은 시간문제일 뿐이라고 말했다.

"선생님께서 수술을 안 하려고 하신 것 저희도 잘 압니다."

그녀의 오빠가 말했다.

"저희가 얼마나 감사하고 있는지 알아주셨으면 해요. 다른 의사라면 아무도 저희 말을 들어주지 않았을 겁니다. 동생도 자기가 죽을 걸 잘 알고 있습니다. 동생이나 저희나 그저 살날을 조금만 더 늘이고 싶을 뿐이죠. 그게 답니다."

그의 말에 냉랭해졌던 마음에 온기가 느껴졌다. 칙칙한 병원 바깥의 안뜰마저도 희망적으로 따뜻하게 보일 정도로.

"운이 좋으면 몇 개월을 더 벌 수도 있습니다."

애써 태연한 척 말했지만 충격을 누그러뜨리려고 몇 분 전에 그들에게 혹독하게 이야기한 것이 너무도 후회가 됐다. 희망과 현실 사이에서 균형을 찾는 데 실패한 것이었다. 조그만 방을 나와 어두운 병원 복도를 걸어가며 다시 한 번, 인간은 어째서 삶에 그토록 간절히 매달리는지 의문이 들었다. 그러지 않으면 훨씬 덜 고통스러울 텐데. 희망 없는 삶은 가뭇없이 힘든 법이지만 생애 끝에서는 희망이 너무도 쉽게 우리 모두를 바보로 만들 수 있는데.

불치병을 말할 때
가장 필요한 것

이튿날은 상황이 더욱더 나빴다. 아무도 평소처럼 아침 회의에서 냉소적 농담을 던질 엄두를 내지 못했다. 첫 번째 사례는 우리 병동으로 이송되던 중 어이없는 시간 지연으로 사망한 남자였고 두 번째 사례는 출혈 뒤 뇌사 상태가 된 젊은 여자였다. 우리는 침울하게 그녀의 뇌 스캔을 바라보았다.

"저건 죽은 뇌야."

한 동료가 수련의들에게 설명했다.

"뇌가 유리 가루처럼 보이잖아."

마지막 사례는 목을 매려다 저산소로 뇌가 손상된 여덟 살짜리 소년이었다.

"좀 덜 우울한 사례는 없어요?"

누군가 물었지만 더 이상 사례가 없어서 회의가 그냥 끝나버렸다. 회의실을 나오자 한 신경과 의사가 나를 찾아 복도를 걸어왔다. 요즘 전문의들은 잘 안 입는 조끼까지 들어간 스리피스 정장 차림의 그는 평소의 유쾌하고 긍정적인 성격과 달리 약간 주저하는 모습이었다.

"환자 한 명 봐주실 수 있습니까?"

"물론이죠."

언제나 수술에 목마른 나는 양성 종양을 기대하며 의욕적으로 대답했지만 그의 표정 때문에 약간 걱정이 되었다.

"스캔은 PACS상에 있습니다."

그와 판독실로 들어가서 디지털 엑스선 시스템인 PACS로 뇌 스캔을 함께 보았다.

"안됐지만 서른두 살밖에 안 된 여자입니다."

신경과 의사가 설명했다.

"아이고."

그녀의 뇌 앞쪽에 커다란 악성 종양이 보였다.

"이번 주는 고약한 한 주가 될 것 같군요."

우리는 그길로 그 환자가 있는 당일 입원 병동으로 갔다. 그녀는 20분 전에 스캔을 했고 신경과 의사는 그녀에게 스캔에 대해 두루뭉술하게 말해주었을 뿐이었다. 두 아이를 둔 젊은 엄마인 그녀는 몇 주 전부터 두통에 시달리고 있었다. 그녀의 남편이 침대 곁에 앉아 있었다. 두 사람 모두 울고 있었던 게 분명했다. 나는 그녀의 침대에 앉아 어떤 치료가 필요할지 최선을 다해 설명했다. 희망을 주려고 노력했지만 그렇다고 그녀가 마치 나을 것처럼 이야기할 수는 없었다. 이런 끔찍한 대화의 경우, 특히 나쁜 소식을 이렇게 갑자기 알릴 때 환자는 의사가 하는 말 중 일부밖에 받아들이지 못한다.

설명을 끝내고 우선 두통을 빠르게 가라앉혀 줄 스테로이드를 처방하고 그녀를 집으로 돌려보냈다. 다음 주 월요일로 수술 날짜를 잡은 다음, 그녀와 정신이 반쯤 나간 그녀의 남편에게 수술 전날 저녁에 모든 것을 다시 설명하겠다고 약속했다. 누군가에게 '사실상 불치인 뇌종양이 있습니다.'라고 말해놓고 집으로 가라고 하는 건 썩 기분 좋은 일은 아니지만 달리 어쩔 도리가 없었다.

다음 날 나는 아침 회의에서 수련의들에게 그녀의 뇌 스캔을 보여주었다. 스캔이 흰 벽에 흑백으로 모습을 드러냈다. 수련의들에게 자초지종을 들려준 다음 젊은 전공의 가운데 한 명인 데이비드에게 이렇게 물었다.

"스캔 직후, 그녀를 봐달라는 부탁을 받았다고 상상해봐. 환자에게 무슨 말을 해야 하겠나?"

평소에는 자신과 열의로 가득한 데이비드가 아무 말도 하지 않았다.

"환자에게 무슨 말이건 해야 해. 전에도 해봤을 거 아닌가."

"에, 그러니까……."

"저라면 그녀에게 스캔에 이상 소견이 있다고 말하겠습니다. 에, 종괴 효과가……."

"그게 환자에게 무슨 의미가 있지?"

"환자에게 수술이 필요하다고 말하겠습니다. 이유는 종양을 정확히 파악하기 위해서라고……."

"자네, 거짓말하고 있잖아. 예후가 끔찍한 악성 종양이라는 게 밝혀졌는데 무슨 소리야! 환자에게 말하기가 겁나는 거겠지! 환자는 귀신처럼 자네 눈빛만 보고도 나쁜 소식이라는 걸 알아. 양성 종양이었으면 웃고 있었을 거 아닌가. 알아듣겠어? 빨리 말해. 그러니까, 뭐라고 말할 거냐고!"

데이비드는 아무 말도 하지 않았고 엑스선 판독실의 어둠 속에는 어색한 침묵이 흘렀다.

"이건 매우 어렵지만 또 매우 중요한 일이야. 그래서 계속 물어봤던 거야."

조금 진정하고 부드러운 어조로 내가 말했다. 환자와 가족들에게 나쁜 소식을 전해야 했을 때, 그걸 잘했는지 못했는지 나는 알 길이 없다. 나중에라도 "마시 선생님, 선생님께서 제가 죽을 거라는 말을 정말 잘해주셨어요."라고 말하는 환자는 없으니까. 물론 "마시 선생, 당신 순 쓰레기야."라고 말하는 환자도 없으니까. 그러니 스스로 내가 망치지만 않았기를 바랄 뿐이다. 외과 의사는 항상 진실을 말해야 하지만, 아무리 그래도 환자에게서 실낱같은 희망까지 빼앗는 경우는 극히 드물다. 때문에 낙관주의와 현실주의 사이에서 균형을 찾는 일은 매우 어렵다. 종양의 악성에도 정도가 있는 데다 이 환자에게 갑자기 어떤 일이 일어날지는 아무도 모른다. 기적이 아니라 통계적으로 존재하기 마련인, 소수의 장기 생존자는 항상 존재하기 때문이다. 나는 환자들에게 운이 좋으면 여러 해 동안 살지도 모르고 운이 없으면 훨씬 덜 살지도 모른다고 말한다. 종양이 재발해도 다시 치료할 수 있을지도 모른다고 말한다. 지푸라기를 잡는 정도의 가능성이긴 해도 모종의 새로운 치료법이 발견될 희망은 언제나 있다고 덧붙인다. 요즘은 대부분의 환자와 가족들이 온라인으로 병을 검색하기 때문에 과거의 '하얀 거짓말'은 더 이상 받아들여지지 않는다.

안타깝지만 환자 대부분은 헬렌처럼 돌아올 수 없는 생애 마지막 지점에 도달하게 된다. 생애 마지막 계단에 이른 것을 인정하는 일은 흔히 의사에게도 환자에게도 매우 어려운 일이다. 아침 회의에서 이 모든 것을 설명하려 애쓰는 동안 수련의들이 어둠 속에서 내 말을 진심으로 이해했는지는 모르겠다.

회의 후 내가 헬렌을 보러 병동으로 돌아가자 병동 간호사 메리가 바로 달려왔다.

"가족들이 환자 상태를 외면하는 것 같아요."

그녀가 헬렌이 누워 있는 곁방의 문을 가리켰다.

"환자가 죽어가고 있는데 가족들이 도무지 인정하려 들지 않아요."

"그래요?"

"진통제를 투여하려고 해도 말기 환자 취급한다고 가족들이 싫어해요. 그래서 환자 집 근처 주민센터와 일반 개원의를 알아보고, 집으로 보내려는 중이에요."

"상처는요?"

질문을 했지만 답이 무서웠다.

"금방이라도 터질 것 같아요."

나는 심호흡을 하고 곁방으로 들어갔다. 다행히 가족은 없었다. 창을 마주 보고 옆으로 누워 있는 헬렌 곁에 웅크리고 앉았다. 그녀는 크고 검은 눈으로 나를 바라보더니 천천히 미소를 지었다. 머리 오른쪽이 부어 있었지만 상처 드레싱으로 덮여 있었다. 으레 수술 부위를 체크하는 건 생략했다. 그걸 벗겨봐야 아무 소용이 없었으므로. 내 손으로 깔끔하게 절개한 상처가 추하게 벌어져가는 꼴만은 정말이지 보고 싶지 않았다.

"안녕하세요, 마시 선생님."

입술을 달싹거리며 그녀가 인사했지만 무슨 말을 하는지 알아듣기가 어려웠다.

"몸은 좀 어때요?"

"나아지고 있어요. 머리가 좀 아프지만."

좌반신 마비 때문에 말도 느렸고 발음도 약간 불분명했다.

"다시 수술해주셔서 고마워요."

"헬렌, 이제 집으로 갈 거예요. 궁금한 거 없어요?"

억지로 질문을 하는 동시에 대답이 나오기 전에 일어서서 나가고 싶은 유혹—모든 의사가 고통스러운 대화를 마주했을 때 맞서 싸워야 하는 무의식적인 잔꾀—을 힘껏 견뎠다.

헬렌은 아무 말도 하지 않았다. 나는 천천히 일어나 수술실로 갔다.

죽을 환자와
죽음에 대해
이야기한다는 것

Do No Harm

아교모세포종:
비신경조직에서 유래하는
가장 공격적인 유형의 뇌종양.

내 일에는 언제나 죽음이 존재하지만 내가 직접 죽음과 만나는 일은 드물다. 죽음은 멀리 떨어진 곳에서 위생적으로 처리된다. 병원에서 죽는 내 환자 중 대다수는 가망 없는 두부 손상이나 뇌출혈이 있다. 이들은 혼수상태로 입원해 한동안 인공호흡기로 연명한 뒤 중환자실이라는 창고 같은 공간에서 똑같이 혼수상태로 죽는다.

이들이 뇌사 진단을 받고 인공호흡기가 꺼지면 죽음은 너무도 간단하고 조용하게 찾아온다. 유언도 없고 숨을 거두는 마지막 순간도 없다. 스위치 몇 개를 돌리면 인공호흡기가 규칙적인 한숨을 멈출 뿐이다. 심장 감시 장치의 선들이 아직 붙어 있다면, ECG 모니터상에서 산소에 굶주린 심장이 살려고 몸부림치며 죽어가는 모습을 볼 수 있다. 심장이 뛸 때마다 오르락내리락 그림을 그리는 빨간 LED 선이 점차 일자로 조용하게 멈추어간다. 몇 분 뒤, 완전한 고요 속에서 심장이 멈추면 그 자취는 평탄한 선이 된다. 그러면 간호사들이 이제는 생명이 사라진 몸에 연결된 수많은 튜브와 선들을 떼어내고 얼마 뒤 두 명의 병원보조원이 이동 침대를 가져와 담요로 위장한 채 침대 밑에 실린 얕은 상자에 시신을 싣고 바퀴를 굴리며 영안실로 떠나간다. 환자의 장기가 기증될 예정이면 뇌사가 확정된 뒤에도 인공호흡기가 계속해서 돌아갈 것이고 몸은 수술실로 옮겨질 것이다. 장기가 제거되면 그때야 비로소 인공호흡기가 꺼지고 이동 침대가 시체를 치우러 온다.

치명적인 뇌종양을 가진 환자들은 집이나 호스피스 시설 또는 지역 병원에서 죽을 것이다. 어쩌다 한 명쯤은 병원에 있는 동안 나의 보살핌을 받다가 죽겠지만 혼수상태이니 보살핌을 느끼지는 못할 것이다. 그들은 죽어가는 뇌 때문에 죽어간다. 때문에 환자의 죽음에 대한 논의는 환자의 가족과 하며 환자와 하지 않는다. 의사들은 환자의 죽음을 맞대면하는 일이 거의 없다. 그러나 가끔은 나도 덜미를 잡힌다.

수련의였을 때는 지금과 사정이 매우 달랐다. 날마다 죽어가는 환자들과 매우 가깝게 연결되어 있었기 때문이다. 의사로서의 첫 해, 의료계 바닥에서 인턴으로 일하고 있을 때는 툭하면 환자의 사망을 확인하러 이른 새벽에 자다가 불려 나오곤 했다. 젊고 건강한 모습으로 의사 가운을 입고 특색이라곤 없는 텅 빈 복도를 따라 걸어서 어두운 병동에 들어선 다음 간호사의 지시에 따라 커튼이 둘러쳐진 어느 침대로 가곤 했다. 그러면 늙고 쇠약한 다른 환자들이 잠들지 않은 채 어둠 속에서 겁에 질려 있는 게 생생하게 느껴졌다. 그들은 자신의 운명을 생각하면서 얼른 회복해 이 병원에서 탈출하기를 간절히 소망하고 있을 터였다.

어스레한 침대 불빛이 희미하게 비추는 커튼 뒤, 세상을 떠난 환자는 세상의 모든 사망 환자들과 똑같아 보인다. 노인이고 환자복을 입고 있으며, 파리하고 밀랍처럼 노리끼리한 얼굴과 쑥 들어간 뺨에, 자줏빛으로 얼룩진 팔다리를 가진 '만인'(15세기 영국에서 유행한 도덕극의 제목이자 주인공인 Everyman. 죽음에 직면한 인간의 마지막 여정을 우화적으로 그리는 작품 – 옮긴이)처럼 개성이 없다. 모든 것이 철저히 정지되어 있는 모습이다.

나는 환자복을 젖혀 심장 위로 청진기를 대 심박이 없음을 확인한 다음, 눈꺼풀을 열고 작은 펜 모양의 손전등을 생명을 잃은 눈에 비춰 동공이 고정되고 팽창되었는지—흐릿하고 검은지, 접시만큼 큰지, 손전등의 불빛에 반응해 수축하지 않는지—점검하곤 했다. 그런 다음 간호사 스테이션으로 가서 일지에 '사망 확인' 또는 그에 준하는 말을 적어 넣고 때로는 '고이 잠드소서'라는 말을 덧붙이곤 했다. 마지막으로 담당 의사 서명을 한 다음 작은 당직실 침대로 돌아가면 끝이다. 내가 이렇게 사망을 확인한 환자는 대부분 전혀 모르는 사람이다. 밤에 당직을 설 때는 내 소속과 상관없이 여러 병동을 담당하기 때문이다. 당시에는 사후 부검이 아직 흔한 관례였다. 그래서 주간에 담당했던 병동에서 죽은 환자와 내가 마지막으로 보살펴서 알게 된 환자의 사후 부검에는 참석하는 것이 전통이었다. 하지만 나는 사후 부검이 너무 싫어서 대개 피하려 애썼다. 감성이 남아 있던 젊은 시절의 나는 초연해지는 데 한계가 있었다.

응급실 SHO—1년의 인턴을 마친 다음 일반외과 전공의로서 맡은 일—시절에는 더 극적이고 난폭한 형태의 죽음을 보았다. 내 앞에서 심장마비로 죽어가며 내 심장을 마비시켰던 환자들을 기억한다. 밤새도록 한 남자를 구하기 위해 애쓰고 결국 실패했던 일도 기억한다. 맨 정신으로 끔찍하게 고통스러워하던 그는 식도정맥류로 피를 흘리며 죽어가던 중 내 눈을 쳐다보았다. 나는 총에 맞아서, 차에 치여 으스러지고 부러져서, 감전으로, 심장마비로, 천식으로, 온갖 방식의 암으로 죽는 사람들을 수도 없이 보았다.

그런가 하면 'BID~Brought In Dead~', 다시 말해 구급대원이 죽은 상태로 싣고 오는 사람들도 있었다. 응급실 SHO였기에 거리에서 쓰러져 죽은 불쌍한 영혼의 죽음도 꽤 자주 확인해야 했다. 시체는 보통 옷을 완전히 입은 채로 이동 침대에 누워 있었다. 청진기를 심장에 대기 위해 그들의 옷을 벗기는 일은 개성 없는 흰 환자복 차림의 사망 환자를 확인하는 일과는 느낌부터 근본적으로 달랐다. 그들을 욕보이는 일이라 느껴져서 단추를 풀 때는 비록 죽은 사람이라도 그들에게 양해를 구하고 싶을 정도였다. 같은 사망 환자라도 옷이라는 것 때문에 얼마나 큰 차이가 생기는지 그때 깨달았다.

12년간 이어진
종양과의 사투

금요일 오후에 차를 몰고 런던을 빠져나오고 있었다. 2~3일 아내와 짧은 휴가를 즐길 참이었다. 추운 겨울, 고속도로변의 눈 덮인 나뭇가지들이 우아한 백색 윤곽을 드러내는 길에 감탄하고 있을 때 휴대폰이 울렸다. 시야 안에 경찰차가 없는 것을 확인하고 전화를 받았다. 무슨 말인지 알아들을 수가 없었다.

"누구시라고요?"

이름은 알아들을 수 없었지만 전화 너머 목소리가 말했다.

"저희 병원에 방금 선생님 환자 데이비드 H 씨가 입원했습니다. 집에 계시다가요."

"아!"

나는 갓길에 차를 세웠다.

"진행성 반부전 마비가 와서 갈수록 졸려 했는데, 스테로이드 덕분에 나아졌습니다. 지금은 말도 꽤 예리하고 재치 있게 해요."

나는 데이비드를 아주 분명하게 기억한다. 그를 처음 수술한 것은 12년 전이었고, 오른쪽 측두엽에 생긴 저등급 성상세포종이라는 특별한 종양 때문이었다. 뇌 안에서 자생하는 종양으로 처음에는 서서히 자라면서 이따금 간질 발작을 일으키지만, 결국은 악성으로 변형되어 아교모세포종으로 알려진 고위험 종양이 되고 마침내 치명적인 종양으로 전락한다. 이렇게 되기까지 오랜 세월이 걸리기 때문에 환자가 앞으로 얼마나 오래 살지를 예측하는 것은 불가능하다.

이 종양은 드문 경우지만 크기가 충분히 작다면 수술로 치료할 수 있다. 환자의 대부분이 청년이므로 이들은 기약 없는 사형 선고를 받은 셈이다. 더 애매한 것은 이 환자들에게 진단을 설명할 좋은 방법이 딱히 없다는 사실이다. 의사가 낙관주의와 현실주의 사이에서 균형을 잃으면, 남은 시간과 상관없이 환자를 가뭇없는 절망 속에서 살게 할 수도 있다. 어느 순간 종양이 악성으로 돌아서고 환자가 죽어가면 의사는 무능력하다고 고소를 당할 수도 있다. 데이비드는 아무리 암울하고 불확실해도 진실을 알고 싶다는 뜻을 언제나 분명히 했다.

첫 발작을 겪고 종양이 발견되었을 때 그는 180cm가 넘는 훤칠한 키에 열정적으로 사이클과 달리기를 즐기는 30대 초반의 성공한 경영 컨설턴트였다. 결혼도 하고 어린 자녀들도 있는 훌륭한 가장이었다. 굉장한 매력과 투지를 지닌 사람이었는데 어떻게든 모든 것을 유머로 탈바꿈시키는 재주가 있었다. 심지어 국소 마취를 해서 정신이 말똥말똥한 그의 머리를 열고 종양을 제거하고 있을 때조차 그는 내게 농담을 계속 건넸다. 우리 둘 다 그가 '치료가 끝난 행운의 소수' 중 한 명이 되기를 바랐지만, 3년 뒤 추적 스캔을 해보니 종양이 다시 자라 있었다. 이 소식을 알리면서 그에게 이 종양으로 목숨을 잃게 될 것이라는 뜻을 매우 분명하게 말한 것을 기억한다. 내 말을 묵묵히 듣던 그의 눈에 눈물이 고였지만 그는 침을 꿀꺽 삼키고 잠시 똑바로 앞을 보았다. 우리는 그에게 조금이나마 시간을 더 벌어줄지도 모르는 추가 치료가 무엇일지 침착하게 의논했다.

그다음 몇 년 동안 두 번에 걸쳐 그를 다시 수술했고, 그는 방사선요법과 화학요법을 받으며 최근까지 그럭저럭 일을 계속하며 정상 생활을 이어갔다. 다른 환자에 비하면 그는 의사들 말로 '아주 잘된 경우'였다. 그 10여 년의 세월 동안 그와 그의 아내를 여느 환자들보다 잘 알게 되었는데, 그들이 병을 견디는 방식을 보면 나 자신이 초라해지곤 했다. 어떻게 그들은 이런 불치병 앞에서 그토록 현실적이고 단호할 수 있었을까.

나와 통화 중인 의사가 말했다.

"달리 할 것은 없다고 생각합니다만, 환자가 선생님께서 자기 스캔을 봐주시길 바라고 있습니다. 선생님을 대단히 신임하더군요. 여기 계신 신경외과 의사 한 분을 소개했지만 별로 좋아하지 않았어요."

"제가 내일 아침에 출국해서 며칠 동안 떠나 있을 예정이라 스캔을 보내주시면 다음 주에 보겠습니다."

"물론이죠. 그렇게 하겠습니다. 감사합니다."

그녀는 그렇게 말하고 전화를 끊었다.

하얀 눈이 내리고 있었다. 다시 고속도로에 올라 운전을 하는 데 고통스러운 생각이 머릿속을 잠식했다. 우연인지 아닌지 데이비드가 입원한 병원에서 가까운 곳에 있었으므로 직접 가서 그를 볼 수도 있었다.

'정말이지 그에게 죽는다는 사실을 말하고 싶지 않아.'

나 자신에게 이렇게 되뇌었다.

'아내와의 멋진 주말을 망치고 싶지도 않고.'

하지만 내 안의 깊은 곳에서 뭔가가 잡아끄는 느낌이 들었다. 다시 내 안의 목소리에 귀를 기울였다.

'만일 내가 죽어가고 있다면, 그토록 오랜 세월 희망을 주고받았던 의사의 방문을 고마워하지 않을까? ……하지만 정말로 그에게 이제는 죽을 때가 가까워졌다고 말하고 싶지 않은데…….'

허공에다 화를 내고 내키지 않는 마음으로 다음 갈림길에서 고속도로를 벗어나 병원으로 차를 몰았다. 거대한 주차장에서 솟아오르는 돌기둥처럼 병원 건물이 서서히 시야에 들어왔다. 낮게 가라앉은 기분으로 끝없이 긴 중앙 통로를 따라 안으로 걸어 들어가는데 통로가 몇 킬로미터씩 이어지는 듯했다. 죽어가는 환자와 이야기하러 간다는 두려움 때문이었을 것이다. 이 차가운 회색 벽 안에서 그토록 많은 인간의 고통이 진행되고 있는데. 다시 한 번 둔감하고 무심한 이 병원의 건축양식에 대해 혐오감이 치밀어 올랐다. 5층까지 올라가는 동안 승강기의 문이 열리고 닫히는 소리가 평소보다 훨씬 더 거슬렸다.

마침내 병동으로 걸어가 간호사 스테이션 옆에 환자복 차림으로 우뚝 서 있는 데이비드를 발견했다. 그는 왼쪽이 약해서 한쪽으로 몸이 약간 기울어 있었다. 의사가 그의 옆에 서 있다가 내 쪽으로 오더니 놀란 듯이 말했다.

"다들 저더러 요술쟁이라네요! 선생님께 전화 건 지 15분도 안 돼서 오시다니!"

나의 갑작스러운 도착에 깜짝 놀라 너털웃음을 터뜨리는 데이비드에게로 걸어갔다.

"다시 뵙는군요!"

그가 말했다.

"그러게요. 가서 스캔 봅시다."

데이비드 담당의와 나는 그동안 데이비드에 관해 편지만 주고받았지 만난 적은 없는 사이다. 그녀는 동정심이 깊은 사람이라는 게 금세 드러났다.

"저는 저등급 신경교종을 가진 모든 환자를 돌보고 있어요."

그녀가 살짝 얼굴을 찡그리며 말했다.

"굳이 비교하자면 운동뉴런질환이나 다발성경화증은 쉬운 편이에요. 저등급 신경교종 환자들은 젊으니까 자식들이 어리잖아요. 근데 제가 할 수 있는 말이라곤 가서 죽으라는 말뿐이에요……. 제 아이들도 같은 또래이고 같은 학교에 다녀요. 데이비드와 거리를 두기가…… 감정을 없애기가 어렵죠."

컴퓨터에 뜬 스캔을 살펴보니, 암이 되어버린 종양이 뇌 안으로 깊이 굴을 파고 들어가고 있었다. 그나마 종양이 그의 뇌 오른쪽에 있다는 사실 때문에 그의 지능과 이해력은 아직 대체로 온전했다.

"음, 수술할 수는 있겠지만, 아마 많은 시간을 벌어주진 않을 겁니다……. 기껏해야 두세 달. 그건 삶이 아니라 죽음을 연장하는 겁니다. 얼마 안 되는 시간을 헛된 희망으로 낭비시킬 테고 위험이 없는 것도 아닙니다. 무엇보다 데이비드는 항상 진실을 알고 싶다는 뜻을 분명히 했어요."

마지막 인사를
할 용기

비슷한 상황에서 과거에 내가 재수술했던 다른 환자들, 그리고 그들과 내가 재수술을 얼마나 후회했던가 생각했다. 그럼에도 불구하고 내 환자에게 더 이상 할 수 있는 게 아무것도 없다고, 남은 희망이 없다고, 이제는 죽을 시간이라고 말하는 것은 정말이지 매우 어렵다. 그다음엔 내가 틀릴지도 모른다는, 어쩌면 이 환자가 희망을 버리지 않고 기적을 바라는 게 옳을지도 모른다는 두려움이 생긴다. 내가 한 번 더 수술해야 하는지도 모른다는 두려움 말이다. 의사도 환자도 현실을 견디지 못하는 일종의 감응성 정신병(밀접한 관계의 두 사람이 같은 정신적 어려움을 겪는 증상 -

옮긴이)에 걸릴 수도 있단 뜻이다.

스캔을 살펴보고 있는 동안 데이비드는 1인실로 돌아갔다. 고용량의 스테로이드 약물이 그를 일시적으로 되살리기 전, 그가 의식 없이 반신이 마비된 상태로 전날 입원했던 그 방이다. 방으로 들어가자 그의 아내와 간호사 두 명이 침대 끝에 서 있었다. 오후의 빛은 희미해지고 있었고 실내등은 아직 켜지 않아서 방은 어두웠다. 창문을 통해 우중충한 바깥 풍경이 보였다. 우리보다 몇 층 아래에 있는 삭막한 병원 주차장도, 그 너머 한 줄로 늘어선 나무와 집들도, 소리 없이 내리고 있는 눈도 함께 보였다.

데이비드는 등을 대고 누워 있다가 나를 향해 힘겹게 몸을 돌렸다. 나는 약간 쭈뼛거리며 그의 머리맡에 섰다.

"스캔을 보고 왔어요."

내키지 않은 말을 해야 했기에 잠시 시간을 두고 힘겹게 말을 이어갔다.

"내가 그랬죠. 항상 진실을 말하겠다고."

그가 나를 보지 않고 있다는 것이 느껴졌다. 아, 내가 그의 좌반신 쪽에 서 있구나. 뇌 오른쪽이 망가져서 아마 내가 안 보일 텐데. 나는 다시 그의 오른쪽 옆에 꿇어앉았다. 죽어가는 환자를 내려다보며 이야기하는 것은 차갑고 기다란 병원 복도만큼이나 비인간적이다. 우리는 잠깐 서로의 눈을 들여다보았다.

"내가 다시 수술할 수는 있겠지만,"

나는 느릿느릿 말하며 단어에 힘을 줘야 했다.

"그래도 기껏해야 한두 달밖에 더 얻지 못할 거예요……. 비슷한 상황의 환자들을 수술했었지만…… 대개는 수술을 후회해요."

내 말을 가만히 듣던 데이비드가 똑같이 느릿느릿 대답을 시작했다.

"사정이 좋아 보이지 않는다는 건 저도 깨닫고 있었어요. 여러 가지…… 정리할 것들이 있었지만…… 이제는…… 다 끝냈어요……."

오랜 세월에 걸쳐 배운 게 있다면 나쁜 소식을 전할 때는 가능한 한 적게 말하는 게 최선이라는 것이다. 이런 대화는 무척이나 느리고 아프기 때문에 어색하고 슬픈 정적이 필연적인데 이를 채우려고 무슨 말이든 하려는 충동은 최대한 붙잡아야 한다. 그러나 나를 바라보는 데이비드의 눈길에 더 이상 입을 꾹 닫고 있을 수가 없었다. 어렵게 입을 뗀 나는 만일 내 가족이라면 더 이상 치료 받지 않기를 바랄 거라고 말한 뒤, 마침내 마음을 다잡고 실토했다.

"꽤 여러 해를 버텨왔는데…… 이제 내가 할 수 있는 일은 끝난 것 같아요."

경쟁심 강한 사이클 선수이자 달리기 선수였던 그의 팔은 굵고 단단한 근육질이다. 나는 어색한 기분으로 수줍게 손을 뻗어 그의 커다랗고 두꺼운 손을 잡고 이렇게 말했다.

"데이비드를 돌볼 수 있어 영광이었어요. 안 어울리는 말일 수도 있지만 행운을 빈다는 이야기를 하고 싶습니다."

우리 둘 다 그것이 마지막임을 잘 알고 있었으므로 별다른 작별 인사는 차마 할 수 없었다. 내가 일어서자 그의 아내가 눈물이 그렁그렁한 눈으로 다가왔다. 그녀의 어깨에 얼굴을 묻고 잠깐 동안 그녀를 꽉 끌어안은 다음 방을 나왔다. 그의 담당의가 나를 따라왔다.

"와주셔서 정말 감사합니다. 덕분에 모든 게 한결 쉬워질 것 같아요. 데이비드를 집으로 보내고 고통 완화 치료를 주선하겠습니다."

나는 절망적으로 허공에 손을 흔들며 병원 밖으로 나왔다. 어지러웠고 제대로 걸을 수가 없었다. 너무 많은 감정에 취한 주정뱅이 같았다. 그리고 꼭 해야 할 말이 있어 그녀에게 다시 전화를 걸었다.

"데이비드를 만날 수 있어서 다행이에요. 마지막으로 대화할 수 있어서……."

내가 데이비드의 입장이라면 그렇게 용감하고 의연할 수 있을까? 시커먼 아스팔트 주차장으로 걸어 나가며 나 자신에게 물었지만 대답은 생각나지 않았다. 아직도 눈이 내리고 있었고 다시 한 번 내가 얼마나 병원을 싫어하는지 생각했다. 차를 몰고 떠나면서 혼란스러운 감정의 소용돌이에 빠져들었다. 어느덧 퇴근 시간이라 교통체증 때문에 움직일 수 없는 상태가 되자 평소와 다르게 다른 차들을 향해 격하게 욕을 퍼붓기 시작했다. 이 착하고 고귀한 남자가 목숨을 잃고, 그의 아내가 과부가 되고, 어린아이들이 아빠 없이 살아야 하는 사실이 그 차들 잘못인 것처럼.

급기야 나는 고함을 지르며 머저리같이 주먹으로 운전대를 마구 내리쳤다. 그러다 의사로서의 초연함을 잃은 나 자신이 수치스럽게 느껴졌다. 그가 보여준 평정심, 그의 가족들이 겪을 고통에 비해 내 괴로움은 한없이 저속하게만 느껴졌다.

잘못을 저지른
의사는
어떤 벌을 받는가

Do No Harm

경색:
혈액 공급 부족으로
조직이 죽은 국소 영역.

　　　　미국에 있는 한 신경외과에서 나에
게 명예 강사직을 준 적이 있다. '내가 저지른 최악의 실수들'이
라는 제목으로 그곳에서 강연을 하기도 했다. 대니얼 카너먼Daniel
Kahneman의 책 《생각에 관한 생각Thinking, Fast and Slow》에서 영감을 받
아 내용을 짰던 기억이 난다. 《생각에 관한 생각》은 인간이 지닌
이성의 한계와 인지 편향(자신에게 유리한 쪽으로 해석하는 심리적 경향 – 옮긴
이)에 우리가 어떻게 시달리는지 멋지게 설명했기에 그 내용을 알
리고 싶었다.

　　의사 생활에서 저지른 실수를 돌이켜봤을 때 판단의 오류와
실수하는 성향이 본래부터 우리 뇌에 내장되어 있다는 걸 알면 위

로가 되곤 했다. 어쩌면 내가 오랜 세월에 걸쳐 저지른 실수 가운데 일부는 용서받을 수 있을지 모른다고 느꼈을 수도 있다. 우리는 모두 실수를 한다는 사실 그리고 거기서 교훈을 얻는다는 사실은 누구나 인정한다. 의사들의 실수가 환자들에게는 치명적일 수 있다는 것이 커다란 함정일 뿐이다. 의사들은 대부분 자신들이 열심히 노력해도 환자 상태가 악화되거나 사망하면 깊은 수치심을 느낀다. 만약 소송이라도 뒤따르게 되면 그 수치심은 끝도 없이 악화된다. 환경적인 이유든 의식적인 이유든 외과 의사는 어느 순간 남들뿐 아니라 자기 자신의 실수도 인정하기 어려워한다. 세상에는 오류를 위장하고 비난을 다른 곳으로 돌리기 위한 온갖 방법이 존재하는 법이니까. 그러나 경력의 끝에 다가갈수록 나는 과거에 저지른 실수들을 고백해야 할 의무를 더 많이 느낀다. 내 전공의들은 똑같은 실수를 저지르지 않기를 바라는 마음에서다.

카너먼의 책에서 용기를 얻은 나는 우선 '내가 저지른 최악의 실수들'을 모조리 떠올리는 데 착수했다. 여러 달 동안 아침마다 동네 공원을 달리기 전 침대에 누워 나의 이력을 곰곰이 돌아보곤 했다. 지금은 담담하게 말할 수 있지만 사실 꽤 고통스러운 경험이었다. 강바닥을 휘저으면 솟아나는 유독성 메탄가스처럼, 과거에 관해 생각하면 할수록 더 많은 실수가 표면으로 떠올랐다. 많은 것이 오랜 세월 동안 수면 아래 잠겨 있었던 것이다. 생각날 때마다 바로바로 써놓지 않으면 자꾸만 통째로 잊어버리곤 한다는 사실도 알게 됐다. 물론 어떤 실수는 결코 잊을 수 없긴 했지만. 나를 밑바닥으로 내몬 실수는 잊으려야 잊을 수가 없다.

미국인 동료들에게 강연을 했을 때 그들은 너무 놀란 나머지 할 말을 잃고 아무런 질문도 하지 않았다. 내가 너무 솔직해서 놀란 게 아니라 내가 그 정도까지 무능한 짓을 했다는 사실에 놀랐으리라. 외과 의사들은 정기적으로 자신의 실수에 관해 이야기한다. 피할 수 있는 실수에 대해서 논의하고 교훈을 얻는다는 취지는 매우 좋지만 대개가 매우 지루했다. 회의에 불려온 의사들은 공개적으로 서로를 비판하길 꺼렸다. 의사들이 비난에서 자유로운 문화에서 일할 필요성에 대해 떠드는 사람은 많지만 실제는 이와 매우 다르다. 의사들은 서로를 증오하거나 맹렬한 경쟁 안에 갇힐 경우에만 서로를 공개적으로 비판한다. 그때조차도 면전에서는 하지도 못하고 서로의 등 뒤에서 하는 경우가 더 흔하다.

내 생애
최악의 실수

미국 강연에서 이야기한, 내 생애 최악의 실수 중 하나는 옛날에 일했던 병원에 입원한 젊은 남자와 관련된 것이었다. 시애틀에서 수련 차 런던으로 와서 내 밑에서 1년 동안 일했던 레지던트가 있었는데 하루는 나를 찾아와서 스캔을 봐달라고 했다.

우리는 함께 엑스선 판독실로 갔다. 당시는 엑스선 시스템이

전산화되기 전이라 환자들의 뇌 스캔은 모두 커다란 필름으로 보관되어 있었다. 필름은 줄에 빨래를 널어놓듯 크롬과 강철로 만들어진 틀에 매달아 보관했고, 각각의 틀은 잡아당기면 하나씩 매끄럽게 끌려 나왔다. 오래된 롤스로이스처럼 구식이지만 공학적으로 멋지게 설계된 시스템이었다. 엑스선 기사들만 유능하면 그 시스템에는 오류란 존재하지 않았다. 지금처럼 툭 하면 오류가 나는 깡통 컴퓨터와는 전혀 달랐다. 그가 스캔 몇 장을 끌어냈다.

"세인트 리처드 병원에 있는 32세 남성인데 좌반신이 마비된 것으로 보입니다."

스캔이 남자의 뇌 오른쪽에 있는 크고 검은 영역을 보여주었다. 망치를 든 사람에게는 모든 게 못으로 보인다고들 한다. 뇌 스캔을 볼 때 뇌 전문 외과 의사는 수술이 필요한 부분만 보인다. 나도 예외가 아니다. 외래 환자를 보러 가야 하는데 이미 지각한 터라 재빨리 스캔을 훑어보았다. 환자의 뇌 오른쪽의 검은 부분이 제거할 수 없는 종양이라는 레지던트의 의견에 나도 동의했다. 할 수 있는 일이라고는 종양의 작은 부분을 떼어내 분석을 의뢰하는 생검 수술이 전부였지만, 어쨌든 환자를 우리 병원으로 데려오라고 그에게 일렀다.

돌이켜 생각해보면 명백한 나의 불찰이었다. 환자의 히스토리에 관해 더 꼬치꼬치 물었어야 했다. 그렇게 그 환자의 상태에 대한 맥락을 파악했다면 스캔을 더 비판적으로 살펴보았을 것이다. 아니면 최소한 신경방사선과 의사에게 의견이라도 물었을 것이다.

내 한마디에 그 젊은이는 신경외과 병동으로 즉시 옮겨졌다. 레지던트가 절차대로 생검 수술—두개골에 1cm 남짓한 구멍을 뚫고 1시간도 안 걸려 끝내는 가볍고 비교적 안전한 수술—을 집도했다.

　분석 결과가 돌아왔는데 종양이 아니라 경색이라고 밝혀졌다. 뇌졸중이 온 것인데 그의 연령대에는 드문 일이지만 아예 없는 일은 아니었다. 되돌아보면 스캔에서도 경색이 보였는데, 환자 나이도 젊고 하니 그 가능성을 배제해버린 것이었다. 그 사실이 창피했지만 특별히 걱정하지는 않았다. 그렇게까지 끔찍한 실수는 아니라고 생각했다. 오히려 뇌졸중이 악성 종양보다 낫다는 생각마저 들었다. 환자는 뇌졸중의 원인 진찰을 위해 지역 병원으로 다시 이송되었다. 그리고 나는 깡그리 그 일을 잊고 말았다.

　2년 뒤 장문의 편지 복사본 하나가 도착했다. 글씨로 보건대 노인의 떨리는 필체로 보이는 그 편지의 발신자는 그 남자의 부친이었다. 그가 병원으로 보낸 편지를 병원 민원실에서 내게 전달한 것이었다. 요즘 우리 병원 민원실은 최근 부임한 CEO가 '불만개선과'로 이름을 바꾸고 난 뒤 대외 고객 서비스에 무척 예민한 편이었다. 편지 내용은 이랬다. 아들을 지역 병원으로 다시 옮기고 나서 몇 개월 뒤에 사망한 게 내 책임이라는 것이었다. 노인은 아들이 그 수술 때문에 죽었다고 확신했다. 이런 유의 항의서를 받으면 예외 없이 매우 불안해진다. 날마다 수십 가지 결정을 내릴 수밖에 없는데 그 결정이 만일 조금이라도 잘못되는 날에는 사람의 목숨을 좌지우지하는 끔찍한 결과를 가져올 수 있다. 그럴수록 환자들은 나를 믿고 나도 나 자신을 믿어야만 한다.

뇌 수술이라는 아슬아슬한 줄타기를 해야 하는데 병원은 어떻게든 환자를 최대한 빨리 병원에 들이고 또 내보내라고 나를 압박한다. 그 와중에 이렇게 나를 고소할지도 모르는 내용의 편지라도 한 통 받으면 어쩔 수 없이 내가 간신히 균형을 잡고 있는 줄의 까마득한 아래로 시선을 돌려 땅을 내려다보게 된다. 금방이라도 규칙들이 뒤집힌 무시무시한 바닥으로 곤두박질칠 것만 같다. 나는 무기력하게 환자의 처분만 기다려야 한다. 환자는 세련되고 철벽 같은 변호사가 지켜주는 바닥에 있다. 더 혼란스럽게도 변호사는 나와 똑같이 점잖은 양복을 입고 똑같이 자신 있게 말하는데, 나는 회진할 때나 수술실에서 환자의 머리를 열 때 갑옷처럼 두르곤 했던 의사로서의 신용과 권위를 몽땅 잃어버린 채 바닥에 내동댕이쳐진다.

죽은 환자의 일지를 요청해서 보았는데 사인은 나중에 발생한 뇌졸중이었다. 첫 번째 뇌졸중의 결과로 뇌혈관에 병이 생긴 게 두 번째 뇌졸중의 원인이었다. 첫 번째 뇌졸중을 2년 전에 내가 종양으로 잘못 해석했고 생검 수술이 불필요했다는 건 맞지만 사인과는 아무 상관도 없었다. 용기를 내어 펜을 들고 종이에 그 일을 설명하고, 사과하고, 스스로를 방어하기도 했다.

내 편지는 병원 경영진이 검토한 뒤 수정을 거쳐 병원 CEO의 서명과 함께 그 노인에게 발송됐다. 노인은 내 답장에 만족하지 않았고, 결국 그의 요구로 몇 개월 뒤 병원에서 불만처리 회의가 열렸다. 말쑥하게 차려 입은 불만개선과의 중년 여성이 회의 의장을 맡았다. 한 번도 만난 적 없는 사람이다. 보아하니 사건의 세부 사항은 아무것도 모르는 게 분명했다. 사망한 환자의 연로한 부모가 내 맞은편에 앉아 증오와 분노의 눈초리로 나를 노려보고 있었다. 그들은 나의 무능함 때문에 아들이 죽었다는 확신으로 가득 차 있었다.

어설프게 두 노인에게 말을 걸었다가 생각보다 강한 그들의 분노에 기겁하고 몹시 상심했다. 사과하려고 애쓰는 한편 생검 수술이 불필요했던 건 맞지만 아들의 죽음과는 상관없다는 이유를 억지로 설명했다. 그런 자리가 난생처음이었기에 나도 모르게 분위기를 망치고 있었다. 결국 불만개선과 관리자가 나를 가로막았고, 내가 할 일은 환자의 부친 말을 경청하는 것임을 일깨워주었다.

자식을 잃고 남겨진 늙은 아버지가 쏟아내는 비탄과 분노를 듣는 시간이 매우 길게 느껴졌다. 나중에 들은 것인데 불만개선과에서 나온 여자는 그 노인의 말을 듣고 조용히 눈물을 흘렸다고 한다. 그 노인에게 고통을 안겨준 유일무이한 책임자가 바로 나였다. 이 역시 나중에 들은 것인데 회의 날이 아들의 두 번째 기일이었다고 한다. 노인은 그날 아침 인근 공동묘지에 있는 아들의 무덤에 다녀온 참이었다. 그렇게 불만개선과에서 주최한 고통스러운 회의가 끝났다. 그게 그 문제의 끝이었으면 정말 좋았으련만.

병원 최고경영자와의
설전

　　　　　　몇 주 뒤 NHS 트러스트의 CEO가 갑자기 뜬금없이 크리스마스를 겨우 2~3일 앞두고 나에게 휴대폰으로 전화를 걸었다. 그는 보건부가 최근에 낙하산 인사를 통해 새로 임명한 사람이었다. 물론 그의 전임자는 갑자기 불명예스럽게 해고당했다. 신임 CEO를 본 건 그가 처음 부임했을 때가 전부인데 휴대폰 전화라니. 지금까지 봐온 NHS 트러스트 CEO 여덟 명은 모두가 첫날 병원을 과벌로 한 바퀴 돈 다음 마술이라도 부린 것처럼 자취를 감춘다. 누군가 말썽을 일으키지 않는 한 병원에 모습을 드러내는 법이 없다. 코빼기도 보이지 않는 걸 그들 사이에선 경영이라고 하겠지.

"새해에 저와 면담이 잡혀 있다는 걸 미리 이야기하려고 전화했습니다."

"안건이 뭡니까?"

갑자기 불안해져서 내가 물었다.

"그건 면담 때 알려드릴 겁니다."

"그럼 굳이 왜 지금 전화를 하시는 겁니까?"

"사전 경고를 드리기 위해서라니까요."

겁먹고 혼란스러운 느낌이 들었고, 이게 그가 바라는 효과인가 싶었다.

"그래서 저더러 어쩌라는 겁니까? 뭐에 관한 사전 경고요? 전 여기서 지긋지긋할 만큼 일했어요. 차라리 그만두고 싶은 심정이에요."

"그렇게 해드릴 순 없습니다."

"그러면 문제가 뭔지 말을 해주셔야죠!"

내가 소리를 질렀다.

"최근에 있었던 불만처리 회의에 관한 것입니다. 자세한 건 면담 때 말씀드리겠습니다."

그는 이렇게 대화를 끝냈다.

"해피 크리스마스."

나는 내 휴대폰에 대고 혼자 말했다.

1월 초로 면담 일정이 잡힌 뒤 크리스마스 휴가 대부분을 그 생각에 빠져 지냈다. 남들에게는 내가 용감하고 거침없어 보이겠지만 실은 경영진에게 깊은 공포심을 갖고 있었다. NHS 트러스트의 CEO든 누구든, 아무리 내가 존경하지 않는다 해도 그들에겐 나를 짓누르는 권위가 있다. 이 두려움은 50년 전 값비싼 영국식 사립학교 교육을 받을 때부터 생긴 게 아닐까. 갑자기 불려가서 최고경영자를 만난다는 생각만으로도 수치스러운 공포가 나를 가득 채웠다.

정작 면담 날을 며칠 앞두고 나는 왼쪽 눈에 출혈이 생겨 응급으로 망막박리 수술을 받아야 했다. 시력이 손상돼서 그랬는지 몇 주 뒤에는 집에 있는 계단에서 넘어져 다리가 부러졌다. 그런가 하면 오른쪽 눈의 망막까지 찢어져 치료를 받아야 했다. 만신창이가 된 상태로 일터에 돌아왔을 무렵 나는 골치 아팠던 CEO와의 통화를 잊고 있었다. 다행히 CEO도 나에 관해 잊은 듯했다. 몸이 회복되자 정기적으로 방문하는 우크라이나로 여행을 다녀오기도 했다. 다시 평범한 일상이 찾아오는 듯했다. 사무실에 앉아 우크라이나에 가 있는 동안 쌓인 서류 작업을 따라잡고 있을 때였다.

"선생님 또 야단났어요!"

게일이 갑자기 큰 소리로 야단법석을 떨었다.

"최고경영자실 비서 전환데요. 내일 8시에 면담이시래요."

이번 면담의 주제는 짐작이 갔다. 이틀 전 있었던 일 때문이 확실했다. 3층으로 가는 계단을 뛰어올라 아침 회의에 들어가는 길이었다. 여자 신경외과 병동으로 가는 문에 대문짝만 한 벽보가 붙어 있는 것을 보고 깜짝 놀랐다. 벽보에는 불길한 붉은색과 검은색의 커다란 출입금지 표시와 함께 냉혹한 지시문구가 적혀 있었다.

'방문이 불가피한 경우 외에는 들어가지 마십시오. 이 병동의 일부 환자에게 전염병이 있습니다.'

쓸데없이 무시무시하게 만들어놓은 벽보에 넌더리를 내며 아침 회의를 위해 엑스선 판독실로 들어갔다. 수련의들이 벽보에 관해 수런거리고 있었다. 그 병동에서 노로바이러스—흔히 겨울 독감으로 불리는 바이러스로 보통은 무해하다—가 발생한 모양이었다. 동료 프랜시스가 손에 든 벽보를 흔들며 당당하게 방으로 걸어 들어왔다. 병동 문에서 떼어낸 게 분명했다.

"도대체 사람이 어떻게 이렇게 우스꽝스러워질 수 있는 거지? 어떤 멍텅구리가 이걸 여자 병동으로 가는 문에 떡 붙여놨더라고. 환자들을 보러 가지 말라는 거야, 뭐야?"

"그걸 떼어냈으니 경영진이 가만두지 않을걸."

내가 말했다.

회의를 마친 뒤 즉시 사무실로 내려가 병원의 감염 통제 관리자에게 벽보에 관해 항의하는 이메일을 보냈다. 항의 이메일을 보냈으니 벽보를 떼어냈을 거라 짐작되는 나에게 비난의 화살이 쏟아질 터였다. 다음 날 아침 8시, 불안하고 움츠러든 기분으로 끝없이 긴 복도를 따라 병원 중심부에 있는 관리 사무실들의 미로를 향해 걸어갔다. 복도에는 직함만 봐서는 무슨 일을 하는지 모르겠는 사람들의 사무실이 즐비했다. 법인전략과의 관리자, 법인개발과의 임시관리자, 관리과의 과장, 사업계획과, 임상위험과 등등…… 죄다 경영 컨설턴트가 제출한 값비싼 컨설팅 보고서로 만들어진 자리인 게 분명해 보였다. 그 사이 불만개선과는 또다시 이름이 바뀌어 '불만&칭찬과'가 되어 있었다.

최고경영자의 사무실은 방 두 개가 연결된 스위트룸이었다. 바깥쪽 방에 비서가 있고 그 너머의 큰 방에 그가 있었다. 그 방 한쪽에는 책상이 있고, 반대쪽에는 테이블과 테이블을 둘러싼 의자들이 잔뜩 놓여 있었다.

'구구소련에서 봤던 전 공산당 기관원과 교수들의 사무실이랑 똑같군.'

다행히 최고경영자는 구구소련 사람들처럼 협박과 공갈을 하는 대신 나를 열렬하게 환영하며 커피를 권했다. 잠시 후 면담에 합류한 외과 과장은 나를 볼 땐 짜증나고 격앙된 표정을 짓고, 최고경영자를 볼 땐 비굴한 표정을 지은 채 면담 내내 거의 아무 말도 하지 않았다. 나이 든 남자들이 형식적으로 하는 고상한 이야기들이 오간 뒤, 드디어 감염 통제 벽보 문제가 언급되었다.

"이번만큼은, 저는 적절한 과정을 밟았습니다. 감염 통제 관리자에게 이메일을 보냈습니다."

"굉장한 모욕적 언사를 하셨더군요. 병원을 강제수용소에 빗대셨죠."

"하지만 그 내용을 복사해서 트러스트 직원 전체에게 돌린 건 제가 아닙니다."

"제가 선생님께서 그러셨다고 말했던가요?"

최고경영자가 근엄하게 교장선생님 같은 말투로 대답했다.

"강제수용소라고 말한 건 후회합니다. 좀 지나쳤어요. 교도소라고 말했어야 했는데."

"어쨌든 선생님은 벽보를 떼지 않으셨다고요?"

"그렇습니다."

그는 놀란 듯했고 방에는 한동안 정적이 흘렀다. 누구인지 아느냐는 듯한 눈빛으로 나를 쳐다보았지만 동료를 고자질할 생각은 손톱만큼도 없었다.

"작년에 불만처리 회의에서 일이 있었던 것 기억하시죠?"

"네. 그쪽 트러스트의 불만처리 사무실이 용케도 환자의 기일로 회의 날짜를 잡았지요."

"그쪽 트러스트가 아니라 우리 트러스트입니다, 마시 선생님."

"어떻게 환자 기일에 그런 회의를 잡을 수 있습니까. '기일 반응'이라고 들어 보셨습니까? 특정한 날에 특정한 이유로 슬퍼하는 환자 가족은 대하기가 각별히 더 어렵단 말입니다."

"맞습니다. 그런 일이 최근에도 한 번 더 있었습니다. 그렇죠?"

그가 말하면서 외과 과장을 돌아보았다.

"그쪽 트러스트 직원은 사전에 제게 어떤 이야기도 없었어요."

"우리 트러스트라니까요."

그가 다시 내 말을 정정하며 덧붙였다.

"선생님 말씀처럼 절차로 이야기하자면, 사전에 이야기가 있어야 했던 게 맞는데……."

"뭐, 어쨌든 제가 서투르게 행동했다면 죄송합니다."

내가 말했다.

"우리 때문에 아들이 죽었다고 생각하는 환자의 부모 앞에 한 번 앉아보십시오. 그들이 터무니없는 이유를 대면 그 자리는 정말 힘듭니다. 아무리 진단을 잘못 내리고 불필요한 수술을 받게 했다고 해도 말입니다."

그는 아무 말도 하지 않다가 무겁게 입을 떼었다.

"저라면 선생님이 하시는 일을 할 수 없을 겁니다."

"저도 트러스트를 경영하는 일은 할 수 없습니다."

예상치 못한 그의 이해에 갑자기 고마움이 복받쳐서 내 대답이 부드러워졌다. 동시에 NHS 트러스트 CEO가 처리해야 하는 온갖 일들이 떠올랐다. 정부의 목표, 추잡한 정치가들, 선정적인 헤드라인, 각종 추문, 급한 마감, 관리해야 하는 공무원들, 임상적 실수, 재정 위기, 환자 압력단체, 노동조합, 끊임없는 소송, 불만과 자존심 강한 의사들······. NHS 트러스트 CEO의 평균 재직 기간이 4년밖에 되지 않는 것도 놀랄 일이 아니다. 우리는 잠깐 동안 서로를 바라보았다.

　　"하지만 '소통 사무실'은 말도 안 되는 쓰레기입니다."

　　"제 부탁은 선생님께서 출중하신 능력을 우리 트러스트를 위해 사용하시라는 것뿐입니다."

　　CEO가 면담을 마무리하려 하자 내내 가만히 있던 외과 서비스 과장이 급한 맘에 의무감에서 한마디 보탰다.

　　"저희는 선생님께서 정해진 절차를 따르시길 바랍니다······."

　　면담을 마친 뒤 사무실로 돌아와 이메일로 소통과에 더 나은 벽보를 제안했다. '여러분의 도움이 필요합니다.'라는 말로 시작하는. 답장은 끝내 받지 못했다. 최고경영자는 몇 주 뒤 트러스트를 떠났다. 재정적으로 어려운 다른 트러스트로 부임해 갔다고 한다. 정부와 재무부 및 보건부 편에서 무거운 도끼를 휘두를 것이 틀림없다. 그곳에서 그는 2년을 버텼다. 몇 달 뒤, 풍문으로 그가 스트레스 때문에 새로 옮겨간 트러스트에 병가를 냈다는 말을 들었다. 순간 잠깐이지만 그에게 미안함을 느꼈다.

신경을
잘라버린
실수에 대하여

Do No Harm

신경 절단:
말초신경이 완전히 끊김.
기능의 완전한 회복은 불가능.

                  날씨가 갑자기 뜨겁고 습해진 6월의 첫
날, 출근 전에 작은 뒤뜰에 놓아둔 벌통 세 개를 살펴보았다. 벌들
은 이른 아침부터 쏜살같이 공중으로 날아오르며 열심히 일하고
있었다. 동네 공원 한편에 길게 늘어서 꽃을 피우고 있는 라임 나
무를 향해 잽싸게 날아갔겠지. 일터로 향하는 페달을 밟으며 여름
에 거두게 될 꿀을 흐뭇하게 떠올렸다. 아침 회의에 몇 분 늦게 도
착했다. 들어가보니 한 SHO가 사례를 발표하고 있었다.

    "첫 번째 사례는 지역 병원에서 경비로 일하는 62세 남성입니
다. 혼자 살고 가까운 친척도 없습니다. 일을 안 나와서 동료가 집
으로 찾아갔는데 그는 패닉 상태였습니다. 오른쪽에 타박상이 많

왔고, 동료 말로는 3주 전부터 말이 차츰 어눌해졌다고 합니다."

그녀가 말했다.

"입원 당시에 어땠는지 봤나?"

인턴들은 근무 교대가 짧아서 자신이 발표하는 사례 속 환자를 만나는 경우가 드물다.

"음, 네. 실어증이 있었고 오른쪽이 좀 약했습니다."

"그래서 진단이 뭐지?"

"진행성 신경결손입니다. 언어 능력과 연관되고요. 몸의 오른쪽이 멍 들었다는 건 오른쪽으로 넘어진다는 뜻이니까 아마 뇌의 왼쪽, 전두엽에 진행성 문제가 있을 겁니다."

"그래, 아주 좋아. 구체적으로 어떤 문제일까?"

"아마 GBM, 아니면 경막하의 문제일 겁니다."

"상당히 잘 짚었어. 스캔 봅시다."

그녀가 컴퓨터 자판을 두드리자 가엾은 남자의 뇌 스캔 단편이 서서히 나타났다. 왼쪽 대뇌 반구에서 악성 종양이 보였다.

"GBM처럼 보입니다."

누군가가 말했다. 그날 회의에는 의대생 두 명도 참석했다. SHO가 그들에게로 돌아섰다. 엄격한 의료 위계에서 자기보다 낮은 누군가가 있다는 사실을 즐기고 있겠지.

"GBM이란 다형성아교모세포종을 말합니다. 매우 악성인 주요 뇌종양이죠."

"치명적인 종양이야. 이 종양이 생기면 앞으로 몇 개월, 어쩌면 몇 주밖에 살지 못해. 수술로 제거하고 방사선요법과 화학요법을 받아도 기껏해야 두세 달 더 사는 거야. 그리고 어쨌든 말은 못 하게 될 거고."

내가 레지던트 중 한 명에게 몸을 돌려 말했다.

"제임스, SHO가 딱 맞는 진단을 내렸는데, 이 경우 관리는 어떻게 하지? 여기서 정말 중요한 요점이 뭘까?"

"저 종양은 우리가 치료할 수 없습니다. 스테로이드를 썼는데도 그는 불구입니다. 할 수 있는 일이라고는 간단한 생검을 하고 방사선요법을 주선하는 것뿐입니다."

"맞아, 하지만 이 히스토리에서 정말로 중요한 게 뭐겠어?"

제임스가 머뭇거렸다. 보다 못한 내가 대답까지 했다.

"환자에게 가족이 없잖아."

그는 결코 집으로 돌아가지 못한다. 스스로를 돌보지 못하기 때문이다. 우리가 무슨 짓을 하건 그에게는 살날이 몇 개월밖에 없는데, 가족이 없으니 그나마 남겨진 쥐꼬리만 한 시간조차 어딘가에 있는 노인 병동에서 비참하게 보내게 될 것이었다. 제임스가 옳을 수도 있다. 다시 말해 공식적으로 진단을 확정한다면 그를 그의 지역 병원으로 돌려보내기가 더 쉬워진다. 따라서 생검을 하고 종양전문의들(암 환자의 진단, 치료, 재활을 총괄하는 전문의 - 옮긴이)에게 쫓아 보내는 편이 낫겠다고 결론을 내렸다. 부디 그들이 분별 있는 사람이기를, 그래서 쓸데없이 그를 치료하라는 소견을 내서 그의 고통을 연장시키지 않기를 바라면서. 확실한 사실은 우리가 이미 스캔을 통해 어떤 진단이 나올지를 아는 이상 어떤 수술이건 가식적인 행동이 된다는 것이었다.

주머니에서 USB를 꺼내 컴퓨터로 걸어가며 내가 말을 꺼냈다.

"최근 우크라이나 여행에서 가져온 굉장한 뇌 스캔들을 보여주지."

그때 후배 동료 하나가 나를 가로막았다.

"실례지만, 곧 수련의 근무 시간을 담당하는 관리자 미팅이 있습니다. 9시밖에 시간이 안 된다고 해서요. 스캔은 다음에 봐야 할 것 같습니다."

거대한 우크라이나산 뇌종양을 보여줄 수 없게 되자 짜증이 났다. 하지만 선택의 여지가 없었다.

목적을 잃어버린
유럽 근무 시간 규정

9시 미팅만 가능하다던 관리자가 늦어서 나는 그날 수술하기로 되어 있는 환자를 보러 수술실로 걸어갔다. 그는 마취실에서 이동 침대에 누워 기다리고 있었다. 단순 디스크로 심한 좌골신경통이 있는 젊은이였다. 그를 처음 만난 건 6개월 전이었다. 컴퓨터 프로그래머이자 승부욕 강한 산악자전거 선수이기도 한 그는 전국 선수권대회를 위해 훈련하던 중 갑자기 왼쪽 다리에 참기 힘든 좌골신경통이 생겼다고 했다. MRI 스캔을 보니 원인은 빠져나온 디스크였다. 의학 용어로 말하자면 헤르니아가 된 추간판이 천추 제1번 신경근을 압박하고 있었다. 디스크 때문에 훈련을 못하게 되자 어쩔 수 없이 산악자전거 선수권대회에서 중도에 하차해야 했다. 수술이 필요하다는 내 말에 그는 매우 겁을 먹고 저절로 나아지지 않을까 지켜보기로 결심했다. 충분히 오래 기다리면 종종 그런 일도 생긴다고 내가 말했기 때문이다. 아쉽게도 그런 일은 일어나지 않았고 그는 마지못해 수술을 받기로 했다.

"안녕하십니까!"

확신이 가득한 외과 의사의 목소리로 내가 크게 인사했다. 계획된 수술은 간단한 것이었으므로 얼마든지 확신에 차도 좋은 상황이었다. 대부분의 환자는 수술 전에 나를 보면 반가워하는데 그는 겁을 먹은 듯했다. 나는 몸을 숙이고 그의 손을 토닥거렸다. 수술은 정말로 매우 간단한 것이라고 그에게 말했다. 의사들은 언제나 수술의 위험을 경고해야 하지만 이 수술에서 실제로 일이 잘못될 가능성은 매우 낮다고 이야기했다. 내가 6개월 동안 좌골신경통을 앓는다면 선택의 여지없이 나도 바로 수술을 받을 거라고 말하면서. 수술이라는 게 썩 내키지 않는 일이고 나 역시 보통 환자들처럼 겁이 나겠지만 그래도 수술을 받을 거라고 말이다.

그럭저럭 그가 안심했는지 어쨌는지는 나도 모른다. 위험도가 매우 낮은 간단한 수술인 건 정말 맞는 말이었지만, 그렇다 해도 레지던트가 내미는 수술 동의서에는 여느 동의서와 같은 공포심을 선사하는 말들이 쓰여 있기 때문이었다. 특히 당시 내 밑에 있던 미국인 레지던트는 동의서 내용을 고지하는 데 지나치게 열정적인 경향이 있었다. 불쌍한 환자들은 사망, 각종 합병증—실제로는 걸릴 염려가 거의 없는—이 주루룩 적힌 긴 목록을 보고 겁에 질린다. 나도 물론 동의서에 쓰여 있는 주요 위험들을 언급은 하지만 간단한 디스크 수술에 신경 손상이나 신경 마비 같은 심각한 합병증이 따르는 일은 정말로 드물다는 사실을 몇 번이고 강조한다.

그와 간단히 이야기를 마친 뒤, 유럽 근무 시간 규정 준수 관리자와의 회의에 가기 위해 마취실을 떠났다.

"회의 마치고 수술에 합류할 거야."

레지던트에게 이렇게 말은 했지만 이런 수술은 그가 전에도 혼자 힘으로 해왔던 터라 그럴 필요는 거의 없긴 했다. 회의실로 돌아가니 동료들이 관리자와 함께 기다리고 있었다. 유럽 근무 시간 규정 준수 관리자는 적갈색으로 염색한 머리를 단단히 말아 올린, 과장된 몸짓으로 거들먹거리는 젊은 여자였다. 겉모습뿐 아니라 말투도 오만하기 그지없었다.

"새로운 순번제에 대해 여러분의 동의가 필요합니다."

그녀가 말하고 있었다.

"선택 사항이 뭡니까?"

한 동료가 물었다.

"유럽 근무 시간 규정을 준수하려면 레지던트는 더 이상 당직을 설 수 없습니다. 당직실이 없어진단 뜻입니다. 저희가 일지를 조사했는데 레지던트가 현재 일을 지나치게 많이 하고 있습니다. 하루 수면 시간이 8시간은 돼야 합니다. 그중 6시간은 깨는 일도 없어야 하고요. 그러자면 레지던트도 교대로 일해야 합니다."

동료들은 불쾌하게 술렁이며 투덜거렸다.

"교대 근무는 예전에도 다른 병원에서 해본 적 있다고 들었는데, 어쨌거나 지금은 전 세계적으로 안 하는 추세입니다. 관리가 제대로 안 되니까요. 의사가 날마다 두세 번씩 바뀌는 것 아닙니까. 밤에 들어와서 근무하는 수련의는 환자에 대해 쥐뿔도 모릅니다. 환자도 마찬가지고요. 그런 상황이 위험하다는 건 누구나 압니다. 그리고 근무 시간이 짧아진다는 건 임상 경험이 훨씬 적어진다는 뜻이기도 하잖아요. 그 역시 위험한 건 마찬가지예요. 심지어 왕립외과 의사회 회장도 교대 근무에 반대하고 나섰단 말입니다."

"저희는 법을 준수해야 합니다."

"선택의 여지가 있습니까?"

내가 물었다.

"적용 제외 요청을 하면 안 됩니까? 수련의들은 유럽 근무 시간 규정이건 뭐건 일주일에 48시간보다 더 오래 일하는 편을 원합니다. 예외 기준을 적용하면 가능할 것 같은데요. 프랑스와 독일에 있는 동료 의사들은 유럽 근무 시간 규정에 신경도 쓰지 않습니다. 아일랜드는 의사들을 위해 예외 기준을 부여했고요."

"저희는 선택의 여지가 없습니다. 어쨌든, 요청 시한이 지난주였습니다."

그녀가 딱딱하게 대답했다.

"그 유럽 근무 시간 규정인지 뭔지 우리는 지난주에 처음 얘길 들었단 말입니다!"

내가 볼멘소리로 답하자 그녀가 더욱 딱딱하게 대답했다.

"글쎄, 그건 이 사항과 무관합니다. 트러스트가 아무도 적용 제외를 요청하지 않을 거라고 결정했으니까요."

"트러스트는 한 번도 우리랑 그걸 의논한 적이 없어요. 환자들을 위해 뭐가 최선인지 결정하는 데 의사들 의견은 아무짝에도 쓸모가 없다는 겁니까?"

그녀는 내 말에 철저히 무관심한 게 분명했고 굳이 대답하려고도 하지 않았다. 더 화가 난 나는 외과 전공의가 일주일에 48시간만 일하도록 하는 제도의 위험에 대해 맹렬한 비난을 쏟아놓기 시작했다.

"선생님의 견해를 정리해서 이메일로 보내주십시오."

그녀가 중간에 내 말을 잘랐고 회의는 그걸로 끝났다. 나는 바로 레지던트가 디스크 수술을 하고 있는 수술실로 돌아갔다. 전에도 혼자서 꽤 여러 번 수술을 해왔고, 가장 양심적이고 가장 친절한 수련의들 중 한 명이기에 마음이 편안했다. 간호사들도 모두 그를 아주 좋아했다. 그에게 수술을 전부 맡겨도 충분히 안전할 것 같았다. 그러나 환자가 내게 보여주었던 극도의 불안이 갑자기 떠올랐다. 순간 나마저도 불안해져서 얼른 옷을 갈아입고 수술실로 들어갔다. 환자는 멸균된 하늘색의 수술포에 덮여 마취된 상태로 수술대에 엎드려 있었다. 척추를 덮는 피부의 작은 일부만이 요오드 소독액에 의해 노란색으로 칠해진 상태로 큰 쟁반 모양 수술등의 환한 조명 아래 노출되어 있었다. 그런데 피부가 7.5cm나 넓게 절개되어 그 속에 검붉은 척추 근육이 훤히 보였다.

"왜 그렇게 크게 절개했어?"

갑자기 짜증이 솟구쳤다.

"내가 어떻게 하는지 전에 못 봤어? 론저(뼈집게)는 왜 또 이렇게 큰 걸 썼지? 지금은 그럴 필요가 없을 텐데."

다행히 수술은 이제 겨우 시작한 참이었다. 수술에서 어려운 과정은 아직 더 있어야 했다. 척추 안에 갇힌 신경근을 노출시키는 것. 보다 못해 어쩔 수 없이 스크럽을 하고 수술대로 건너갔다.

"어디 한 번 봐."

겸자를 집어 들고 상처를 들여다보았다. 맙소사, 10~12cm 정도의 길고 반짝이는 하얀 실처럼 생긴 신경근이 겸자에 잡히는 것 아닌가. 나는 버럭 소리를 질렀다.

"뭐야 이게! 미쳤어? 신경근을 잘라버렸잖아!"

겸자를 바닥으로 집어던진 채 격렬한 흥분과 분노를 진정시키려 애썼다. 울음이 터질 것만 같았다. 수술에서 이런 실수가 일어나는 일은 매우 드물다. 신경외과에 몸담은 30년 동안 이처럼 특수한 실수는 말로만 들었지 내가 겪어본 적은 없었다.

억지로 몸을 이끌고 피가 흘러내리는 절개부를 들여다보며 딴건 잘못된 게 없는지 두려움에 떨었다. 레지던트가 실수로 척추관의 안쪽이 아닌 바깥쪽에서 척추를 연 것이 화근이었다. 신경근이 바로 노출된 것까진 알겠는데 대체 왜 그걸 잘라버린 걸까. 아무리 생각해도 이해할 수 없었다. 이런 수술을 수십 번은 봤을 텐데! 많은 수술을 감독 없이 혼자 힘으로 해왔을 텐데!

"네가 신경을 잘라버렸어. 환자 신경을 절단시켰단 말이야."

놀라서 말문이 막혀버린 레지던트에게 힘빠진 목소리로 내가 말했다.

"환자는 발목이 마비될 거야. 다시 뛸 수도 없고 울퉁불퉁한 바닥에선 서지도 못할 거라고. 이 환자, 산악자전거 대회에 나갈 사람인데 이건 너무하잖아."

간단한 수술, 간단하지 않은 결과

우리는 아무 말 없이 수술을 마쳤다. 디스크 없애는 '간단한 수술'이라 빨리 끝났다. 아침 일찍, 마취실에서 겁먹은 모습으로 누워 있는 그에게 내가 장담했던 바로 그 '간단한 수술'이었다. 오랫동안 나와 호흡을 맞춰왔던 마취과 의사 주디스가 복도로 따라 나왔다.

"선생님, 어떡해요? 환자가 저렇게 젊은데……. 뭐라고 하실 거예요?"

"사실대로 말해야죠. 신경이 완전히 끊기지 않았을 가능성이 아예 없는 건 아니니까 그렇다면 회복될지도 모르죠. 여러 달이 걸리겠지만. 솔직히 회복이 될까 잘 모르겠어요. 희망이야 언제나 있으니까……."

그때 동료 하나가 나와 마주쳤고 그에게 이 사실을 전부 털어놓았다.

"세상에, 운이 나빴군. 환자가 고소할 것 같아?"

"레지던트는 이런 수술 정도는 해도 되는 게 맞아. 전에도 많이 해봤으니까. 그래도 경험이 부족한 것도 맞으니까…… 내 불찰이지. 결국 레지던트에게 수술을 시킨 내 책임이야."

"저런, 어쨌든 고소를 당하는 건 트러스트야. 누구 잘못인가는 그렇게 중요하지 않다는 거지."

"그래도 어쨌거나 내 책임이야. 환자도 1차적으론 나한테 책임을 묻겠지. 날 믿고 수술한 거지, 그 사람이 트러스트를 믿었겠어? 환자한테 가서 고소하라고 말하려고."

동료는 놀란 것 같았다. 당했으면 당했지, 먼저 하라고 부추길 필요가 없는 게 소송 아니던가. 놀라서 말이 없는 동료에게 말을 이어갔다.

"내가 책임을 지겠다는 건 환자에 대해서지 트러스트에 대한 건 아니니까. 누군가의 실수로 환자가 불구가 됐다면 금전적 보상이라도 받아야 마땅하잖아, 안 그래? 그 말도 안 되는 근무 시간 가지고 회의만 안 했어도 내가 수술실에 더 일찍 들어갔을 텐데……."

여전히 놀란 채로 서 있는 동료를 뒤로 하고 수술 일지를 쓰러 갔다. 수술이 꼬였을 때 거짓말을 하기는 아주 쉽다. 수술이 어떻게 해서 잘못되었는지 정확히 아는 사람은 담당 의사뿐이기에 그 럴듯한 핑계를 꾸며내려면 얼마든지 그렇게 할 수 있다. 게다가 환자들은 사전에 이 수술로 신경 손상이 일어날 수 있다는 경고까지 받지 않던가. 예전에 매우 유명한 외과 의사 한 명이 진짜 그 짓을 한 적이 있었다. 환자 역시 매우 유명한 사람이었는데 그 의사는 수술 일지를 거짓으로 써서 자신의 실수를 덮어버렸다. 그런 쓰레기가 될 순 없지. 나는 있는 그대로 일지에 자세히 기록했다.

30분 뒤, 회복실에서 나오는 주디스와 마주쳤다.

"깨어났나요?"

"네, 다리를 움직이고 있어요."

그녀가 약간 희망에 차서 이야기했다.

"중요한 건 발목이에요, 다리가 아니라."

나는 침울하게 대답했다. 그는 이제 수술에서 막 깨어난 상태였다. 그 시점에선 내가 무슨 말을 하건 몽롱해서 기억을 못 할 것이었으므로 그에게 말은 거의 하지 않았다. 너무나 슬프게도 내가 가장 두려워하던 사실만 확인할 수 있었다. 잘 살펴보니 역시나 왼쪽 발을 들어 올리는 능력이 완전히 마비되어 있었다. 그거 하나만으로 사람이 머리부터 발끝까지 매우 무력하게 보였다. 2시간 정도 기다렸다가 그가 완전히 정신을 차린 뒤 다시 병실을 찾았다. 그의 아내가 옆에서 안절부절못하고 앉아 있었다.

"말씀드렸던 것처럼 수술이 간단하게 끝나지 못했습니다."

내가 어렵게 입을 뗐다.

"왼쪽 발목의 신경 하나가 손상되었고 그래서 지금 발을 위로 구부릴 수 없는 겁니다. 나아질지도 모르지만 어떨지는 저도 정말 모릅니다. 만에 하나 좋아진다 해도 몇 개월 이상 시간이 많이 필요합니다."

"결국 좋아지긴 하는 거죠?"

그가 불안하게 물었다. 정말 내키지 않았지만 나도 모른다고 말할 수밖에 없었다. 다만 언제나 진실을 말하겠다고 초라한 약속을 했다. 속이 메스꺼웠다. 그는 멍하게 고개를 끄덕일 뿐 너무 큰 충격을 받고 혼란스러워 아무 말도 하지 못했다. 지금은 아무 생각도 안 날 것이다. 치밀어 오르는 분노와 통탄의 눈물은 나중에, 나중에 폭풍처럼 밀려 올 것이다. 아래층 사무실로 내려가서도 마음을 진정시킬 짬이 없었다. 산더미같이 쌓인 하찮은 서류들을 처리하고 있는데 한 환자가 보낸 거대한 초콜릿 상자가 책상 위에 놓여 있었다. 먹고 싶은 생각이 전혀 들지 않아, 초콜릿을 좋아하는 게일에게 갖다 주었다. 게일의 방 창문을 보니 밖에 비가 쏟아지고 있었다. 마른 땅을 적시는 비의 상쾌한 냄새가 그녀의 사무실을 채우고 있었다.

"초콜릿 좀 먹어봐요."

내가 그녀에게 힘없이 말했다.

자전거를 타고 집에 오는 내내 울화가 치밀었다.

'그냥 수련의를 가르치지 않음 안 돼?'

미친 듯이 페달을 돌리며 나 자신에게 말했다.

'그냥 모든 수술을 직접 하면 안 돼? 걔들 가르치라고 한 건 빌어먹을 경영진과 정치가들이잖아. 왜 내가 걔들이 한 수술까지 책임져야 해? 아무리 경력이 많아도 여전히 날마다 환자들을 보는 건 똑같잖아. 경험 없는 수련의들이 환자를 볼 수 없으니까! 그래, 난 더 이상 아무도 가르치지 않을 거야.'

갑자기 안도감이 들었다.

'국가라는 게 대체 하는 일이 뭐지? 돈 쓸 생각 좀 그만하고 의사들 경험 쌓게 해주는 데도 생각이라는 걸 좀 하란 말이야. 수련의 따위 하나도 가르치지 않고 다 내버려두는 거야. 정부에서 말하는 그 지겨운 '미래'에는 무식한 의사들로 고생 좀 해보라지. 미래? 웃기고 있네. 엿이나 먹으라지. 미래 일은 미래 사람이 생각하라 그래. 난 싫어. 경영진이고 정부고 정치고 다 엿이나 처먹으라고. 보건부? 보건부건 공무원들이건 다 엿 같아.

다 엿이나 먹으라고!'

책임이란
무엇인가

Do No Harm

수모세포종:
아동기에 발생하는
악성 뇌종양.

　　　　　　오래전 수모세포종이라는 악성 종양을
수술한 대런이라는 아이가 있었다. 당시 대런은 열두 살이었다. 종
양은 수두증(뇌 안쪽의 뇌실이라는 빈 공간에 뇌척수액이 고여 있는 증상 - 옮긴이)
을 일으켰고, 종양을 완전히 제거했는데도 증세가 계속 문제가 되
어 수술한 지 몇 주 뒤 션트 수술까지 했다. 션트 수술은 뇌에 영구
적으로 배액관을 심는 수술이다. 우리 아들 윌리엄도 종양을 제거
한 뒤 같은 이유로 션트 수술을 받은 적이 있다. 윌리엄은 수술 후
괜찮았지만 대런의 션트는 여러 번 막혀서 션트를 교정하는 수술
까지 여러 차례 더 받아야 했다.
　　수술 후 아이는 방사선요법과 화학요법을 받았고 세월이 흘러

다 나은 듯 보였다. 션트에는 계속 크고 작은 문제가 생겼지만 그 것만 빼면 대런은 잘 성장해서, 회계학을 공부하는 대학생이 되었 다. 그런데 대런에게 문제가 생겼다. 갑자기 두통이 심해지기 시작 한 것이다. 그는 내가 병가를 내고 없는 틈에 우리 병원을 찾았다. 뇌 스캔을 보니 종양이 재발한 상태였다. 보통 대런 같은 종양은 재발하는 경우가 종종 있지만 시기가 문제였다. 재발은 대개 수술 후 몇 년 안에 일어난다. 치료가 끝난 뒤 8년이나 지나서 재발하는 경우는 매우 드물다. 그리고 이런 재발은 시한부라는 치명적인 결 과를 가져오는 것이 일반적이다. 운이 좋아서 추가적인 치료가 잘 되었다 해도 1~2년 시간이 연장될 뿐이다.

병가로 내가 없는 동안 동료가 재수술을 집도하기로 했는데 수술 전날 대런에게 끔찍한 출혈이 일어났다. 악성 종양 환자에게 서 이따금 일어나는 급작스러운 일이었다. 당시 그는 어머니와 함 께 있었다. 중환자실에서 그에게 인공호흡기를 달아주었지만, 그 는 이미 뇌사한 다음이라 며칠 뒤 인공호흡기를 껐다. 수년 간 대 런을 알아왔던 터라 그가 죽었다는 소식을 듣고 상심이 너무도 컸 다. 내가 이런데 그의 어머니는 오죽했을까. 그녀는 아들이 죽은 게 내 동료가 수술을 지연했기 때문이라고 확신했다. 나는 그의 어 머니로부터 상담을 요청하는 편지를 받았다. 비인간적인 환경의 진료실 대신 사무실에서 그녀를 만났다. 나를 보자마자 그녀는 울 음을 터뜨리며 아들이 죽은 이야기를 들려주기 시작했다.

"갑자기 침대에서 일어나 앉더니 머리를 움켜쥐었어요. 우리

아들이 '도와줘, 도와줘, 엄마!' 하고 외쳤어요."

언젠가 내 환자 중 한 명도 종양으로 죽어가면서 나에게 도와 달라 외쳤던 적이 있어 그 모습을 쉽게 상상할 수 있었다. 내 아들 이 그렇게 울부짖었다면, 그럼에도 도와줄 수가 없다면 얼마나 견 디기 힘들까.

"수술을 해야 한다는 걸 알고 있었지만 사람들은 제 말을 들으 려고 하지 않았어요."

그녀는 일련의 사건들을 돌아보고 또 돌아보며 같은 이야기를 반복했다. 슬픈 이야기를 45분을 내리 들으니 도저히 더 이상은 힘 들었다. 두 손을 들고 절망적으로 말했다.

"제가 해드릴 수 있는 게 없습니다. 제가 없을 때 일어났던 일 이에요."

"알아요. 그래도 선생님께서 해결책을 주실 줄 알았죠……."

대런의 출혈은 예측할 수 없는 응급 상황이었고, 그다음 날에 수술하기로 한 것 역시 잘못된 게 없다고 말했다. 그리고 대런의 담 당의와 간호사들이 이 일로 말도 못 하게 속상해한다고 덧붙였다.

"그건 그 사람들이 중환자실에서 인공호흡기를 끄려고 할 때 했던 말이에요."

분노로 목이 멘 채 그녀가 말했다.

"직원 눈에는 가망 없는 애를 인공호흡기에 달아두는 게 속상 했겠죠. 하지만 그 사람들이 공짜로 우리 아들을 치료한 게 아니잖 아요. 전 돈을 냈다고요! 돈을 받았으면 할 일을 해야죠!"

그녀는 화가 난 나머지 방을 뛰쳐나갔다. 나는 그녀를 쫓아갔다. 오후 햇살 속 정문 맞은편 주차장에 서 있는 그녀를 발견했다.

"도움을 못 드려서 죄송합니다. 믿으실지 모르겠지만 저도 이 상황이 매우 힘듭니다."

"선생님이 제 이야기를 듣고 같이 화를 내주실 거라고 저는 생각했어요."

그녀가 실망한 목소리로 말했다.

"선생님이 힘드신 건 저도 알아요……. 선생님은 병원에 대한 의리를 지켜야 하니까."

"누구를 덮어주려는 게 아닙니다. 저는 병원에 아무런 충성심도 없어요."

우리는 천천히 병원 정문 쪽으로 걷기 시작했다. 자동문을 통해 끊임없이 오가는 사람들로 병원 입구는 마치 기차역 같았다. 그녀를 데리고 다시 사무실로 돌아가다, 외래 진료소 입구에 붙어 있는 위협적인 공고문을 지나쳤다. 일전에 라디오에서 공공연히 비난해 곤경에 처하기도 했던 공지 내용이었다.

'본 트러스트는 보호자가 폭력과 학대를 당한 환자들에 관해 명확하게 설명하지 않으면 치료를 보류합니다.'

참 얄궂었다. 이 공지는 환자에 대한 병원 경영진의 불신을 표현하고 있었다. 내 옆의 대런 어머니는 병원에 대한 불신으로 괴로워하고 있는데 말이다. 그녀는 말없이 사무실에서 가방을 챙겨들고 바로 나가버렸다.

용서하지 못한 자의
마음

그녀를 그렇게 보내고 병동으로 올라가다 계단에서 레지던트 하나를 만났다.

"방금 대런 어머니를 만났어. 우울하네."

"그 친구가 중환자실에 있을 때 말썽이 많았습니다. 뇌사로 확정됐는데도 어머니가 인공호흡기를 끄지 못하게 했거든요. 저야 딱히 곤란할 일은 없었지만 그 일로 마취과 사람들 일부는 주말 동안 꽤 힘들었나 봅니다. 어떤 간호사들은 심지어 그를 돌보지 않겠다고까지 했어요. 어쨌든 뇌사한 환자잖아요……."

"저런."

큰 뇌종양이 있는 어린 소녀를 수술한 일이 떠올랐다. 중간에 출혈이 너무 커서 손쓸 방도가 없었다. 예쁜 빨강머리 소녀였던 그 아이는 머리에서 엄청난 피를 쏟아내며 수술대 위에서 죽고 말았다. 수술대 위에서 바로 사망하는 경우는 정말 예외적인 사건이다. 내가 죽은 소녀 환자의 두피를 꿰매며 절차를 마무리하는 동안 수술실에는 철저한 침묵이 흘렀다. 수술이 끝날 무렵 들리던 수술진의 수다와 마취 모니터의 삑삑거림이 완전히 멈춘 것이다. 죽음의 현장이 되어버린 수술실 안의 우리 모두는 서로의 눈을 피했다. 나는 수술이 끝나길 기다리고 있는 가족에게 뭐라 말할지 생각해야 했다. 나는 몸을 질질 끌며 아동 병동으로 올라갔다. 소녀의 엄마가 나를 보기 위해 기다리고 있었다. 이렇게 청천벽력 같은 소식을 들으리라고는 예상하지 못했을 것이다. 말을 꺼내기가 매우 힘겨웠지만 간신히 입을 떼 어떤 일이 일어났는지 이야기했다. 그녀는 두 팔로 나를 안고 위로했다. 딸을 잃은 사람은 그녀였는데 내가 위로를 받았다.

의사는 환자에게 설명할 책임을 언제나 잊지 말아야 한다. 경력이 많은 의사일수록 자신이 쥐고 있는 권력 때문에 책임 의식이 흐려지기 마련이다. 때문에 불만 신고 절차와 소송, 조사 위원회, 처벌과 배상 등의 감시 도구가 반드시 필요하다.

항상 겸손한 마음으로 일이 잘못되었을 때 실수를 숨기거나 부인하지 않으면 의외의 결과가 기다리는 잠깐의 행복을 맛볼 수 있다. 환자와 그의 가족이 진심으로 괴로워하는 의사의 마음을 알아준다면 그리고 정말 운이 좋다면, 그 의사는 용서라는 귀한 선물을 받을지도 모른다.

대런의 어머니는 그날 이후 항의를 계속하지 않았다. 그녀가 온전히 이 일을 내려놓았다면 다행이지만 반대로 마음 한구석에 영원히 어두운 그림자를 지닌 채 살까 봐 나는 두렵다. 그녀가 아들을 돌본 의사들을 용서할 마음이 없어, 아들이 내질렀던 단말마의 외침에 영원히 시달리며 살게 될까 봐.

용서받은
자의
절망감

Do No Harm

뇌하수체선종:
뇌하수체의 양성 종양.

1987년 전문의가 되었을 무렵 나는 외과 의사로서 이미 꽤 경력을 쌓고 있었다. 수련의로 일했던 병원에서 선임이 나에게 수술 대부분을 위임했기 때문이었다. 일단 전문의가 되면 수련의이자 전공의들은 감당하지 않는 환자에 대한 책임을 갑자기 떠안게 된다. 가르침을 받던 세월은 '태평했던 시절'로 회상하게 되는 시기가 되는 것이다. 전공의로서 저지르는 실수의 궁극적 책임은 전공의가 아닌 그 위의 전문의에게 있다. 나이가 드니 내가 책임져야 하는 다수의 전공의들의 무모한 모습에 가끔 짜증이 날 때도 있다. 그럴 때면 나 자신도 그와 똑같았다는 걸 생각하며 화를 가라앉힌다.

그들도 전문의가 되면 생각부터 달라질 것이다. 전문의가 되고 처음 몇 달은 무사히 지나가는 듯했는데, 한 번은 말단비대증이 있는 환자가 찾아왔다. 이 병은 뇌하수체 안의 작은 종양 때문에 성장 호르몬이 비정상적으로 많이 생산되어 생기는데 이로 인해 신체 말단 부위가 과도하게 자란다. 얼굴이 서서히 변해가는데 턱과 이마가 불룩하게 묵직한 덩어리로 변해 만화 주인공처럼 되고 만다. 말단비대증 환자는 얼굴뿐 아니라 발도 커지고 손도 삽처럼 커진다. 이 환자의 경우는 변화가 그리 심하지 않았다. 말단비대증은 오랜 세월에 걸쳐 아주 천천히 진행되기 때문에 대부분의 환자와 가족이 이를 잘 알아차리지 못한다. 그가 말단비대증 환자라는 말을 듣고 나서야 비로소 그의 턱이 약간 두툼하다는 것을 알아차릴 정도였다.

이런 환자를 수술하는 이유는 성장 호르몬 수준이 높으면 궁극적으로 심장이 손상되기 때문이다. 외모가 이상하게 변해서 수술하는 것이 아니라는 뜻이다. 뇌하수체가 뇌 밑의 비강 위에 있기 때문에 수술은 콧구멍을 통해 실시한다. 이 수술은 대개는 쉽고 간단하게 끝난다. 그러나 뇌하수체 옆에는 굵은 동맥이 두 가닥 있어서 아주 운이 없는 경우 수술 도중에 이를 손상시킬 수도 있다.

그를 처음 진찰했을 때 그는 아내와 세 딸을 모두 데리고 왔다. 그들은 이탈리아인이었는데 수술을 해야겠다고 말하자 극도로 감정적이 되었다. 서로 친밀감과 정이 매우 깊은 가족이었다. 그들은 수술을 불안해하면서도 나에게 대단한 신뢰를 보였다. 그는 유달리 착한 심성을 지닌 사람이었다. 수술 전 일요일 저녁에 그를 보러 들어가서 한동안 그와 즐겁게 이야기를 나누었다. 환자가 100% 온전히 나를 신뢰한다는 것은 언제나 기분 좋은 일이다. 나는 다음 날 수술을 했고 수술은 잘 끝났다. 그는 완벽한 상태로 잘 깨어났다. 그날 저녁 늦게 그를 보러 가자 그의 아내와 딸들이 쉴 새 없이 감사의 인사를 퍼부었고 나는 그것을 기쁘게 받아들였다. 손가락이 부어 보이는 말단비대증 증상의 일부도 다음 날 호전되는 기미가 보여서 크게 걱정할 정도는 아니었다. 그가 퇴원하는 날 인사차 그를 보러 갔다.

그런데 내가 말을 걸어도 그는 멍한 눈으로 나를 쳐다보며 아무 말도 하지 않았다. 순간 그의 오른팔에 감각이 없을지도 모른다는 것이 느껴졌다. 한 간호사가 허겁지겁 침대 옆으로 달려왔다.

"선생님을 찾고 있었어요. 바로 몇 분 전에 뇌졸중이 온 것 같아요."

이 상황을 도저히 믿을 수가 없었다. 그도 이해할 수 없다는 표정이었다. 혹독한 공포와 실망의 파도가 나를 덮치는 것 같았다. 마음속에서 소용돌이치는 이런 감정과 고독하게 맞서 싸우면서 겉으로는 다 잘될 거라고 그를 안심시키려 최선을 다했다.

하지만 그날 아침, 그의 뇌 스캔 결과는 암울했다. 그에게 심각한 뇌졸중이 온 것이다. 그때까지 나는 원인이 무엇인지 확실히 알 수 없었다. 그는 언어 능력을 완전히 잃어버린 실어증 환자가 되어 버렸다. 자신에게 찾아온 심각한 문제를 미처 깨닫지도 못한 채,

그는 말없는 짐승처럼 언어 없는 낯선 세계에 있는 듯 보였다.

과거에 내가 기괴한 상태로 몰아넣은 다른 환자들의 모습이 갑자기 몰려왔다. 하나는 뇌에 동맥류가 있었던 남자, 선임 레지던트로서 혼자 집도한 첫 수술. 또 하나는 뇌에 혈관기형이 있었던 남자의 수술이었다. 두 환자는 수술 도중에 심각한 뇌졸중을 겪었다. 두 사람 다 끔찍한 무언의 분노와 공포로 가득한 표정으로 나를 바라보았다. 언어 능력을 완전히 상실한 그들의 경악스러운 표정은 지옥에 떨어진 사람을 그린 중세 그림에서나 볼 법한 얼굴이었다. 두 번째 환자에게 심장마비가 왔을 때 나는 강한 안도감에 사로잡혔다. 그의 심장도 갑작스러운 뇌졸중이라는 트라우마를 견뎌내기 힘들었던 것 같다. 심폐소생팀이 그를 살리고자 열심히 버둥거렸지만 아무 성과도 거둘 수 없었다. 나는 그들에게 그만하고 그를 편안히 내버려두라고 말했다.

그 이탈리아 남자는 그저 얼떨떨한 사람처럼 애매하고 텅 빈 표정으로 나를 바라보았다. 그날 늦게 그의 가족과 긴 대화를 나누었다. 홍수 같은 눈물과 많은 포옹이 오고 가는 정서적인 대화였다. 멀쩡했던 사람에게 언어 능력이 사라진다는 걸 설명하기란 너무도 힘든 일이다. 심각한 뇌졸중을 겪은 사람들은 뇌가 부어서 죽을 수 있지만 이 환자는 48시간 동안 뇌가 변함없었으므로 최소한 죽지는 않을 것이었다. 비록 말을 되찾을 가망성은 매우 희박했지만. 그런데 이틀 뒤 새벽 1시쯤 그의 상태가 갑자기 나빠졌고 풋내기 레지던트가 나에게 급하게 전화를 걸었다.

"그가 의식을 잃었는데 동공이 둘 다 열렸어요!"

"제길, 동공이 둘 다 열렸으면 콘이란 소리잖아. 환자는 이제 죽을 거야. 아무것도 할 수 있는 게 없다고."

두개골 안에 압력이 매우 높아서, 두개골 바닥에 난 구멍으로 뇌가 치약처럼 쭉 삐져나오는 것을 콘이라고 한다. 아이스크림콘처럼 삐죽하게 뇌가 튀어나와서 생긴 명칭이다. 모든 게 다 끝났다는 뜻이었다.

죽음보다 못한
뇌졸중

병원에는 안 갈 테니 알아서 하라고 호통을 쳐놓고는 잠이 오지 않아 한밤중에 다시 병원으로 돌아갔다. 거리에는 병원 앞에서 당당하게 길을 건너고 있는 여우 한 마리 말고는 아무도 없었고, 여름비가 부슬부슬 내리고 있었다. 텅 빈 병원 복도에 가족들의 울음소리가 어둡게 울려 퍼지고 있었다. 그들에게 사정을 설명하고 정말 미안하다고 말했다. 환자의 아내는 내 앞에 무릎을 꿇고 내 손을 움켜쥐더니 남편을 살려달라고 정말 간절하게 애원했다. 눈물과 슬픔으로 얼룩진 채 30분 정도 지나자 그들은 서서히 그의 죽음을 피할 수 없단 사실을 받아들이기 시작했다. 언어 능력을 아예 잃어버린 채 산송장처럼 사느니, 편안히 저 세상으로 가는 게 나을 수도 있다는 사실도 받아들이게 되었다.

수술 후 갑작스런 뇌졸중으로 사망했던 다른 환자가 떠올랐다. 그 가족은 내가 그 일을 설명하고 사과하려 애쓰는 동안 가만히 앉아서 나를 노려보며 아무 말도 하지 않았다. 그들은 분명 나를 깊이 미워하고 있었다. 자신의 남편이자 아버지를 내가 죽였다고 생각하는 것이었다. 그런데 이 이탈리아인 가족은 기이할 만큼 상냥하고 다정했다. 그의 딸들은 자신들이 나를 탓하지 않는다고 거듭 이야기했다. 그가 나를 아주 많이 신뢰했다는 말을 덧붙이면서. 감정을 추스르고 헤어질 무렵 한 명이 그의 세 살배기 손녀를 나에게 데려왔다. 작은 꼬마의 뺨에 눈물 자국이 남아 있었다. 그 꼬마가 크고 검은 눈으로 나를 올려다보았다.

"마리아, 선생님께 뽀뽀하고 고맙습니다, 해야지."

마리아는 나와 뺨을 부비면서 까르르 웃었다.

"잘 자요, 마리아. 좋은 꿈꾸고."

나는 공손하게 말했다. 이 과정을 모두 지켜보고 있던 레지던트가 나에게 감사의 인사를 전했다. 사망한 환자의 가족과 대화하는 고통스러운 임무에서 자기를 구해주었다면서.

"신경외과 의사는 끔찍한 직업이야. 하지 마."

나는 그를 지나쳐 문으로 가면서 말했다. 정문으로 걸어가던 나는 복도에서 공중전화 옆에 서 있는 그의 아내를 마주쳤다.

"선생님, 제 남편을 기억해주세요. 가끔씩이라도요."

그녀가 나에게 손을 뻗으며 말했다.

"기도할 때도 제 남편을 생각해주세요, 선생님."

"수술 후에 세상을 떠난 환자를 제가 어떻게 잊겠습니까."

그리고는 그녀와 헤어져 걸으며 혼잣말로 덧붙였다.

"기억이 안 나면 좋으련만."

솔직하게 이야기하자면 그가 사망했다는 사실이 위안이 되었다. 그가 살았다면 평생을 끔찍한 불구자로 살아야 했을 테니까. 수술 때문에 죽었지만 수술 도중 일어난 실수 때문에 죽은 게 아니었다. 수술 후에 뇌졸중이 왜 일어났는지 나는 모른다. 수술 후 뇌졸중을 피하기 위해 무엇을 할 수 있었는지 나는 모른다. 그래서 그때만큼은 최소한 사실관계로만 따지면, 내가 결백하다고 느꼈다.

하지만 집에 도착해놓고도 문 밖의 차 안에 앉아, 비가 내리는 어둠 속에서, 긴 시간을 보낸 다음에야 몸을 질질 끌며 자러 갈 수 있었다.

의료 소송을
앞둔
의사의 자세

Do No Harm

축농:
체강에 고름이 쌓이는 것이
특징인 증상.

어려울 것 없는 간단한 일정이었다. 종양 제거 수술 한 건, 일상적인 척추 수술이 두 건이었다. 첫 번째 환자는 뇌의 오른쪽에 완전히 제거할 수 없는 신경교종이 있는 젊은 남자였다. 그를 처음으로 수술한 것은 5년 전이었다. 비교적 수술이 잘 끝나서 그 뒤로 쭉 잘 지내왔지만 추적 검사를 해보니 종양이 다시 자라기 시작해서 추가 수술이 필요한 참이었다. 수술이 잘만 된다면 그에게 시간을 2~3년 더 벌어줄 것이었다. 미혼으로 IT업계에서 자기 사업을 하는 그와 만날 때마다 기분이 좋았다. 그는 다시 수술을 받아야 한다는 소식을 놀라울 만큼 차분하게 받아들였다.

"이 수술로 몇 년 더 시간을 벌 수 있을 거예요. 100% 보증할 수는 없어요……. 예상했던 시간보다 훨씬 더 짧을지도 모릅니다. 수술 자체에 어느 정도 위험이 있기도 하고요."

"물론 선생님이 보증하실 수는 없죠, 마시 선생님."

그는 국소 마취를 하고 수술을 받았다. 국소 마취를 하면 환자가 정신이 말짱하므로 수술을 하면서 그의 몸 왼쪽 어딘가를 마비시키고 있지는 않은지 직접 물어보면서 점검할 수 있다. 환자에게 수술을 국소 마취로 해야 한다고 말하면 보통 약간 충격 받은 표정을 짓는다. 사실 통증이란 뇌가 만드는 일종의 현상이므로 뇌 자체는 통증을 느끼지 못한다. 그러니까 내가 뇌를 수술한다는 걸 환자의 뇌가 느낄 수 있으려면, 그 뇌는 수술 감각을 접수할 두 번째 뇌가 필요하다는 소리다.

뇌에서 유일하게 통증을 느끼는 부위는 뇌 바깥에 있는 피부와 근육과 조직이므로, 그곳만 마취하면 환자가 완전히 깨어 있는 상태에서 뇌 수술을 집도하는 게 가능하다. 뇌랑 뇌종양은 비슷하게 생겨서 겉으로는 구별이 잘 안 갈 때가 많다. 때문에 뇌종양을 떼어내려다 뇌를 불필요하게 건드리는 경우가 있을 수밖에 없다. 게다가 뇌가 스스로 '이 부분이 종양입니다.', '거기는 건드리지 마세요.'라고 말해주는 게 아니니, 손상을 입기가 더욱 쉽다는 이야기다.

이 환자처럼 만일 종양이 뇌 오른쪽 운동 영역 가까이에서 자라고 있으면 내가 수술하는 동안 환자 뇌를 잘못 건드리지 않는지 확인하는 최선의 길은 환자를 깨워두는 것뿐이다. 국소 마취로 뇌 수술을 집도하는 일은 사람들이 생각하는 것보다 훨씬 더 쉽다. 환자가 수술 과정을 잘 숙지하고 있고, 자신을 돌봐줄 마취과 의사를 비롯한 수술진을 신뢰하기만 한다면. 이 남자는 그런 점에서 수술을 유난히 잘 치른 환자였다. 내가 열심히 수술을 하는 동안 마취과 의사 주디스와 즐겁게 이야기를 나눌 정도였으니. 첫 번째 수술부터 함께했기에 서로를 기억했던 두 사람은 마치 오랜 친구처럼 이야기를 나누었다. 휴가는 어딜 갈 건지 가족과 어떤 요리를 해 먹는지……. 그러는 도중 몇 분마다 주디스가 그에게 왼쪽 팔과 다리를 움직여보라고 하는 등 확인을 잊지 않았다. 나 역시 흡인기와 소작기를 들고 그의 뇌를 수술하며 그가 팔다리를 움직일 수 있는지 확인했다.

간단한 수술이 잘 끝났고 레지던트가 집도한 두 건의 척추 수술을 감독한 뒤 중환자실로 가서 그가 괜찮은 것까지 확인을 마쳤다. 그는 유쾌하게 간호사와 수다를 떨고 있었다. 안심하는 마음을 안고 협의회에 참석하기 위해 병원을 떠나 런던 시내로 이동했다.

변호할 수 없는
의료 소송

접는 자전거를 가지고 워털루행 열차에 몸을 실었다. 진눈깨비가 내리고 있었는데 너무 추워서 도시가 쓸

쓸하고 음산해 보였다. 기차에서 내리자마자 자전거를 타고 플리트 가에서 벗어나 협의회가 열리기로 되어 있는 법률 사무소로 갔다. 사건은 3년 전 내가 집도한 수술에 관한 것이었다. 수술 후 환자에게 경막하축농(뇌를 둘러싼 가장 바깥쪽 막의 빈 공간에 고름이 생기는 것 – 옮긴이)이라는 연쇄상구균 감염이 발생했는데 내가 그걸 초기에 놓쳤던 것이다. 이런 유의 수술 후 감염을 접한 적이 한 번도 없었거니와 주위에서 들어본 적도 없었기에 좀 당황스러웠다. 수술도 워낙 잘 됐던 상황이라 이후에 잘못될지도 모른다고는 생각도 하지 않았다. 아마 그래서 감염 초기 징후를 무시했던 게 아닐까 싶다. 환자는 목숨은 건졌지만 감염 진단이 늦어지는 바람에 결국 전신이 거의 마비되고 말았다.

웅장하고 인상적인 대리석 로비에 있는 직원에게 도착 사실을 알린 뒤 안내를 따라 대기실로 들어갔다. 조금 있으니 잘 아는 동료 신경외과 의사가 합석했다. 그는 내가 속한 변호 조합에 그 사건에 관해 자문을 해주고 있었다. 그에게 내가 어쩌다 그토록 비참한 실수를 저지르게 되었는지 이야기를 털어놓았다. 환자의 남편이 내 휴대폰으로 전화를 건 일요일 아침, 나는 병원에서 응급 상황을 처리하고 있었다. 그리고 그가 한 말을 제대로 알아듣지 못하고 감염을 무해한 염증으로 오진했다. 전화 한 통을 근거로 진단을 내리면 결코 안 되는 것이었지만 당시 너무 바쁘고 정신이 없어서 예외를 둔 것이었다. 20년 동안 그 수술에 심각한 합병증이 따른 적은 한 번도 없었기 때문에 더 그랬던 것 같다.

"나라도 그랬을 거야."

동료가 나를 격려했다. 곧 이어 변호 조합에서 나온 변호사 두 명이 합석했다. 두 사람은 매우 깍듯했지만 얼굴에 웃음기라곤 없었다. 그들의 굳은 표정을 보고 혹시 나 때문에 찌푸리는 건가 싶었는데 내 죄책감 때문에 그렇게 보이는 것일지도 몰랐다. 그 정도로 스스로 작아지는 느낌이었고 마치 나 자신의 장례식에 참석하고 있는 것 같았다. 안내에 따라 지하로 내려가자 나보다 한참 젊어 보이는 칙선 변호사(영국에서 최고 등급의 법정 변호사 - 옮긴이)가 기다리고 있었다. 커다란 벽면 전시물에는 멋들어진 로마 대문자로 그가 속한 사무소를 격찬하는 글귀들이 쓰여 있었다. 비참한 기분에 빠져 있던 탓에 어떤 내용인지는 기억나지 않는다. 사무 변호사 한 명이 증거 자료를 한 상자씩 테이블 위로 풀어놓았다.

"전화 한 통으로 얼마나 일이 커질 수 있는지 무섭습니다."

내가 슬프게 말하자 사무 변호사가 잠깐 미소를 지었다.

칙선 변호사가 매우 상냥하게 말했다.

"우선은 저희가 어디부터 시작할지 설명하겠습니다. 이 건은 변호하기가 어려울 거라 생각합니다만……."

"맞습니다."

회의는 2시간 만에 끝났다. 처음부터 변하지 않는 사실이었지만 이 건을 변호할 수 없다는 건 아프도록 분명했다. 회의 끝에 변호사가 동료에게 자리를 비켜달라고 부탁했다.

"마시 선생님은 계시고요."

50년 전, 언젠가 교장실 밖에서 불안에 떨었던 어린 시절의 기억이 떠올랐다. 인자해 보이는 노인이 어떤 이유를 들먹이며 나를 벌줄까 조마조마했던 기억. 변호사는 직업적으로 사실만을 다루는 사람이지만 그 앞에 서면 사실과 관계없이 두려움과 수치심을 가눌 수 없는 느낌이었다. 동료가 나간 뒤 변호사가 내게 미안한 미소를 지으며 말했다.

"죄송하지만 여기서 딱히 내세울 게 없는 것 같습니다."

"압니다. 변호할 수 없는 실수라는 건 저도 잘 압니다."

"재판이 한동안 질질 끌지도 모릅니다."

"괜찮습니다."

나는 애써 대범하고 달관한 어조로 말했다.

"저는 마음을 비웠습니다. 가엾은 환자를 불구로 만들고 변호사님들께 재판을 의뢰하는 제가 죄송할 따름입니다."

"그게 저희 일입니다."

사무 변호사가 말했다. 친절하게 말을 이어가던 세 사람은 약간 의아한 표정으로 나를 쳐다보았다. 어쩌면 그들은 내가 울음을 터뜨릴 거라고 예상했는지도 모른다. 내가 타인의 동정의 대상이 됐다는 사실이 너무도 낯설게 느껴졌다.

"그럼 재정적 결과에 대한 의논은 여러분께 맡기겠습니다."

나는 그렇게 말하고 가방과 접는 자전거를 집어 들었다.

"제가 문까지 배웅하겠습니다."라고 말한 변호사는 한사코 바깥 복도에 있는 승강기까지 예의 바르게 걸어 나왔다. 나는 그런

대접을 받을 자격이 없는데도…….

동료가 로비에서 나를 기다리고 있었다.

"가장 힘든 건 의사로서 겪는 망신이야. 정말 덧없어. 아무리 많은 사람들의 목숨을 살려도 사람들의 인생을 망치는 실수도 하게 되잖아. 그 대가가 얼마나 클까 생각하면 기분이 정말 엉망이란 말이지."

아침에 비가 안 온다는 일기예보 때문에 우산이 없었다. 가는 세로줄 무늬 양복은 우리가 워털루 다리를 건너는 동안 흠뻑 젖고 말았다. 빗줄기가 얼굴을 타고 떨어지는 동안 내 뺨은 얼음장처럼 차가워졌다. 나는 어설프게 말을 이었다.

"이런 상황도 감수해야 한다는 건 나도 알아. 이건 신경외과 의사가 아니면 절대, 절대 아무도 이해 못 해. 파김치가 돼서 불구가 된 환자 가족들을 만나는 게 어떤 건지."

"회진조차 감당하지 못하는 의사들도 있으니까."

"그 가족들한테 그냥 나를 고소하라고 했어. 끔찍한 실수를 저질렀다고 했지. 의사로서 적절한 행동은 아니야, 그렇지? 말이 안 되는 것 같지만 내가 솔직하게 이야기해서 그런지 그 사람들과 사이가 좋아졌어. 적어도 내 느낌으론 그래. 그 사람들이 나를 어떻게 평가할지는 모르겠지만……."

"신경외과에 있으면 나 자신에 대해 좋게 생각하기 힘들어. 다 끝났다 싶으면 항상 또 다른 사고가 생기니까."

동료가 차분하게 대답했다.

우리는 워털루 역에서 악수를 나눈 다음 헤어졌다.

이후 변호사들에게 합의금에 대해 감히 묻지 못했다. 2년 뒤에 확인한 것이지만 최종 청구서에 적힌 액수는 600만 파운드(약 100억 원)였다.

그날 저녁 병원에 돌아간 나는 아침에 수술한 젊은 환자를 보러 중환자실로 갔다. 수술은 잘 끝났지만 그렇다고 병이 고쳐진 게 아니며 종양은 또다시 자란다는 걸 우리 둘 다 잘 알고 있었다. 그는 머리 한쪽에 뻐딱하게 붕대를 감고, 침대에 앉아 있었다.

"상태는 괜찮습니다."

담당 간호사가 침대 끝에 달린 받침대에서 관찰 사항을 적다가 나를 올려다보며 말했다.

"다시 한 번, 마시 선생님, 정말 말로 다할 수 없을 만큼 감사드려요."

환자가 나를 강렬하게 바라보며 말했다.

그는 더 말하고 싶어 했지만 내가 그의 말을 가로막았다.

"쉿, 내일 봅시다."

참 괜찮은
죽음

Do No Harm

암종:
암, 특히 상피조직에서
발생하는 암.

　　　　　토요일에 병원에 계신 어머니를 뵈러
갔다. 어머니가 입원해 계신 암 병동은 10층에 있다. 어머니의 침
대는 거대한 파노라마식 창문 옆에 있었는데 강 건너 국회의사당
과 웨스트민스터 다리의 광경이 매우 가까이에서 보였다. 봄 날씨
가 예외적으로 맑았고 템스 강이 반들반들한 강철처럼 햇빛을 반
사시켜 내 눈을 찔렀다. 그 너머 고층 건물들의 비인간적이고 무자
비한 광경에 숨이 막힐 지경이었다. 부적절한 풍경이라고 나는 생
각했다. 죽어가는 누군가를 위해서는 말이다.
　　어머니는 아픈 사람답지 않게 잔소리가 늘었다. 직원들이 매
우 친절하지만 예전에 입원했을 때와 비교하면 구제불능으로 과로

를 하고 체계가 없다고 투덜거리셨다. 침구도 이틀 동안 정돈하지 않고 내버려뒀다며 손짓으로 당신 침대를 가리키셨다. 불평하는 걸 싫어하는 분이지만, 초음파 스캔을 기다리는 동안 연달아 이틀 동안 쫄쫄 굶었기에 신경이 날카로워진 상태였다. 내 생각엔 이건 전혀 필요치 않은 스캔이었다. 어머니는 20년 전에 치료 받았던 유방암이 간으로 전이되어 이미 황달이 심해진 상태였다. 어머니는 이동식 변기를 쓰며 일을 보는 동안 강 건너의 정치가들을 굽어보는 데서 그나마 위안을 얻었다. 1939년에 나치 치하의 독일을 탈출한 분이라 준법정신과는 별개로 권위에는 아주 예민하게 반응하셨다. 나는 날이 갈수록 야위어가는 어머니 모습이 너무 안타까웠다. 얼굴뼈가 갈수록 불거지고 있었고 골격이 선명히 드러날 정도로 몸이 말라갔는데 그 모습에서 내 얼굴이 보였다. 우리 4남매 중에서 어머니와 가장 닮은 사람이 나였기 때문이다.

한 가지 희망은 어머니에게 앞으로 두세 달의 시간이 남았을지도 모른다는 것이었다. 남은 시간 동안 어머니가 무엇을 하셔야 할지, 우리는 결론이 나지 않는 의논을 이어갔다. 내가 아는 사람 중에 가장 대범한 달관자가 바로 우리 어머니였지만 어머니도 나도 죽음이라는 말은 차마 입에 담지 못했다.

주말을 당직으로 보내고 월요일이 되자 환자들의 항의가 빗발쳤다. 내가 환자를 병원에서 너무 일찍 퇴원시키려 한다는 게 이유였다. 한 노인은 본인이 간단한 척추 수술을 받았지만 몸에 소변줄을 꽂은 채 집에 가기 싫다며 불평을 이어갔다. 나는 예의 바르고 정중하게 다음 날 수술을 위해 입원하는 환자들의 병상이 없으니 이대로 집에 가면 다른 환자에게 좋은 일을 하는 거라고 얘기한 터였다. 노인은 사흘 뒤에도 여전히 병동에 머물렀다. 병동 간호사는 내가 돌려 말하는 기술이 없어서 그렇다고 나를 탓했다. 그 양반이 집에 안 가는 바람에 심각한 삼차신경통이 있는 여자 환자의 수술을 취소해야 했다. 그럼에도 병동 간호사는 내게 그 노인 환자에게 사과하라고 했다. 자신이 원하지 않았는데 병원에서 내보내려 한 것에 대해. 나는 조용히 이를 악물고 사과를 하러 갔고 노인은 만족스럽게 내 사과를 받아들였다.

"그래, 이해해요, 의사 선생. 내가 왕년엔 부엌 가구 장사를 했는데 일을 제때 못 끝낸 적이 있었어. 내가 게을러서가 아니라 나도 열심히 한답시고 한 건데 그렇게 된 거거든."

뇌 수술과 부엌 찬장 제작은 전혀 맞지 않는 비유다. 그러나 아무 말도 하지 않고 조용히 병실을 나왔다. 그 병실 발코니에 서면 병원의 정원과 나무들이 내려다보이고 멀리 수평선 너머 경관이 펼쳐졌다. 그때 일했던 병원—3년 뒤 문을 닫은—은 환경이 그래도 인간적인 편이었다. 그 노인이 칙칙하고 빽빽한 NHS 병실에 있었다면, 그래서 내가 몇 해 전에 심은 정원의 수선화가 보이지 않았다면 분명 더 일찍 퇴원한다고 했을 것이다.

어머니와 보낸
마지막 2주

이틀 뒤, 멀리 글래스고에서 학회에 참석하고 있었을 때 병원에서 최종적으로 어머니에게 불치 판정을 내리고 집으로 돌려보냈다. 화학요법을 권하거나 물어보지도 않았다. 당연히 어머니는 원하지 않았겠지만 보통 어머니 연세의 환자에게는 병원에서도 거의 묻지 않는다. 다만 아버지는 치료를 의도적으로 중단한다는 것을 받아들이기 힘들어하셨다. 글래스고에서 돌아오자마자 부모님을 뵈러 갔다. 어머니는 황달이 더 심해졌고 매우 야위고 연약한 모습이어서 마음이 무척 아팠다.

"너희들을 두고 떠나고 싶지 않구나."

어머니가 아주 슬프게 말씀하셨다.

"하지만 난 죽음이 끝이라고 생각하지 않는다."

치매가 시작된 여든여섯의 아버지는 어머니가 곧 죽게 되었다는 사실을 제대로 이해하지 못하는 것처럼 흐리멍덩하고 넋 나간 표정이었다. 쉰 살 먹은 아들이 옆에서 슬피 우는 것도 모르는 듯 보였다. 어머니는 급속하게 나빠지시더니 2주도 안 돼 돌아가셨다. 마지막 순간까지도 어머니는 완전히 또렷한 정신으로 당신을 온전히 지키셨다. 약간 비꼬는 듯한 시크한 유머 감각도 끝까지 잃지 않은 채.

2주 동안 날마다 어머니가 약해지는 게 눈에 보였다. 며칠 뒤부터는 낮 동안 아래층 음악실에 놓아둔 침대에서 많은 시간을 보내셨다. 하루가 저물어 밤이 되면 내가 어머니를 팔에 안고 침실이 있는 2층으로 계단을 올라가곤 했다. 이 무렵 어머니의 몸무게는 너무 가벼워서 아무것도 들지 않은 거나 마찬가지였다. 하지만 이렇게 집 안에서 움직이는 것조차 금세 무리가 되었으므로 어머니는 나와 간호사인 누이와 의논한 뒤, 2층 침실에 계속 머무르셨다. 여기가 내가 죽을 곳이 될 거라고 어머니가 결정하셨기 때문이다.

아버지와 40년간 함께 지내온 침실은 매우 아름답고 포근한 방이었다. 조지 왕조 양식으로 클래식하게 꾸며진 방은 벽이 약간 바랜 듯한 차분한 느낌의 녹색이었다. 벽난로 선반에는 어머니가 수집해온 조그만 도자기 새와 새알들이 장식되어 있었다. 크고 높다란 창문으로는 고요해 보이는 교회와 나무들이 훤히 내려다보였다. 어머니가 주일마다 다니시는 그 교회에서 장례식이 열릴 것이었다.

아침저녁마다 누이와 내가 돌아가며 어머니를 보살폈다. 처음에는 내가 어머니를 부축해 욕실로 가면 누이가 욕실에서 어머니를 씻기곤 했지만, 어머니는 이내 이 짧은 거리조차 걷지 못하는 상태가 되었다. 대신 언제나 내가 어머니를 들어 올린 다음, 근처 호스피스에서 빌려온 이동식 변기 위에 앉혀드리곤 했다. 누이는 간단하지만 꼭 필요한 간호를 하면서 어머니와 작은 것까지 친절하고 상냥하게 의논하고 설명하며 지켜보는 일을 놀랍도록 잘해냈다. 우리는 둘 다 어쨌거나 병원에서 많은 사람이 죽는 것을 봐오지 않았던가. 게다가 나는 수십 년 전 노인 병원 간호사로 일한 적도 있었다. 그래서인지 누이나 나나 그런 일을 너무도 쉽고 자연스럽게 느꼈던 것 같다. 이따금 감정이 격해지긴 했지만 그렇다고 불안해하지는 않았다. 우리 셋 모두 어머니의 죽음을 온전히 받아들이고 있었으니까. 우린 어머니에게 짧지만 강렬한 사랑을 드렸다. 숨은 동기 따위는 없고 허영심이나 이기심은 눈곱만치도 없는 무조건적인 사랑.

"사랑에 둘러싸여 있다는 건 아주 특별한 느낌이야."

돌아가시기 이틀 전 어머니가 말씀하셨다.

"난 지금 좋았던 일들을 떠올리고 있단다."

현명하신 우리 어머니 말고 과연 누가 이토록 완벽한 죽음을 누릴 수 있을까. 건강하게 장수한 끝에 내 집에서 고통 없이 빠른 기간에 가족의 보살핌을 받으며 맞이하는 죽음. 어머니가 돌아가시기 며칠 전, 자식과 손자들은 물론 증손자들과 어머니의 가장 오랜 친구 두 분까지 모두 한자리에 모였다. 어머니가 위층에 누워 계시는 동안 우리는 식탁에 둘러앉아서 어머니의 삶을 회상하고, 어머니의 추억에 건배하고, 당시 내 아내가 될 케이트가 만든 저녁식사를 함께 먹었다. 첫 결혼의 실패를 뒤로하고 나는 몇 달 전 케이트를 만났고 어머니도 매우 기뻐하셨다. 만난 지 얼마 안 됐던 때라 저녁식사를 부탁하기까지 많이 망설였지만, 케이트는 그날 저녁 열일곱 명이 넉넉히 먹을 맛있는 요리를 훌륭하게 만들어주었다.

날마다 오늘이 마지막일지 모른다고 생각했지만 아침마다 어머니는 나에게 "나 아직 여기 있어."라고 말씀하시곤 했다. 한 번은 안녕히 주무시라고 인사하며 아침에 뵙자고 말씀드렸을 때 어머니는 미소를 지으며 대답하셨다.

"죽어서냐, 살아서냐."

우리가 어머니와 맞이한 죽음은 요즘은 거의 보기 힘들 것이다. 많은 노인들이 차가운 병원이나 호스피스 시설에서 간호 전문가의 보살핌을 받으며 죽는다. 시설에서 노인들을 대할 때 짓는 걱정스런 표정은 호텔 로비 직원의 미소와 다를 바 없다. 등을 돌리는 순간 그 표정은 얼굴에서 곧바로 사라져버린다.

멋진
삶이었어

죽음이란 결코 쉽지 않은 순간이다. 우리의 몸은 발버둥치지 않고 삶의 마지막을 맞이하도록 내버려두지 않는다. 눈물을 흘리는 가족에게 몇 마디 의미 있는 마지막 말을 남긴 다음 시간 맞춰 숨을 거두는 것이 아니란 뜻이다. 질식하거나 기침을 하면서 격렬하게 죽거나 또는 혼수상태에서 죽지 않는다면 서서히 닳아 없어지면서 죽는 게 전부다. 간이 망가지고 있다면 피부와 눈알이 샛노랗게 변하고 목소리가 약해지고 살가죽에 뼈가 드러날 것이다. 마침내 끝에 가까워지기라도 하면 입을 열 기운조차 없을 것이고 임종을 기다리며 미동도 없이 누워 있는 동안 움직임이라고는 오직 헐떡이는 숨결뿐일 것이다.

그렇게 죽어가는 사람은 점차 알아볼 수 없는 사람이 되어간다. 내 얼굴을 나답게 만드는 최소한의 요소를 잃게 되면서 얼굴의 곡선이 닳아 없어져 두개골의 윤곽만 남는 것이다. 수련의로 일할 때 이른 시간에 불려가 길고 텅 빈 병원 복도에서 사망을 확인하곤 했던 비쩍 마른 노인들 얼굴이 그랬다. 그들의 얼굴은 다 똑같았다. 죽음에 가까운 만인의 얼굴, 기독교 교회의 장례 미술에서 나올 법한 말라 비틀어진 얼굴이었다.

돌아가실 무렵의 어머니는 더 이상 알아보기 힘들 정도로 수척해지고 앙상해졌다. 마지막으로 어머니를 뵌 것은 돌아가신 날 새벽, 출근하기 전이었다. 그때까지 부모님 침실 옆에 있는 서재 바닥에서 자면서 매일매일 밤을 보냈다. 내가 누워 있는 서재와 침실 사이의 열린 문을 통해 어머니의 거친 숨소리를 들을 수 있는 것을 다행으로 생각했다. 새벽 4시에 어머니에게 물이나 모르핀을 원하시는지 물었을 때도 어머니는 고개를 저으셨다. 이따금 힘겹게 숨을 쉬지 않았다면 이미 돌아가셨다고 생각했을 만한 모습으로. 어머니가 돌아가시기 직전에 나는 어머니 손을 잡고 이렇게 말했다.

"어머닌 아직 여기 계세요."

거의 감지할 수 없을 정도로 천천히 어머니가 고개를 끄덕이셨다. 아침에 일하러 갈 때 마지막으로 본 어머니의 모습은 기억나지 않는다. 마지막 모습이 어땠는지는 중요하지 않다. 나는 이미 어머니께 여러 번 작별 인사를 했으니까.

정오 즈음이었던 걸로 기억한다. 어느 지루한 학회를 듣고 있을 때 누이가 나에게 전화를 걸어 어머니가 몇 분 전에 돌아가셨다고 말했다. 어머니의 호흡이 점점 얕아지다가 주위에 모여 있던 가족들이 마침내 어머니가 돌아가신 걸 깨달았다고 했다. 어머니의 몸과 뇌는 더 이상 생명이 존재하지 않는 무의미한 껍데기가 됐다. 나는 종종 침대 곁에 앉아 어머니의 뇌를 만드는 수백만 개의 신경 세포와 무한한 연결들, 그리고 어머니의 자아가 어떻게 몸부림치며 꺼져가고 있는지에 관해 생각하곤 했다. 나는 그 마지막 새벽, 일하러 가기 바로 전의 어머니를 기억한다. 얼굴은 푹 꺼지고 야위었고 어떤 작은 움직임이나 말도 없으며 눈도 감고 계셨지만, 물을 드시겠냐고 물었을 때 어머니는 정확하게 알아듣고 고개를 저으셨다. 암세포의 침공을 받아 무너져가는 몸 안에는 '어머니의 자아'가 여전히 살아 있었던 것이다.

이제 그 모든 뇌세포는 죽었다. 그리고 어머니—어떤 의미에서는 뉴런 수백만 개의 복잡한 전기화학적 상호작용이었던—도 더 이상 이 세상에 계시지 않는다. 신경과학에서는 이를 두고 '결합 문제'라고 부른다. 무생물에 지나지 않는 껍데기가 의식과 느낌을 알 수 있다는 신비롭고 굉장한 사실 말이다. 나도 그것을 느꼈다. 어머니가 아무리 죽어가고 있어도 그 몸뚱이 속에는 아직도 '진짜 어머니'가 있다는 느낌이 아직도 생생하다.

괜찮은 죽음의 조건은 무엇일까? 물론 고통이 없어야겠지만 죽음에서 고통이 차지하는 비중은 그리 크지 않다. 대부분의 의사들처럼 나도 온갖 형태의 죽음을 봐왔다고 생각하는데, 우리 어머니가 그런 식으로 돌아가신 건 정말이지 커다란 복이었다. 내가 죽는다면 나는 심장마비나 뇌졸중으로 기왕이면 자는 동안 빨리 끝났으면 좋겠다. 그런 복은 그리 쉽게 오지 않으리란 걸 잘 안다. 목숨만 간신히 붙어 있어 오늘내일하며 얇은 끈처럼 시간을 보낼 가능성도 얼마든지 있다. 어머니는 교회를 다니셨지만 나는 신앙도 없다.

순간적으로 소멸하는 죽음을 끝내 이루지 못한다면 내 삶을 돌아보며 한마디는 남기고 싶다. 그 한마디가 고운 말이 되었으면 하기에, 지금의 삶을 후회 없이 열심히 살아야 하는 것이기도 하다. 어머니는 마지막 순간 의식을 차렸다 잃었다 하는 동안 모국어인 독일어로 이렇게 되뇌셨다.

"멋진 삶이었어. 우리는 할 일을 다했어."

신경세포는
의식의 조각을
갖고 있을까

Do No Harm

무동무언증:
말을 못하고 수의운동 능력을 잃고
감정적 느낌도 잃은 듯 보이는 것이
특징인 증후군.

신경과학에 따르면 우리에게 영혼이 있
을 가능성은 매우 낮다. 우리가 생각하고 느끼는 모든 것은 신경세
포가 전기화학적으로 지껄이는 것 이상도 그 이하도 아니기 때문
이다. 우리의 자아, 느낌과 생각, 타인에 대한 사랑, 희망과 야망,
미움과 공포 모두 우리의 뇌가 죽으면 같이 죽는다. 많은 사람들이
영혼을 대하는 이러한 관점에 분개한다는 걸 잘 안다. 우리에게서
사후의 삶에 대한 생각을 빼앗고 인간의 생각을 단순한 전기화학
적 반응으로 격하시킨다는 생각은 열 받을 만하다. 스스로를 단순
한 자동인형이자 기계로 생각하고 싶어 하는 사람은 아무도 없을
테니까.

그러나 한 가지는 분명하게 말하고 싶다. 그들은 근본적으로 크나큰 오해를 하고 있다. 신경과학적 관점은 반대로 물질이라는 것을 신비로운 능력을 지닌 무언가로 격상시켜주는 역할도 한다. 우리 뇌에는 1000억 개에 이르는 신경세포가 들어 있다. 각각의 신경세포는 의식의 조각을 가지고 있을까? 의식이 있으려면 다시 말해 아픔을 느끼려면 얼마나 많은 신경세포가 필요할까? 아니면 의식과 생각은 이 수십억 개의 세포를 한데 묶는 전기화학적 충격 안에 살고 있을까? 달팽이는 자각이 있을까? 밟아 뭉개면 아픔을 느낄까? 아무도 모른다.

수년 간 많은 환자를 내게 보냈던 저명한 괴짜 신경과 의사가 한 명 있다. 어느 날 그가 1년 전 내가 수술한 여자 환자를 살펴봐 달라고 부탁했다. 지금은 지속식물상태(식물인간인 채로 3개월 이상 지속된 상태 – 옮긴이)인 여자였다. 당시 나는 파열된 동정맥기형을 수술했는데 그녀에게 갑작스러운 출혈이 생겨서 응급으로 수술한 것이었다. 상당히 어려운 수술이었고 그녀의 목숨은 구했지만 출혈로 뇌에 입은 손상은 되돌리지 못했다. 그녀는 수술 전부터 혼수상태였고 수술 이후에도 여러 주 동안 계속 혼수상태였다.

결국 수술 뒤 몇 주째인가 그녀는 지역 병원으로 다시 이송되었는데, 거기서 그녀를 돌본 신경과 의사가 나더러 장기 요양원에 가서 그녀를 봐달라고 했다. 출혈 후유증인 수두증 때문에 내가 션트 수술을 그녀에게 집도했기 때문이었다. 션트 수술을 해도 차도가 없자 어찌 된 일인지 와서 좀 봐달라는 것이었다. 션트 수술은 평소에 수련의에게 일임하는 비교적 가벼운 수술이었지만, 그 수술을 특별히 기억하는 이유는 그 수술을 우리 병원이 아니라 외부의 지역 병원에서 집도했기 때문이었다. 해외에서 일하는 동안을 제외하면 나는 우리 병원 수술실을 떠나서 수술하는 경우가 거의 없다.

그때 나는 수술 기구들을 챙겨 레지던트 한 명과 함께 그녀가 있는 지역 자치구 병원으로 갔다. 신경외과 전문의가 지역 병원에 방문하는 일은 꽤 중요하고 흥미로운 사건일 거라 생각했지만 그 병원에서는 내가 도착한 줄도 모르는 것 같았다. 지역 신경과 의사조차 자리를 비운 상태였지만 다행히 가족들에게 수술에 대해 설명은 해둔 상태였다. 그는 환자 가족에게 수술을 하면 그녀가 지속 식물상태에서 벗어날지도 모른다고 말한 모양이었다. 나는 그보다 덜 낙관적이었던 탓에 가족에게도 그렇게 말했지만, 어쨌든 수술을 시도하는 것으로 잃을 것은 없었으므로 이에 관해 가족과 의논한 뒤 수술실로 내려갔다.

간호사와 마취과 의사들이 철저한 무관심으로 나를 맞이했다. 꽤나 민망한 시간이었다. 환자가 수술실로 내려올 때까지 2시간이나 기다려야 했고, 그녀가 마침내 수술실로 들어왔을 때에도 수술진은 죄다 부루퉁하게 입을 다물고 굼벵이처럼 일했다. 우리 병원의 화기애애하고 열정적인 수술실과는 어찌나 다른지 놀라울 지경이었다. 내가 고작 식물인간을 수술하느라 자기들 시간을 허비하고 있다고 느끼는 걸까. 아니면 평소에도 원래 저런 걸까. 나 역시

무미건조하게 수술을 한 다음 가족에게 보고하고, 차를 몰아 런던
으로 돌아왔다.

식물인간 환자에
대한 예의

두 번째 수술을 하고 여러 달이 지났지
만 병세에 아무런 차도가 생기지 않자, 그녀의 신경과 의사가 션트
가 잘못되었거나 막히지 않았는지 봐달라고 연락을 해왔다. 단지
내 의견을 얻자고 그녀를 구급차에 태워 우리 병원까지 먼 길을 끌
고 오는 것은 좀 잔인하고 불필요한 일인 것 같았으므로 내가 요양
원으로 가기로 했다. 지속식물상태인 환자들은 눈을 뜨고 있기 때
문에 깨어 있는 것처럼 보이지만 이들은 외부 세계에 대한 자각이
나 반응이 없다.

어떤 사람들은 이들에게 의식이 있다고 주장할지도 모른다.
다만 이들의 의식에는 내용이 없을 뿐이라고 하면서. 그렇지만 기
능성 뇌 스캔을 사용한 최근의 연구는 이런 주장을 아주 효과적으
로 반박하고 있다. 물론 이런 환자 가운데 일부는 뇌 안에서 어떤
활동이 일어나는 것처럼 보이기도 한다. 그러나 그것이 무엇을 뜻
하는지는 분명하게 밝혀진 바가 없다. 최근 몇 년 사이에 이런 사
람들의 생명을 유지시키는 처사—이들은 먹지도 마시지도 못하니
까—를 중단시켜야 하나 말아야 하나, 즉 이들을 죽게 내버려두어

야 하나 말아야 하나에 관한 법정 사건으로 세간에 알려진 것이 몇 건 있다. 일부 사건에서 판사들이 치료를 중단하고 식물 상태의 환자를 죽도록 두는 것이 합당하다고 판결했다. 그러나 법원에서 판결이 내려졌다고 환자가 바로 죽을 수 있는 건 아니다. 환자들이 서서히 굶주리고 탈수되어 죽는 과정을 고집하는 것이 현대의 터무니없는 법이다.

8시에 외래 진료를 마치고 차를 몰아 초가을 저녁의 런던을 빠져나갔다. 신경과 의사의 집에 닿았을 때는 상당히 늦은 시간이었다. 그가 자기 차로 몇 마일 떨어진 요양원까지 나를 태워다주었다. 요양원은 크고 오래된 나무들로 둘러싸인 쾌적한 시골집이었다. 어느덧 깜깜한 밤이 되었다. 주차를 하고 마른 낙엽에 덮여 방치된 테니스장을 가로질러 걷는 동안 시커먼 나뭇가지들 사이로 요양원의 친근한 불빛이 새어 나왔다.

요양원은 천주교의 수녀들이 운영했고 아주 심각한 뇌 손상을 입은 사람들만 받았다. 내부는 모든 것이 깨끗하며 단정했고 직원들도 매우 다정하고 친절했다. 1년 전 내가 션트 수술을 집도했던 병원과는 너무나 대조적이었다. 독실한 천주교 신자인 직원들은 우리의 의식을 만드는 모든 것은 뇌의 물리적 온전함에 달려 있다는 신경과학의 이론을 받아들이지 않았다. 대신 인간의 영혼은 물질이 아니라는 오랜 신앙을 믿고 있었다. 이러한 믿음으로 그들은 식물 상태인 환자와 가족을 위해 친절하고 다정한 집을 꾸밀 수 있었을 것이다. 수녀 한 명이 나를 데리고 웅장한 계단을 올라갔다.

이 집에 원래 누가 살았을까 무척 궁금했다. 에드워드 7세 시대의 자본가나 부유한 귀족이 여러 명의 하인들을 거느리며 살았을지도. 자신의 위풍당당한 집이 식물인간 환자들을 위한 요양원이 되어 있는 것을 어떻게 생각할까.

2층에는 융단이 깔린 넓은 복도가 있었고 그 복도를 따라 걸으며 양쪽 방에 머무르고 있는 많은 환자를 지나쳤다. 방문은 모두 열려 있어서 움직임 없는 환자들이 침대에 누워 있는 모습이 보였다. 문마다 환자의 이름이 새겨진 에나멜 명판이 붙어 있었다. 이 환자들은 그곳에 아주 여러 해 동안 죽을 때까지 머물기 때문에, 평범한 병원에서 붙이는 단순한 종이 라벨이 아니라 정식 명판을 받는다. 명판을 살펴보다가 슬프게도 다섯 이름이 나의 전 환자라는 걸 알아챘다.

나를 가르쳤던 선임 신경외과 의사 한 명이 언젠가 내게 유명한 외과 의사 이야기를 해준 적이 있다.

"그 양반은 청신경의 종양을 보통은 두개골을 여는 데 쓰이는 골막기자라는 기구를 가지고 제거하곤 하셨지. 보통 여러 시간이 걸릴 수술이 그 양반에게는 30~40분밖에 걸리지 않았어. 다만 필연적으로 가끔씩 사건이 생길 때가 있었어. 청신경에 큰 종양이 있던 B여사라는 환자가 기억나는군. 그 양반이 그 무지막지한 기구로 척추동맥을 붙잡는 바람에 격렬한 출혈이 있었거든. 그 여자는 그걸로 끝이었지. 그러고 나서 언제나처럼 저녁 7시 정각에 그 양반에게 전화를 걸어 모든 환자의 상태가 어떤지 알려줬어. 모든 입원 환자의 명단을 훑어 내려갈 때 즈음 내가 B여사 이야기를 꺼냈어. 내가, B여사가 죽어가고 있습니다, 라고 하니까 그 양반이 뭐라는 줄 알아? B여사? 그게 누구지? 이러는 거야. 이미 까먹은 거지. 나도 그런 기억력을 가졌으면 얼마나 좋을까."

애석한 듯 말을 이어가다가 나를 보며 이렇게 덧붙였다.

"위대한 외과 의사는 기억력이 나쁜 경향이 있다네."

나는 내가 괜찮은 외과 의사이길 바라지만 위대한 외과 의사는 확실히 아닌 것 같다. 내가 기억하는 또는 기억한다고 생각하고 싶은 것은 성공이 아니라 실패 사례다. 하지만 여기 요양원에는 이미 잊어버린 환자가 여러 명 있었다. 그 가운데 일부는 도저히 도울 수 없는 사람이었지만, 그렇지 않은 사람도 최소한 한 명은 있었다. 그 남자는 내가 실수로 망가뜨린 사람이었다. 수십 년 전 커다란 종양을 젊은 혈기로 무분별하게 수술한 적이 있었다. 수술은 18시간 동안 이어졌고 나는 새벽 2시에 실수로 그의 뇌저동맥을 찢어놓았다. 뇌간을 연결하는 동맥이 끊어지자 그는 두 번 다시 깨어나지 못했다. 나는 침대에서 희끗하게 웅크린 그를 보았다. 그의 이름이 새겨진 에나멜 명판이 없었다면 나는 결코 그를 알아보지 못했을 것이다.

드디어 그녀를 만났다. 그녀는 팔다리가 굳은 채 무표정한 얼굴로 눈을 뜨고 있었다. 한때 지역 신문사의 기자로서 활력이 충만했던 사람이, 어느 날 갑작스러운 출혈을 겪었고 수술을 했어도 그 손상은 되돌릴 수가 없었다. 벽에는 이 끔찍한 사건 이전의 그녀가 행복하게 미소 짓고 있는 사진들이 걸려 있었다. 그녀는 이따금 가냘프게 우는 소리를 냈다. 내가 그녀 두피에 바늘을 찔러서 션트가 확실히 작동하고 있는지 검사하는 데에는 2~3분밖에 걸리지 않았다. 그 이상 내가 도울 수 있는 일은 아무것도 없었다.

그녀는 손가락 하나는 움직일 수 있는 듯했고 그래서 모스부호를 통해 의사소통하고 있었다. 한 간호사가 그녀 곁에 앉아서 삑삑거리는 소리에 참을성 있게 귀를 기울이면서 약간 찡그린 얼굴로 매우 열심히 집중하는 모습이 눈에 띄었다. 그녀가 나를 위해 그 소리를 통역해주었다. 환자가 나에게 션트에 관해 물은 다음 내게 감사하고 좋은 밤 되기를 빌었다고, 간호사가 설명했다. 그녀의 어머니가 나와 함께 방에서 나와 바깥의 넓은 복도에서 조금은 필사적으로 나에게 따라붙으며 말을 걸었다. 우리는 한동안 이야기를 나누었다. 그녀의 어머니는 그녀가 전부터 보내오고 있는 편지—간호사가 딸아이의 삑삑거리는 모스 부호를 옮겨 적은—에 관해 이야기했다. 어머니는 간호사가 옮겨 적은 내용이 정말로 자신의 딸이 말한 것인지 약간은 미심쩍어했다. 물론 알 길은 없다. 그 여자의 어머니는 딸이 살아 있기도 하고 죽어 있기도 한 악몽과 불확실성과 가망 없는 사랑의 미로 속에서 살고 있는 듯했다.

표정 없이 굳어버린 얼굴 뒤에서 그녀는 실제로 깨어 있을까? 그녀는 마비된 몸 밖에서 무슨 일이 일어나고 있는지 알까? 그 간호사들은 그녀의 편지를 지어내고 있을까? 그들의 신앙이 그들을 기만하는 것일까? 우리가 언제든 진실을 알 수 있을까?

못 한다고
말할 수 있는
용기

Do No Harm

휴브리스:
오만한 자신감 또는 주제넘음.
그리스 비극에서 신을 향해 보이는
과도한 자신감이나 신에 대한
도전으로 결국 천벌을 받게 됨.

아침에 윔블던에 있는 막스앤스펜서(의류와 식품 등을 파는 영국의 대표적 소매업체 – 옮긴이)에 가서 한 상자 가득 수술진에게 줄 과일과 초콜릿을 샀다. 긴 수술이 될 것 같아서 집에 갖고 있는 CD를 훑어서 오랜 시간 버티기에 충분한 노래들을 골라둔 참이었다. 그땐 전문의가 된 지 4년밖에 되지 않았지만, 다른 어떤 신경외과 의사보다도 많은 실습을 한 터였다.

환자는 키가 크고 안경을 쓴 50대 후반의 교사로 약간 구부정한 자세로 지팡이를 짚고 걸었다. 그를 진찰한 지역 신경과 의사가 뇌 스캔을 권유해서 나를 찾아온 것이었다. 당시는 지금의 병원으로 이직하기 전이라, 내 사무실에선 작은 자작나무 숲이 내려다보였다. 가끔씩 동네 여우 한 마리가 지나가다 생각에 잠긴 표정으로 나를 들여다보곤 했던 곳이었다. 그는 책상 옆 의자에 앉고 그의 아내와 아들은 그의 옆에 앉았다. 나는 그가 가지고 온 뇌 스캔 필름을 받아 벽에 걸었다. 컴퓨터와는 거리가 먼 시절이었다. 스캔에 종양이 있다는 걸 이미 알고 있었지만 그럼에도 그의 두개골 바닥에서 자라고 있는 종양의 크기를 보고는 정말 깜짝 놀랐다. 청력, 움직임, 얼굴의 감각, 삼키기와 말하기 능력을 관장하는 신경들과 뇌간 전부가 혹처럼 불거진 불길한 덩어리를 덮고 한껏 늘어나 있었다. 정말 예외적인 크기였는데 이전까지 그런 크기의 종양은 교과서 말고는 본 적이 없다. 나는 흥분을 느껴야 할지 겁을 먹어야 할지조차 가늠할 수가 없었다.

"스캔에 관해서 무슨 말을 들으셨습니까?"

"지역 병원 의사 선생님은 그게 양성이라고 하셨습니다. 그걸 제거해야 하나 말아야 하나는 선생님께 달려 있다고요."

"글쎄요, 양성인 건 맞지만 크기가 너무 커서요. 이런 종양은 매우 서서히 자라니까 머릿속에서 이미 수년 동안 자라고 있었을 겁니다. 어쩌다가 뇌 스캔을 하시게 됐죠?"

그가 최근 몇 년 사이에 걸음이 서서히 불안정해졌고 왼쪽 귀도 안 들리기 시작했다고 대답했다.

"그게 그냥 거기 있으면 어떻게 되나요?"

그의 아들이 물었다. 서서히 자랄 테니 아버지도 서서히 나빠질 것이라고, 내가 조심스럽게 대답했다.

"저는 건강상의 이유로 조기 퇴직하기로 결심했습니다."

그가 말했다. 나는 수술에도 위험이 없지 않다고 설명했다.

"어떤 종류의 위험인가요?"

아들이 물었다. 사실 수술 위험성은 꽤 심각했다. 그 종양은 뇌 구조와 너무 많이 연결되어 있어서 수술의 위험이 청력 상실이나 안면 마비에서부터 사망이나 심각한 뇌졸중까지 광범위했다. 세 사람은 한동안 아무 말 없이 앉아 있었다.

"제가 미국에 있는 B교수님을 잘 아는데, 그 사람 말로는 자기 가 잘할 수 있다고 합니다."

아들이 말했다. 나는 무슨 말을 해야 할지 몰랐다. 그땐 전문의 생활을 막 시작했을 때여서, 다른 외과 의사들이 나보다 경험이 많 다는 것쯤은 나도 잘 알고 있었다. 그 시절, 컨퍼런스에 가면 국제 적으로 유명한 신경외과의 거물들이 기조 강연을 했었는데 그들은 이 환자와 같은 사례들을 비롯하여 내가 범접할 수 없는 경이로운 수술 결과들을 보여주곤 했다.

"하지만 비용이 10만 달러가 넘을 텐데, 우린 그만한 여유가 없어요."

환자의 아내가 덧붙였다.

"저희가 듣기로 M교수님이 전국에서 최고의 신경외과 의사라 니 그분을 뵙고 다른 의견을 들어보겠습니다."

아들이 약간 당황한 듯 말했다. 나는 굴욕감을 느꼈지만 누가 어떤 수술을 하건 예외적으로 매우 까다로울 거라는 사실엔 변함이 없었다.

"좋은 생각입니다. 저도 꼭 그분의 생각을 듣고 싶군요."

그들은 돌아갔고 나도 다른 환자들의 외래 진료를 계속했다.

어려운 수술,
흥분되는 도전

2주 뒤 게일이 M교수에게 걸려온 전화를 연결해주었다.

"M교수님한테서 선생님을 찾는 전화가 왔어요."

전화기를 집어 들자 우렁차고 자신만만한 목소리가 들렸다. 전공의였을 때 잠깐 알고 지낸 그는 모든 전공의가 닮고 싶어 하는 최고의 외과 의사였다. 누군가 그가 머지않아 은퇴할 거라는 말을 했던 것 같기도 한데.

"아, 헨리! 그 종양 환자 말인데 아무래도 그 종양은 들어내야겠어. 삼키는 게 어려워지기 시작했다는데 흡인성 폐렴(기관지 및 폐로 이물질이 들어가면서 생기는 폐렴 – 옮긴이)에 걸리는 건 시간문제야. 그렇게 되면 그는 끝이야. 이건 젊은 의사가 해야 할 수술이야. 그 사람들한테 이건 자네가 해야 한다고 말했네."

"대단히 감사합니다, 교수님."

뜻밖의 대답에 좀 놀랐지만 교황의 특별 허가라도 받은 것처럼 기뻤다. 그와 다시 수술 일정을 잡았고 매우 긴 수술이 되리라 예상했다. 지금으로부터 수십 년 전이었고 나는 그저 수술진과 마취과 의사에게 평소보다 늦게 끝날 거라고 조심스럽게 부탁하면 끝이었다. 퇴근 시간 이후에 수술을 해도 되는지 허가를 구해야 하는 관리자 따위는 없었다. 수술은 거의 축제 분위기에서 시작되었다. 나를 보조하는 미국인 레지던트의 표현대로 '진짜 빅 히트'였다. 우리는 그 남자의 머리를 열면서 미국 신경외과의 거물들에 관해 떠들었다.

"B교수님은 정말로 엄청난 사람이지만, 예전 레지던트들이 그분을 뭐라고 불렀는지 아세요? 도살자라고 불렀어요, 도살자! 어려운 수술을 하면서 자기 기술을 연마하는 동안 너무도 많은 환자를 버려놨기 때문이죠. 그 환자들은 아직도 끔찍한 합병증에 시달리거든요. 그분은 그다지 괴로워하지 않는 것 같지만."

레지던트가 말했다. 신경외과에 관한 아픈 진실 가운데 하나는, 정말로 어려운 수술을 잘하게 되는 유일한 조건이란 수술하면서 실수를 많이 하고 시행착오를 거치는 것이라는 사실이다. 이는 평생의 상처를 입은 환자를 내 뒤에 줄줄이 남긴다는 것을 뜻하기도 한다. 그럼에도 이를 계속하려면 약간은 사이코패스이거나, 적어도 상당히 두꺼운 낯짝을 가져야 하지 않을까 생각한다. 착한 의사라면 아마 진작 포기하고 대자연이 갈 길을 정하도록 둔 채 더 간단한 수술만 고수할 것이다. 정말 착했던 나의 옛 상사도 입버릇처럼 이야기하곤 했다.

"어차피 환자가 해를 입을 거라면 나 대신 신이 하도록 두겠어."

"미국에는 할 수 있다는 태도를 가진 쪽이 좀 더 많지만, 저희는 의료계가 너무 상업적이라 용감하게 실수를 인정할 여력이 없어요."

내 레지던트가 말을 이었다. 수술의 처음 몇 시간은 완벽하게 지나갔다. 우리는 종양을 점점 더 많이 떼어냈고, 수술을 시작한 지 15시간 뒤인 자정 무렵에는 종양도 대부분 제거되고 뇌신경도 다치지 않은 것처럼 보였다. 그즈음 되니 내가 그야말로 거물급 신경외과 의사의 반열에 합류하고 있는 것처럼 느껴지기 시작했다. 1~2시간마다 수술을 멈추고 의국실에 있는 간호사들과 어울려 내가 가져온 음식과 마실 것을 꺼내 들며 담배를 피우곤 했다. 완전히 잔치 분위기였다. 우리는 수술하는 동안 계속해서 내가 가져온 음악—바흐에서 아바를 거쳐 아프리카 음악에 이르는 온갖 종류의 CD—을 틀었다. 옛날 병원에서 나는 수술할 때 언제나 음악을 들었고, 동료들도 내가 고른 몇몇 음악은 좀 이상하다고 여겼지만 대부분은 좋아했다. 특히 환자의 머리를 꿰맬 때 트는 척 베리나 비비 킹 같은 빠른 템포의 음악은 '수술 마무리 음악'으로 인기가 꽤 높았다.

수술은 비교적 잘 진행되었고 나는 내가 종양을 몽땅 제거했노라고 말할 수 있기를 바랐다. 국제적 거물들이 기조 강연을 할 때 보여주었던 수술 후 스캔에서 나는 남아 있는 종양을 한 번도 본 적이 없었다. 때문에 거물급 외과 의사가 되려면 설사 위험이 좀 따르더라도 단 한 조각의 종양도 남겨놓으면 절대 안 됐다.

나는 의식적으로 종양의 마지막 부분을 제거하기 시작했다. 그러나 기저동맥에서 갈라져 나오는 굵은 핀 굵기의 작은 혈관을 찢고 말았다. 선홍색의 동맥혈이 가늘게 뿜어져 올라오기 시작했다. 이럴 수가! 돌이킬 수 없는 참변이 벌어졌다. 혈액 손실은 대단치 않았고 출혈도 쉽게 멈추었지만, 뇌간에 입은 손상은 끔찍했다. 뇌를 깨어 있게 해주는 것이 뇌간이고 이 뇌간을 지탱시켜주는 것이 바로 기저동맥이다. 내가 이 혈관을 찢어버리는 바람에 환자는 그 이후로 깨어나지 못했다. 7년 뒤, 나는 한 요양소 침대 위에 둥글게 공처럼 웅크리고 있는 그를 우연히 다시 만났다.

신중하고 신중하고
또 신중하게

수술 후 여러 주 동안 중환자실에서 의식 없는 그를 보아야 했던 고통은 굳이 묘사하지 않겠다. 솔직히 말해 이제는 최근에 벌어진 다른 비극적 사건들에 덮여서 그 고통이 잘 기억나지 않는다. 그러나 그의 가족과 나누었던 수많은 비통한 대화만큼은 확실히 기억한다. 우리 모두 그가 어느 날 다시 깨어날지 모른다는 희망을 버리지 못했다.

살아 있는 것도 아니고 죽은 것도 아닌 환자. 신경외과 의사에게만 주어지는 유일무이한 경험이자 거의 모든 신경외과 의사가 겪는 익숙한 경험이다. 다른 외과 전공의들의 환자는 대체로 죽거나 회복하거나 둘 중 하나이지 몇 달 동안 병동에서 목숨을 부지하지 않는다. 그런 일이 있었다고 들었을 때 한숨을 쉬며 고개를 끄덕이는 사람이 있다면 그는 신경외과 의사들의 느낌을 이해하는 것이다. 그 느낌을 떨쳐낼 수 있는 사람도 있겠지만 그런 사람은 극히 소수다. 어쩌면 그들이 바로 위대한 외과 의사가 될 인물인지도 모른다.

그 불쌍한 남자는 지금도 여전히 혼수상태다. 인공호흡기만 간신히 뗀 상태로 그는 다시 지역 병원으로 보내졌고, 어느 시점에 요양원으로 보내져 줄곧 거기에 머무르고 있다. 무동무언증에 걸린 젊은 여자 환자를 보러 요양원에 갔을 때 가까스로 알아본 그 남자였다. 그다음 몇 년 동안 나는 비슷한 사례의 환자를 볼 때마다 그 종양은 수술이 불가능하다고 여겼다. 다른 의사를 찾아가도록 하거나, 매우 큰 종양에는 그다지 효과도 없는 방사선치료만 받도록 내버려두었다. 당시는 내 결혼이 파탄 나고 옛날 병원이 문을 닫은 시절이기도 했다. 그때 내가 그것을 깨달았는지 잘 모르겠지만, 나는 이때를 더 슬프긴 해도 더 현명해진 시기라고 생각하고 싶다.

그럼에도 나는 점차 용기를 회복하고 내 휴브리스의 비극적 결과에서 배운 것을 이용해 이런 종류의 종양을 만났을 때 훨씬 더 나은 결과를 얻게 되었다. 필요하다면 여러 주에 걸쳐 단계를 나눠 수술하곤 했고, 호송대의 운전병처럼 동료와 함께 수술을 집도하면서 1시간은 일하고 1시간은 쉬면서 교대로 수술하곤 했다. 수술이 각별히 어려울 것처럼 보이면 종양을 몽땅 제거하려고 애쓰지 않았다. 여간해서는 수술이 7~8시간 이상 걸리도록 두지도 않았다.

여전히 이런 유의 종양은 매우 드물게 발견된다. 영국에서는 아마추어리즘의 장점을 믿는 문화가 있어서 대부분의 신경외과 의사가 자신이 맡기 어려운 환자를 더 경험 많은 동료에게 위탁하기를 매우 꺼려한다. 때문에 그 어떤 외과 의사도 미국 의사들만큼의 경험을 얻을 수가 없다. 미국에는 환자가 훨씬 더 많으므로 그러한 종양을 가진 환자도 더 많을 것이다. 미국 환자들은 영국 환자들보다 덜 공손하고 의사도 덜 믿는다. 그들은 도움을 청하는 사람이라기보다 소비자에 가까우므로 노련한 외과 의사에게 수술을 받기를 원한다.

25년이 지난 지금의 나는 이 분야의 전문가가 되었다고 생각하고 싶다. 25년이나 걸려 천천히 느릿느릿 이루어낸 진보였고 도중에 문제들도 많았다. 문제라 해봤자 그 첫 번째 수술만큼 무시무시하지는 않았지만 말이다. 몇 년 전 나는 흡사한 종양을 가진 유명한 록 뮤지션의 누이를 수술한 적이 있다. 그녀는 수술 후 처음 몇 주 동안 힘든 시간을 보낸 뒤 완벽하게 회복했다. 그 뮤지션은 자신이 운영하는 자선기금에서 거액을 떼어 나에게 주었고 나는 그 돈을 우크라이나 같은 곳에서 활동하는 데 요긴하게 썼다. 어쩌면 오래전 그 참담한 수술을 함으로써 겪게 된 좋은 결과라고 할 수 있을 것 같다.

내가 그날 얻은 교훈은 두 가지가 더 있었다. 하나는 나보다 경험 많은 외과 의사가 하고 싶어 하지 않는 수술은 나도 해서는 안 된다는 것. 다른 하나는 컨퍼런스에서 하는 거물들의 기조 강연은 어느 정도 회의적인 태도로 받아들이라는 것.

아, 또 한 가지 바꾼 습관이 더 있다. 그날 이후 나는 수술할 때 음악을 듣지 못하게 됐다.

병은
의사와 환자를
차별하지 않는다

Do No Harm

광시증:
눈의 망막이 기계적으로
자극되어 생기는 빛이
번쩍거리는 감각.

병이란 환자에게만 일어나는 어떤 사건이다. 이는 의대생이 되자마자 초기에 알게 되는 중요한 교훈이다. 의대생들은 환자가 갑자기 무서운 질병과 죽음의 신세계에 노출되고 끔찍한 병들이 처음에는 매우 사소한 증상으로 시작된다는 것을 배운다. 칫솔에 묻은 피는 백혈병을 뜻할지도 모르고 목 안의 작은 혹 또는 암을 뜻할지도 모르며 전에 눈에 띄지 않던 점은 악성 흑색종일지도 모른다.

대부분의 의대생은 이즈음 상상 속에서 온갖 종류의 병에 걸리는 짧은 기간을 거친다. 나 자신도 최소한 나흘 동안은 백혈병에 걸렸던 것 같다. 그리고는 마침내 자기보호의 방편으로 병은 의사

294

가 아니라 환자에게 일어난다는 것을 깨닫는다. 이때는 환자와의 거리감이 필수적인데 만약 수련의로서 환자에게 무섭고 불쾌한 짓을 해야 하는 순간이라면 이 거리감은 더욱더 멀어지게 된다.

처음에는 단순한 채혈과 정맥 주사에서 출발하지만 시간이 가면서 사람들의 몸을 자르고 저미는 더욱 과격한 절차들로 발전한다. 의사가 몸소 환자들의 공포와 고통을 느낀다면 이 일을 하기는 불가능할 것이다. 게다가 의사 경력이 쌓일수록 책임감이 점점 더 커져 의사의 실수로 환자가 고통받는다는 사실에 스스로 불안감을 크게 키운다. 환자는 동정의 대상이 될 뿐만 아니라 공포의 대상이 되기도 한다. 그래서인지 의사는 자신에게 병이 났을 때 초기 증상을 무시하는 경향이 있다. 또한 자신이 단순한 환자가 되는 것을 어려워한다.

의사는 흔히 자기 자신의 병을 진단하는 데 매우 느리다고 한다. 나 역시 내 눈 속에서 빛이 깜박거리는 것을 거의 알아차리지 못했다. 증상은 늦은 여름휴가를 마치고 9월에 일하러 돌아왔을 때 시작되었다. 불을 환하게 밝힌 공장 같은 병원의 복도를 걸어갈 때마다 내 왼쪽 눈에서 순간적으로 작은 불빛이 묘하게 깜박거리는 것이 느껴졌다. 꼭 집어 말하기 어려운 증상이었고 2주일 뒤 증상은 사라졌다.

그러나 2~3주 뒤 왼쪽 눈의 시선 너머에 깜박거리는 활 모양이 있는 느낌이 계속 들었다. 활 모양의 그것은 분명한 이유도 없이 들어왔다 나갔다 했다. 무척 신경이 쓰였지만 증상이 거의 의식

되지 않아서 그것을 무시해버렸다. 뇌종양이 때로는 이와 비슷한 미묘한 시각적 증상으로 처음 등장한다는 사실을 알고 있으면서도 나는 애써 이를 무시했다. 병원 최고경영자와의 면담에 관한 걱정 탓이겠거니 하면서.

어느 날 저녁이었다. 운전하는 동안 갑자기 왼쪽 눈에서 깜박이는 빛이 별똥별처럼 빠르게 쏟아져 내리는 것 같았다. 집에 도착했을 때는 눈이 먹구름처럼 소용돌이치는 먹물로 가득 찬 느낌이 들었다. 꽤 걱정스러웠지만 통증은 전혀 없었다. 의대생이었을 때 안과학에는 거의 관심을 두지 않아서 도대체 내 눈 속에서 무슨 일이 일어나는 것인지 짐작도 가지 않았지만, 몇 분 동안 인터넷을 검색해 이 증상이 유리체 박리라는 걸 알아냈다. 수정체 뒤쪽을 채우고 있는 투명한 젤리인 유리체가 눈알의 벽에서 떨어져 나온 것이었다. 나는 근시가 심해서 유리체 박리가 각막 박리로 진전될 위험이 있었다. 그렇게 되면 그 결과로 왼쪽 눈의 시력을 잃을 수도 있었다.

의사도 병에 걸리면
나쁜 상상을 한다

의사라는 신분의 주요한 장점 하나는 병원에서 줄을 서거나 발을 동동 구르는 비참함 없이 친구에게 즉시 도움을 얻을 수 있다는 사실이다. 나는 바로 안과 동료에게 전화를 걸었다. 동료는 일요일임에도 불구하고 다음 날 아침 일찍 나를 봐주기로 했다. 이튿날 병원으로 향하는 도로는 한산했고 왼쪽 눈의 시야는 구름처럼 떠다니는 검은 피 때문에 간간이 흐려졌다.

그가 내 눈을 진찰하더니 망막박리가 시작된 것 같다고 말했다. 당시는 내가 아직 개인 진료(영국에서는 NHS 병원 소속 전문의도 일정 자격을 갖추면 개인 진료를 겸할 수 있다 – 옮긴이)를 많이 하던 시절이라 개인의료보험에 가입할 여력이 있었다. 나는 보험회사의 주선으로 다음 날 런던 중심부의 개인 병원 한 곳에서 유리체–망막 전문 외과 의사를 만났다.

낡은 벽지가 눅눅한 벽에서 떨어지듯 망막이 눈알에서 쉽게 떨어질 수 있다는 걸 그즈음에는 너무도 잘 알게 됐다. 그날 밤, 캄캄한 침실에서 나를 걱정하는 아내 케이트 곁에 누워 눈을 떴다 감았다 하며 앞이 보이는지 확인하며 밤을 지새웠다. 이러다가 눈이 멀지는 않을까 생각하면서 창문을 통해 보이는 밤하늘을 가로지르며 춤을 추는 구름의 희미한 형상을 감상했다. 다행히 그러다 마침내 잠이 들었고 아침에는 일하기 충분할 만큼 앞이 잘 보였다.

유리체–각막 외과 의사와의 약속은 오후로 잡혀 있었다. 그날도 평소와 다름없이 한 건의 수술을 집도하고 있었다. 정말 얄궂게도 수술 부위는 뇌의 시각 영역을 다루는 곳이었다. 수술에 집중한 나머지 나 자신의 시력에 대한 걱정은 까맣게 잊었다가, 환자의 두개골을 제자리에 돌려놓기 시작하고서 갑자기 내가 곧 환자가 될 처지임을 떠올렸다. 갑자기 두려움에 휩싸인 나는 서둘러 병원을 나와 택시를 잡아타고 런던 중심부의 할리스트리트 병원으로 달려갔다.

망막 외과 의사는 나보다 약간 젊었다. 상냥하고 사무적인 동시에 신중한 동정심을 내비치는 외과적 태도, 빨리 도와주고 싶어 하면서도 환자가 감정적으로 다가오지 않기를 바라는 전형적인 의사의 태도를 접하자 그 속에서 내 모습이 보이는 듯했다. 그는 필시 외과 의사를 치료하는 이 상황이 달갑지 않을 것이었다. 같은 의사가 자신의 치료를 부탁하는 것은 칭찬인 동시에 저주다. 모든 외과 의사가 같은 의사를 치료할 때 격렬한 불안을 느낀다. 환자와의 거리 두기라는 평소의 규칙이 무너져 자신이 따갑게 노출된다고 느끼기 때문이다. 자신이 틀릴 수 있다는 사실을 환자가 너무도 잘 알고 있음을 뼈저리도록 깨닫는다.

그가 나의 망막을 다시 살펴보았다. 손전등이 유난히 밝아서 나는 약간 움찔했다.

"망막 아래에 액체가 고이기 시작하는군요. 내일 아침에 수술하겠습니다."

20분 뒤 공황 상태로 건물을 걸어 나왔다. 지하철이나 택시를 타고 집에 가는 대신 10km 가까운 거리를 걸어서 집으로 돌아가며 나에게 일어날지도 모르는 온갖 끔찍한 일들을 곱씹었다. 우선 일을 그만둬야 할지도 모르고—실제로 망막박리 때문에 그렇게 된 외과 의사 두 사람을 알고 있었다—완전히 실명할 수도 있었다. 오른쪽 눈에도 박리의 초기 증상들이 나타난다는 말을 들었기 때문이다. 집까지 걷는 동안 내 생각이 어떻게 꼬리에 꼬리를 물었는지는 정확히 기억나지 않지만, 집에 도착할 무렵에는 이상하게도 그 문제를 체념하고 있었다. 무슨 일이 일어나든 받아들일 터였지만 무엇이 됐든 최선을 바랄 뿐이었다. 나는 병원에 있을 때 휴대폰을 꺼둔 사실을 깜박하고 있다가 집에서 기다리던 케이트가 나와 연락이 안 되서 공황 상태에 빠져 있는 모습을 발견하고 얼굴이 화끈 달아올랐다.

다음 날 아침 병원에 가니 말쑥한 프론트 직원이 나를 기다리고 있었다. 서류 작업은 금세 처리되었고 나는 방으로 안내를 받았다. 병원보조원과 간병인들이 급사처럼 검은 조끼를 입고 있었고, 복도와 방들은 모두 양탄자가 깔려 있어 조용하고 조명도 낮춰져 있었다. 내가 일하는 커다란 공공병원과는 이렇게 다를까 싶을 정도로 모든 것이 대조적이었다.

외과 의사는 내 왼쪽 눈을 다시 진찰하더니 기포 유리체절제술이라는 수술이 필요하다고 말했다. 큰 바늘 여러 개를 눈알에 찔러 넣어 젤리 같은 유리체를 빨아낸 다음 얼음처럼 차가운 냉동 프로브(신체 조직을 얼릴 때 쓰는 기구 - 옮긴이)를 써서 망막을 도로 제자리에 붙이는 수술이라고, 그런 다음 눈에 아산화질소 가스를 채워 다음 몇 주 동안 망막을 제자리에 유지시키면 된다고 했다.

"수술은 국소마취로 받으실 수도 있고, 전신마취로 받으실 수도 있습니다."

의사가 약간 주저하는 목소리로 내게 말했다. 그는 국소마취를 원하지 않는 게 분명해 보였다. 그건 나도 마찬가지였다.

"전신마취로 해주세요."라는 말로 그를 안심시키자마자, 밖에서 마취과 의사가 상자에서 튀어나오는 용수철 인형처럼 방으로 뛰어 들어와서는 빛의 속도로 내가 마취에 적합한지 점검했다. 30분 뒤 엉덩이가 뚫린 우스꽝스러운 수술 가운과 종이 속바지, 색전증 방지용 스타킹과 닳아빠진 슬리퍼 차림으로 간호사 한 명의 호위를 받으며 나는 수술실로 향했다. 마취실로 걸어 들어가며 나는 웃음을 터뜨릴 뻔했다. 수천 번을 걸어 들어갔던 수술실에 지금은 웃긴 모습의 가운과 종이 속바지 차림으로 서 있다니.

환자가 되는 것을 언제나 두려워했음에도 나이 쉰여섯에 마침내 환자의 몸이 되고 보니 생각보다 놀랍도록 쉽고 편했다. 이유는 아주 단순했다. 내가 다른 환자들에 비해 얼마나 운이 좋은지 잘 알고 있었기 때문이다. 세상에 뇌종양보다 나쁜 병이 대체 뭐가 있겠는가! 남들은 훨씬 더 많은 고통을 겪어야만 하는데 내가 무슨 권리로 불평을 한단 말인가!

게다가 나는 개인 의료보험으로 수술을 하는 것이다. 대부분의 NHS 환자가 겪는 비인간적 대우를 피했다는 사실도 한몫했다. 나는 양탄자가 깔리고 화장실이 딸린 개인 병실을 쓸 수 있었다. 환자에게는 매우 중요한 사항이지만 NHS 관리자와 건축가에게는 전혀 중요하지 않은 사항들이다. 말하기 미안하지만 의사들도 환자들이 중요하게 생각하는 사소한 사항들에는 거의 신경을 쓰지 않는다. 자신이 환자가 되어 NHS 병원에서 불편한 밤을 지내보기 전까지 전혀 알 턱이 없지.

나는 마취되었다가 몇 시간 뒤 개인 병실 침대에서 눈에 붕대를 감은 채 전혀 고통 없이 깨어났다. 저녁 시간은 자다 깨기를 반복하면서, 보이지 않는 왼쪽 눈에서 모르핀에 의해 더욱더 환상적으로 펼쳐지는 빛의 쇼를 느끼며 밤을 보냈다. 마치 한밤에 칠흑처럼 캄캄한 사막 위를 날면서 멀리 타오르는 환한 불을 보는 듯했다. 수십 년 전 서아프리카에서 일하던 밤에 구경한 산불 같았다. 사하라에서 불어오는 하마탄(12월부터 2월에 걸쳐 아프리카 내지에서 서해안으로 부는 건조한 열풍 - 옮긴이)에 의해 사바나의 초지를 가로질러 몰려가는 긴 불꽃의 벽이 별빛 아래 수평선 위에서 불타고 있는 모습 같았다.

의사가 다음 날 매우 일찍 자신의 NHS 병원으로 가는 길에 들러 나를 보러 왔다. 그는 나를 치료실로 데려가 왼쪽 눈의 붕대를 풀었다. 희미하게 어른거리는 어둠밖에 보이지 않았다. 마치 물속에 있는 것 같았다.

"고개를 숙이고 손목시계를 왼쪽 눈에 바짝 갖다 대보세요. 뭔가 보이나요?"

내 시계의 표면이 엄청나게 확대되어 한밤에 바다 위로 떠오르는 달처럼 시야 안으로 헤엄쳐 들어왔다.

"네."

"좋아요, 시력이 남아 있네요."

그가 쾌활하게 말했다. 왼쪽 눈은 그다음 몇 주 동안 사실상 장님이나 다름없었다. 눈 안의 기포가 처음엔 거대한 행성의 지평선과 같아서 나는 그 너머로 가늘게 언뜻 비치는 외부 세계밖에 볼 수 없었다. 기포가 점차 줄어들자 시력도 서서히 회복되었다. 내 눈의 안쪽은 내가 머리를 움직일 때마다 기포가 서서히 구르고 튀어 오르는 요란한 색깔의 라바 램프(병 안에 투명한 액체와 왁스를 담아 전구를 켜면 왁스가 녹아 상승했다가 냉각되어 다시 내려오며 용암처럼 움직이도록 만든 전등 – 옮긴이) 같았다.

한 달 동안 수술을 집도할 수 없어서 수술을 받은 지 일주일 뒤부터는 외래 진료만 시작했다. 외래 진료만 했을 뿐인데도 상당히 피곤했다. 환자들이 내 건강 상태가 완벽하지 않다는 걸 안다는 사실도 무안했다. 그래도 눈에 검은 안대를 착용한 덕분에 마치 멋진 해적이 된 듯한 느낌이었다. 수술 며칠 뒤 안대를 뽑내며 안과 의사를 보러 갔고, 그는 내 눈의 상태가 만족스럽다고 이야기했다.

나는 몇 주도 안 되어 완전히 회복했지만, 유리체 절제술 때문에 눈 안의 수정체가 손상되어서 수정체를 교체하는 수술을 또 받아야 했다. 백내장 환자들이 자주 받는 쉽고 간단한 수술로 첫 수술 3개월 뒤에 받았다. 두 번째 가벼운 수술 후 주말 동안엔 응급실 당직을 섰다.

아플 수도
없는 날들

일요일 오후에 비가 내리지 않았다면, 어쩌면 계단에서 떨어져 다리가 부러지는 일을 피할 수 있었는지도 모른다. 물론 내 시력도 아직까지 정상이 아니었는지도 모르지만. 바쁜 토요일 밤 이후 일요일 아침은 조용했다. 토요일 밤에는 당직 레지던트가 신참이어서 소뇌에 뇌졸중이 온 중년 남자의 수술을 도와줘야 했다. 한밤중에 수술을 무사히 끝내고 엄청난 피곤을 느끼며 뒤뜰의 화초들을 손질하며 일요일 아침을 보내고 있었다. 한참을 정원 손질에 시간을 보낸 뒤, 쓰레기로 가득한 비닐봉지를 차에 싣고 원즈워스 폐기물 처리장으로 갔다.

일요일 아침, 그곳은 나처럼 간만에 집안 정리를 하고 쓰레기를 싣고 온 차들로 북적인다. 사람들은 거대한 폐기물 컨테이너 안으로 망가진 안락의자, 소파, 세탁기, 오디오, 각종 상자, 침대와 매트리스, 잔디 깎는 기계, 유모차, 컴퓨터, 텔레비전, 잡지 더미, 석고판 조각과 잡석 따위의 잡동사니를 던져 넣느라 바빴다. 이런 장소에는 은밀하고 떳떳하지 못한 분위기가 맴돈다. 사람들은 공중화장실의 남자들처럼 서로의 시선을 피하고 쓰레기를 던져 넣는 즉시 반짝이는 자기 차를 몰고 도망치듯 떠나버린다.

쓰레기장에 갈 때마다 언제나 나는 해야 할 일을 끝냈다는 커다란 안도감을 느끼며 그곳을 떠나는데, 이번에는 집에 가는 길에 동네 화원에 들르는 것으로 나 자신에게 보상을 주기로 했다. 늘어선 화초와 관목들 사이를 행복하게 걸으며 살 것을 찾고 있는데 비가 내리기 시작했다. 낮고 들쑥날쑥한 비구름이 맑은 물에 퍼지는 잉크처럼 머리 위로 비를 쏟아부으며 손님들을 실내로 모는 바람에 화원은 갑자기 휑해졌다. 정신을 차리고 보니 나만 혼자 초록빛 화초와 관목들 사이에 서 있었다. 그때 마침 휴대폰이 울렸다. 당직 레지던트인 롭이 병원에서 건 전화였다.

"귀찮게 해드려서 정말 죄송합니다만,"

수련의들이 휴일에 전화를 걸 때마다 인사치레로 늘어놓는 대사를 한바탕 죽 읊은 그가 겨우 본론을 말했다.

"한 환자가 좀 이상해서요. 지금 상의 드려도 될까요?"

"그래, 그래, 물론이지."

비를 피할 곳을 찾아 서둘러 테라코타 화분이 가득한 창고로 들어가며 내가 말했다.

"34세 남성이 다리에서 떨어졌는데……."

"뛰어내린 건가?"

"그렇습니다. 한동안 우울증이 있었던 모양입니다."

우선 남자가 땅에 닿은 쪽이 머리인지 발인지 물었다. 발이 먼저 땅에 닿으면 발과 척추가 골절되어 결국 몸이 마비되고, 머리를 먼저 박으면 대개 죽는다.

"발이 먼저 닿기는 했지만 머리도 박았습니다. 다발외상 사례입니다. 골반, 양측 정강뼈와 종아리뼈가 모두 골절되었고 두부 손상도 심각합니다."

"스캔은 어때 보이나?"

"왼쪽 측두엽에 큰 출혈 타박상이 있고 뇌저조(뇌를 감싸고 있는 3 겹의 막 중 하나인 지주막 아래의 공간 - 옮긴이)가 사라졌습니다. 왼쪽 동공이 크게 고정된 지 이제 5시간째입니다."

"운동 반응은?"

"없었습니다, 구급 대원의 말에 따르면요."

"좋아, 어떻게 할 건가?"

롭은 주저하다가 마지못해 자기 의견을 밝혔다.

"글쎄요, 혈압을 지켜볼 수는 있겠죠."

"예후는 어떨 것 같은데?"

"별로 좋지 않을 겁니다."

롭에게 그가 죽게 내버려두는 편이 나을 거라고 말했다. 그는 우리가 무슨 짓을 해도 죽을 것이고, 설사 살아남는다 해도 끔찍한 불구로 남을 것이라고. 나는 그에게 가족을 보았느냐고 물었다.

"아뇨, 지금 오고 있습니다."

"좋아, 가족에게 똑똑히 말해야 해."

우리가 이야기하는 동안 비가 그치고 쪼개진 구름 뒤에서 해가 나왔다. 내 주위의 화초들이 햇빛을 반사하며 반짝거렸다. 손님들이 가게에서 모습을 드러내자 화원의 목가적 장면이 되살아났다. 정원을 가꾸는 사람들이 늘어선 화초와 나무 사이를 행복하게 걸으며 멈춰서 화초와 나무를 살펴보기도 하고, 어느 것을 살까 갸웃거리기도 했다. 나는 흰 꽃들이 작은 별처럼 광채를 뿜는 비부르눔 파니쿨라타를 산 다음, 조수석에 고이 올려놓고 얌전히 차를 몰아 집으로 돌아왔다.

집으로 오면서 자살을 시도했다던 남자 생각이 났다. 그 불쌍한 남자를 수술할 수도 있었고 어쩌면 그의 목숨을 구했을지도 몰라. 하지만 무슨 대가로? 혼잣말을 하며 뒤뜰에 비부르눔을 심을 구멍을 파기 시작했지만, 결국은 병원으로 들어가 스캔을 직접 살펴보고 환자도 봐야 할 것 같았다. 최선을 다했지만, 아무리 그래도 전화로 들은 증거만을 토대로 환자에게 사형선고를 내리기는 좀 그랬다.

쏟아진 비에 흠뻑 젖어버린 신발을 벗어 던지고 최근에 밑창을 간 새 신발로 갈아 신고는 차를 몰아 병원으로 돌아갔다. 어두운 엑스선 판독실에서 롭을 만났다. 그가 뇌 스캔을 불러다 컴퓨터 화면에 미리 띄워놓았다. CT 스캔상으로도 환자는 엉망이었다.

"이런, 완전히 만신창이로군."

전화로 롭이 묘사한 것보다 훨씬 더 나빠 보였다. 그 남자의 뇌 왼쪽은 손을 댈 수 없을 정도로 완전히 박살나 있었고, 뇌가 하도 부어서 스캔이 아예 새카맣게 보일 정도였다. 살아남을 가망이 전혀 없었다.

"의사라는 직업에는 두 가지 커다란 장점이 있지. 하나는 얘깃거리가 끝없이 생긴다는 거야. 재미있는 건 일부고, 주로 끔찍한 게 많지만."

내가 롭에게 말했다. 갑자기 지하철 아래로 뛰어내린 20대의 예쁜 아가씨에 관한 이야기가 떠올랐다.

"한쪽 다리를 골반에서부터 완전히 잘라내야 했어. 열차가 엉덩이와 다리를 밟고 지나갔던 것 같아. 두개골까지 함몰되고 골절되는 바람에 지역 병원에서 급한 대로 다리를 절단한 뒤 우리 병원으로 왔어. 간신히 머리를 해결하고 나니 며칠에 걸쳐 그녀가 서서히 깨어나더군. 내가 다리를 잃었다고 말했더니 그 환자가 '세상에. 별로 근사하게 들리지는 않네요, 그렇죠?'라고 말했던 게 기억나. 처음엔 그녀도 꽤 기뻐했어. 자기가 몸을 던진 이유는 잊어버렸나 봐. 그런데 다친 머리가 낫자마자 반대로 더 나빠졌어. 기억이 돌아오기 시작하고 나서 날마다 점점 더 우울해지고 사람이 절망적으로 변해가는 거야. 나중에 나타난 부모를 보니 이유를 알 만하더군. 지켜보기가 정말 딱했어."

"그러고 나서 어떻게 됐어요?"

"전혀 몰라. 지역 병원으로 다시 돌려보낸 뒤로는 더 이상 소식을 듣지 못했거든."

"선생님, 그럼 의사 직업의 두 번째 장점은 뭡니까?"

롭이 예의 바르게 물었다.

"자기가 병들었을 때 훌륭하게 치료받는 법을 잘 안다는 거야." 내가 우리 앞의 모니터에 떠 있는 뇌 스캔을 가리키며 말했다.

"내가 가서 그의 부모님과 이야기함세."

중환자실로 걸어가는 병원은 새 건물이어서 아직도 매우 새로웠다. 마치 경비가 삼엄한 교도소 같달까. 문은 전자 카드로만 열

수 있었고 문이 1분 이상 열려 있으면 고막을 찢는 경보음이 울리곤 했다. 누가 보았으면 아픈 사람들로 가득한 병원 치고는 묘한 현상이라고 생각했을지도 모른다. 나는 중환자실로 걸어 들어갔다. 안쪽 벽을 따라 다양한 모습의 의식 없는 환자들이 인공호흡기를 달고 기계에 둘러싸여 있었고 침대마다 간호사가 한 명씩 붙어 있었다. 새 입원 환자에 관해 묻자 가운데 책상에 있던 간호사들이 한 침대를 가리켰다.

가엾은 환자가 어마어마하게 뚱뚱하다는 사실을 알고 나는 깜짝 놀랐다. 이유는 모르겠지만 자살을 시도하는 사람이 뚱뚱할 거라는 생각은 하지 못했던 것 같다. 머리는 보이지 않고 창백하고 남산만 한 그의 벌거벗은 배 일부가 깨끗한 시트에 덮여 있었다. 그 너머 침대 머리맡에서 모니터와 기계와 주사기 펌프 따위가 빨간 LED와 판독 수치를 깜박거리고 있을 뿐이었다. 한 어르신이 침대 옆 의자에 앉아 있다가 나를 보고 일어났다. 악수를 청하며 내가 물었다.

"아버님 되십니까?"

"그렇소."

그가 조용히 대답했다.

"매우 유감입니다만, 저희가 도울 수 있는 일이 아무것도 없습니다."

그런 다음 내키진 않았지만 환자는 24시간 안에 죽을 거라고 설명했다. 그는 아무 말 없이 고개만 끄덕였다. 그 얼굴에는 표정이 거의 없었다. 너무 놀라서였는지 아니면 아들과 너무 소원해서였는지 나는 모른다. 옆에서 애처롭게 죽어가는 얼굴 모를 몸뚱이 이면에 어떤 비극적 인간사가 누워 있었는지 나는 모른다.

다리가 부러져도 감사하다

집으로 돌아간 나는 계단을 올라 작년에 만든 다락방으로 갔다. 유난히 심하게 재발한 크론병에서 회복 중인 케이트가 그 방 소파에 누워 있었다. 난간을 포함한 계단도 내가 오크 나무를 잘라 직접 만들고 사포질 하고 윤을 내서 반짝반짝하게 마무리한 것이었다. 우리는 계단에 난간을 추가할 필요에 대해서 의논했다. 케이트가 이틀 전에 계단에서 미끄러져 꽤 심하게 멍이 들었기 때문이었다.

우리는 지나친 보건 안전 문화를 언제나 약간 경멸해왔지만, 난간 하나쯤은 안전을 위해 괜찮은 생각일 수 있다고 마음먹었다. 나는 뒤뜰에 가서 비부르눔 심기를 끝내려고 디딤판과 층뒤판 하나하나를 직접 만든 오크 계단을 내려가기 시작했다. 그러다 지나치게 윤을 낸 오크 위에서 미끄러지면서 균형을 잃었고 우지끈 다리가 부러지고 발이 삐끗하는 무시무시한 소리와 함께 다음 계단에서 떨어졌다. 다리가 부러지면 정말로 몹시, 몹시 아프다.

"빌어먹을! 다리가 부러졌어!"

내가 소리를 지르자 케이트는 처음엔 내가 농담을 한다고 생각했다가 왼발이 거짓말 같은 각도로 비틀린 채 계단 밑에 던져져 있는 나를 발견하고는 소리를 질렀다. 나는 손으로 발의 위치를 똑바로 하려고 했지만 어마어마한 통증으로 정신이 아득해지기 시작했다. 결국 이웃의 도움으로 그의 차를 타고 병원 응급실로 실려 갔다. 휠체어를 하나 찾아 얼른 그 위에 앉은 다음, 사나워 보이는 여자 두 명이 서 있는 접수대 앞에 줄을 섰다. 부러진 다리를 앞으로 내밀고 이를 악문 채로 끈기 있게 앉아서 기다렸다. 드디어 내 차례다!

"성함이?"

"헨리 마시입니다."

"생년월일은요?"

"1950년 3월 5일이오. 나는 이 병원 신경외과의 선임 전문의 입니다."

"종교는요?"

내 말을 들었는지 못 들었는지 그녀가 눈 하나 깜짝하지 않고 질문만 계속했다.

"없습니다."

나는 기가 죽었지만 적어도 우리 병원은 진정으로 평등하다고 냉소적으로 생각하며 대답했다. 질문은 계속 이어졌지만 발이 탈구되는 바람에 바로 응급실 간호사가 나를 데리고 갔다. 정맥을 흐르는 모르핀과 미다졸람과 엔토녹스가 이렇게 통증을 빨리 없애주는 것이었던가. 덕분에 서서히 의식이 흐려지며 기억을 잃어갔다. 마지막 기억은 그 열정적인 간호사가 새로 산 내 초록색 코르덴 바지에 무지막지한 가위를 갖다 대지 않도록 막은 게 전부다. 마취제도 전혀 없던 과거에 나와 같은 골절을 고치는 일은 어땠을까. 마침 정형외과 동료가 내 침대 끝에 서 있었다. 내가 응급실로 오는 길에 급하게 휴대폰으로 전화한 친구였다.

"골절탈구야. 깔끔하게 맞추긴 했지만 수술이 필요할 거야. 내가 내일 개인 병원에서 할 수 있어."

"보험은 들어놨으니 좋아. 그렇게 하지."

"개인 병원으로 가시려면 민간 구급차를 부르셔야 합니다."

옆에 있던 간호사가 말했다.

"걱정 마세요. 내가 직접 데려가면 됩니다."

그렇게 왼쪽 다리에 깁스를 한 상태로 동료의 빨간 메르세데스 스포츠카에 올라탔고, 동료의 개인 병원에서 다음 날 골절을 정식으로 바로잡는 수술을 받았다. 동료는 며칠 동안 다리를 쉬게 해야 한다는 자기 충고를 내가 안 듣는다는 이유로, 나를 닷새 동안 병원에 가둬두겠다고 우겼다. 그래서 갑작스럽게 우아한 병실 생활을 5일간 즐기게 됐다. 병실 창문 밖의 꽤 근사한 오크나무를 바라보고 P. G. 우드하우스P. G. Wodehouse의 책을 읽으면서.

NHS에 대한 정부의 이른바 '시장 주도 개혁' 가운데 많은 것이 NHS를 민간 의료 서비스와 점점 격차를 벌리고 있는 이 상황에 대해 숙고하기도 했다. 민간 의료 서비스의 혜택을 받는 환자의 입장에서 나는 동료들이 옆 병실에서 환자들에게 다정하게 건네는, 매력과 정중한 격려가 담뿍 담긴 목소리를 들을 수 있었다. NHS에서는 좀처럼 듣기 힘든 말투다. 짙은 색 양복을 말쑥하게 차려 입은 동료들이 다음 환자를 모시고 들어가기 위해 수시로 진료실 밖으로 모습을 드러내곤 했다. 그 가운데 몇몇은 나를 아는 터라 환자복 차림으로 다리에 깁스를 하고 환자로 변장한 나를 보고 다소 깜짝 놀라는 모습이었다. 그들은 대부분 멈춰서 내 다리를 보고 동정심 어린 눈빛을 보낸 다음 나와 함께 깔깔 웃었다. 다만 그 가운데 한 명, 특히 젠체하는 내과 의사는 잠시 꼼짝도 않더니 놀란 표정을 지었다.

"왼쪽 발목이 골절탈구 됐어."

"저런."

마치 내가 저속하게 다리가 분질러지도록 내버려두기라도 했다는 듯이 점잔빼는 목소리로 그가 대답했다. 내가 깁스실로 불려가자 정형외과 동료가 낡은 붕대를 풀고 내 발목 양쪽에 하나씩 있는 두 군데의 절개 부위를 꼼꼼히 살폈다. 그는 만족스럽다는 듯이 내 다리를 손에 들고 상처를 다시 치료한 뒤 내 발과 다리에 새로 부목을 대고 붕대를 감아주었다.

"알겠지만 나는 내 환자를 만지는 일이 거의 없잖아."

내가 그에게 말했다.

"물론 수술할 때는 예외지만. 내가 접하는 거라곤 단지 환자 병력과 뇌 스캔과 길고 우울한 대화가 전부야. 이곳과는 전혀 다르지. 여기는 꽤 쾌적하네."

"맞아, 신경외과는 정말 우울해."

"그래도 우울한 만큼 수술할 때 쾌감은 더 커지는지도……."

내가 말을 시작하자 그가 내 말을 막았다.

"발이 엄청 부어오를 테니까 다음 몇 주 동안은 내내 발을 높이 두고 있어야 해."

나는 그에게 인사하고 목발을 집어 들고는 한 발로 깡충거리며 방을 나갔다. 2~3주 뒤 오른쪽 눈의 유리체에 출혈이 생기고 망막이 찢어졌지만 왼쪽 눈보다는 고치기가 쉬웠다. 나는 불과 며칠 안에 일터로 돌아왔다. 뇌 한가운데 종양이 생긴 내 환자들에 비하면 나는 행운의 환자였다. 나는 내 눈과 발목을 고쳐준 동료 의사들에 대해 순수하게 감사하는 마음이 생겼다. 일이 잘 풀릴 때 모든 환자가 의사에게 갖게 되는, 깊은 곳에서 우러나는, 조금은 터무니없는 그런 감사 말이다.

우크라이나의
비밀 수술
II

Do No Harm

성상세포종:
비신경세포에서 유래하는
뇌종양. 온갖 등급의
악성 종양이 발생한다.

　　　　　삼차신경통 수술이 성공한 뒤 이고르는
나에게 큰 기대감을 보였다. 그는 나더러 다음에 우크라이나에 오
면 어려운 뇌종양 수술을 해달라고 했다. 우크라이나에 있는 선배
나 동료들은 그 환자들을 안전하게 치료할 수 없다고 하면서. 나는
이고르에게 그만한 열의가 없다고 말했지만 그는 이미 환자들을
준비시킨 채 나를 기다리고 있었다. 우크라이나에 다시 가자 이고
르의 사무실 밖 우중충한 복도에는 꽤나 무시무시한 뇌종양을 가
진 환자들이 길게 늘어서서 나를 기다리고 있었다.
　여러 해에 걸쳐 진행된 외래 진료는 언제나 분위기가 사뭇 기
괴했고 내가 그때까지 해본 어떤 일과도 성격이 판이하게 달랐다.

이고르의 명성이 높아지면서 우크라이나 전역에서 환자들이 그에게 진찰을 받으러 찾아왔다. 우크라이나에는 예약 제도가 없다. 환자들은 아무 때나 나타나고 의사를 만나기까지 온종일 기다려야 할지도 모른다는 사실을 자연스럽게 받아들이는 것 같았다. 내가 방문하는 날이면 환자들의 기다란 줄이 사무실 밖 병원 복도를 따라 줄곧 뻗어가다가 먼 모퉁이를 돌아 시야에서 사라지곤 했다.

우리는 오전 8시에 진료를 시작해서 쉬지 않고 저녁 늦게까지 일을 계속했다. 작은 사무실에는 여러 명의 환자와 가족들이 한꺼번에, 일부는 옷을 입고 일부는 벗은 상태로 꽉꽉 들어차 있었다. 특히 이고르의 정치적 상황이 말썽을 일으키는 시기에는 그를 인터뷰하려는 기자와 TV 제작진도 자리를 차지하고 있었다. 방에는 전화기가 세 대 있었는데 항상 모두 통화 중이었다. 방 안에는 언제나 대여섯 명의 사람들이 왔다 갔다 했다. 이 모든 혼란에 너무 지치고 짜증이 난 나머지 처음에는 이고르를 탓하며 우리도 예약제를 실시해야 한다고 불만을 쏟아내기도 했다. 이고르는 우크라이나에서는 아무도 예약제를 지키지 않을 것이기 때문에 사람들이 오고 싶을 때 오도록 그냥 두는 것이 최선이라고 어깨를 으쓱할 뿐이었다.

이고르는 타인의 감정에 공감을 잘하는 편이지만 환자를 대하는 태도는 다소 무뚝뚝했다. 내가 러시아어나 우크라이나어를 하지 못하는 까닭에 환자와 이고르 사이에 무슨 말이 오가고 있는지 짐작밖에 할 수 없었고, 이고르가 통역을 해준 다음에야 그들의 대화를 종종 완전히 오해하고 있다는 걸 알았다. 환자들은 미리 준비한 자신의 뇌 스캔을 가져와 나에게 단도직입적으로 수술이 가능한지 그렇지 않은지 묻곤 했다.

영국에서는 의사들을 교육하는 초기에 신경 써서 가르치는 것이 두 가지가 있다. 결정의 근거는 환자의 히스토리를 듣고 환자를 진찰하고 난 다음에 내려야 한다는 것, 엑스선이나 뇌 스캔과 같은 자료는 제일 마지막에 보아야 한다는 것. 우크라이나에서는 반대로 진행되고 있었다. 그래서인지 진료는 몇 분 또는 심지어 몇 초로 압축되기도 했다. 로마 경기장의 네로 황제가 된 느낌이었다. 뇌 스캔은 대개 질이 형편없다는 사실이 상황을 아주 어렵게 만들었다. 무슨 일이 벌어지고 있는지 스캔상으론 분명히 알아보기가 어려웠고, 그 때문에 나는 생사를 가르는 많은 결정을 그토록 빠른 속도로 내려야 한다는 게 더욱더 불안해졌다.

루드밀라, 그리고 타냐

1998년 여름에는 의료계 기득권층에 속한 이고르의 많은 적들이 병원장에게 압력을 가했다. 1년 전까지만 해도 영국 대사를 환영했던 병원장 태도가 싹 바뀌었던 것이다. 외래 진료 첫날 아침, 병원장은 나의 수술실 출입을 금지했으며 심지어는 나를 만나지도 않으려고 했다. 지금에야 솔직히 말하지만 실은 그 때문에 오히려 적잖이 안심이 되었다. 그동안 보아온 환자들에게 주눅이 들어 원시적인 수술실에서 그들을 수술한다는 생각만으로도 겁이 났던 것이다.

우크라이나 전역에 영국 출신 의사가 수술실 출입을 금지당했다는 사실이 알려지면서 톱 머리기사가 되었고 다음 날 외래 진료실에는 평소보다 더 많은 기자와 TV 제작진이 함께했다. 오전 시간 중간에 내가 우크라이나 TV 방송기자의 인터뷰에 응하면서 동시에 누군가의 뇌종양을 수술할 수 있을지 없을지 결정하려고 애쓰고 있을 때, 병원 외과 과장이 갑자기 들이닥쳤다. 그러더니 기자와 영화 제작진에게 병원에서 나가라고 큰 소리로 명령했다. 그는 다른 의사들보다 각별히 높은 '주방장 모자'를 쓰고 커다란 모자에 어울리는 특대 크기의 안경을 걸치고 있어서 스탠드업 코미디언처럼 무척 우스꽝스러워 보였다. 그는 화를 내며 말했지만 그의 말을 진지하게 받아들이기 어려울 정도였다.

우리는 병원 밖에서 병원을 배경으로 인터뷰를 계속했다. 방금 진료를 마치고 수술하기로 동의한 루드밀라도 인터뷰에 응했다. 기자들은 내가 그녀를 치료하는 것을 허락받지 못할 거라는 사실에 대해 어떻게 느끼느냐는 질문을 퍼부었다. 루드밀라는 키이우에 있는 유명한 신경외과 교수를 보러 남쪽에서 올라왔더랬다. 최근 몇 개월 사이에 발로 딛고 서는 게 점점 불안정해진 게 이유였다. 뇌 스캔을 해보니 그녀의 뇌 바닥에서 수술이 어려운 커다란 종양—양성이지만 흔히 자라면 치명적이 되는 제4뇌실의 뇌실막세포종—이 나타났다. 그녀의 고향 마을에선 수술을 하겠느냐고 묻는 사람조차 없었다.

"살고 싶으면 교수님 오시기 전에 떠나시는 게 좋을 겁니다."

신경외과 교수 밑에서 일하는 한 수련의가 그녀에게 말했다.

"이고르 쿠릴레츠에게 가보세요. 그가 서방국가와 연락이 닿으니 도움이 될 수 있을 겁니다. 교수님이 수술하시면 당신은 아마 죽을 거예요."

그녀는 황급히 병원을 뛰쳐나왔고 며칠 뒤 이고르의 사무실을 찾아왔다. 우리는 두 사람 다 그날 저녁 우크라이나 전역에 방영되는 9시 텔레비전 뉴스에 나왔다.

"무얼 원하시나요?"

루드밀라에게 기자가 물었다.

"저는 그저 살고 싶을 뿐이에요."

그녀가 조용히 대답했다.

어렵고 위험한 수술을 감행하면서까지 남을 도우려는 충동은 한 번 일어나면 도저히 막기 어렵다. 주의 깊게 계산된 위험을 감수하며 생명을 구하려는 계획을 대체 어떻게 막겠는가. 게다가 이 일이 자존심만 강하고 앞뒤 없는 어떤 교수의 반대에 맞서고 있다면 더더욱 그런 법이다. 다음 날 루드밀라를 만났을 때 나는 다른 선택의 여지가 없다고 느꼈다. 그녀에게 원한다면 런던으로 오도록 주선해서 수술을 집도하겠다고 말했다. 놀랄 것도 없이 그녀는 망설이지 않고 동의했다.

타냐를 처음 만난 것은 그다음 날이었다. 이고르는 우리가 늦어도 아침 6시 30분에는 병원으로 출발하기를 바랐지만 내가 늦잠을 자고 말았다. 다행히 부랴부랴 출발은 간신히 했는데 왜 그렇게 이고르가 서둘렀는지 곧 알게 됐다.

키이우는 아침 출근 시간이면 30분이면 갈 길이 1시간 30분이나 걸릴 정도로 교통 체증이 심했다. 끝없이 늘어선 꼬질꼬질한 승용차와 트럭들, 안개 속에서 미등으로 자신의 배기가스를 작은 분홍빛 구름으로 바꾸며 조금씩 나아가는 칙칙한 잿빛 고철덩이들이 가득했다. 안개가 어찌나 심하던지 담배와 휴대폰을 선전하는 거대한 광고판이 즐비한 것도 간신히 보일 정도였다. 도로는 무법 지대였다. 많은 차가 보도를 타 넘고 가로등 사이를 헤집고 다니며 새치기를 일삼았다. 육중한 4륜구동 차들이 앞설 수만 있다면 도로를 완전히 벗어나 길가 풀밭의 진창을 가로질러 질주했다.

타냐는 수술 불가능한 뇌종양을 가진 환자였다. 게다가 진료를 기다리는 환자 순번에서 거의 끝이었다. 당시 열한 살이던 타냐는 어머니의 부축을 받아 불안정하게 이고르의 사무실로 걸어 들어왔다. 스크래치가 많은 엑스선 필름 한 장을 달랑 들고 나타났는데, 거대한 종양이 타냐의 뇌 바닥에서 오래전부터 자라고 있었던 게 보였다. 그때까지 내가 본 같은 종류의 종양 가운데 가장 큰 것이었다.

타냐의 어머니 카티아는 루마니아와 접하는 국경 근처 마을인 호로독에서부터 딸을 데리고 먼 길을 왔다. 타냐는 갓 태어난 망아지처럼 길고 가느다란 다리를 가진 단발머리의 수줍은 미소를 지닌 사랑스러운 아이였다. 얼굴 한쪽이 기울어져 있었는데 종양 때문에 얼굴이 부분적으로 마비되어 있었다. 종양은 모스크바와 키이우 두 곳에서 사실상 수술이 불가능하다는 통보를 받은 상태였고, 이대로 가다간 조만간 아이가 목숨을 잃을 것이 뻔했다.

생명을 구하려는 충동을 견디기 힘든 것과 마찬가지로 목숨을 살릴 수 없다고 말하는 일도 매우 어렵다. 그 환자가 어린아이이고 자녀를 필사적으로 살리려는 부모와 함께 있다면 특히 더 그렇다. 내가 수술이나 치료에 대해 전적으로 확신하지 못하면 문제는 더욱더 커진다. 의사가 아닌 사람들은 절대 이해 못 할 것이다. 의사를 가장 지독하게 고문하는 것이 곧 죽을 사람들을 만나는 것이 아니라는 것을. 의사가 가장 괴로울 때는 모든 상황이 불확실할 때다. 환자의 목숨을 구할 수 없다는 것을 확신하게 되면 누군가를 죽게 내버려두기는 식은 죽 먹기다. 적어도 상황은 분명하다는 말이다. 그게 인생이다. 우리 모두 언젠가는 죽게 되지 않는가. 죽을 만큼 괴로울 때는 내가 환자를 도울 수 있을지 없을지 또는 도와야 할지 말아야 할지를 나도 확실히 모를 때다.

타냐의 종양은 그때까지 내가 본 종양 중에 크기가 가장 컸다. 다행히 양성인 것이 거의 확실했으므로 최소한 이론적으로는 수술로 제거가 가능했다. 하지만 그렇게 큰 종양의 수술을 타냐 또래의 아이에게 시도한 적이 없었고 주위에 그런 수술을 했던 사람도 알지 못했다. 의사들은 일이 잘못되었을 때 깨달음은 나중에 오는 법이라고 서로를 위로하곤 한다. 나는 타냐를 우크라이나에 남겨두 었어야 했다. 아이의 어머니에게 호로독으로 돌아가라고 말했어야 했다. 그런데 나는 아이를 런던으로 데려오고 말았다.

무모한 야망으로
희생된 생명

그해 늦게 타냐와 루드밀라를 런던에 데려오기로 결정한 뒤, 히드로 공항에서 그들을 미니밴에 태워 우 리 병원까지 데려왔다. 일가친척들까지 총출동한 상태였다. 내가 병원에서 그들을 만났을 때 얼마나 자랑스럽고 의미심장하게 느꼈 는지! 두 수술 모두 동료이자 친한 친구인 리처드 해트필드와 함께 집도했다. 종종 나와 함께 우크라이나로 갔던 동료 의사였다.

8시간이 걸린 루드밀라의 수술은 대성공이었다. 그다음 타냐 의 첫 번째 수술은 10시간이 걸렸고 다음에 있었던 두 번째 수술 은 12시간이 걸렸다. 두 수술 모두 끔찍하게 피를 많이 흘려서 중 간 과정이 매우 복잡해졌다. 첫 번째 수술을 받은 후 타냐는 전신 을 순환하는 혈액의 네 배나 되는 피를 잃었지만 큰 손상 없이 잘 헤어났다. 비록 종양의 절반은 아직 그대로였지만.

종양의 나머지를 제거하는 두 번째 수술은 성공하지 못했다. 아이에게 심각한 뇌졸중이 왔기 때문이었다. 아이는 하는 수 없이 6개월 동안 병원에 머무른 뒤에야 우크라이나로 귀국할 수 있을 만큼 간신히 회복되었다. 내가 차를 몰고 게일 부부의 도움을 받아 아이와 아이 엄마를 개트윅 공항까지 데려다주었다. 우리는 출발 탑승구 옆에 서서 서로의 눈을 한참 들여다보았다. 타냐의 엄마 카티아는 절망에 싸인 채, 나는 슬픔에 잠긴 채. 우리는 둘 다 울면서 서로를 포옹했다. 타냐를 태운 휠체어를 밀고 탑승구로 들어가던 카티아가 도로 내게로 달려와 나를 다시 끌어안았다. 그렇게 그들은 떠났다. 카티아는 언어 능력을 잃고 보기 흉해진 딸을 휠체어에 태워 우크라이나로 돌아갔다.

타냐는 집으로 돌아간 지 18개월 만에 죽었다. 열두 살이 된 직후였을 것이다. 아이는 결국 여러 번 수술을 받아야 했고 심각한 후유증이 있었다. '후유증'이란 수술이 잘못되었음을 싸잡아 이르는 의학적 완곡어법에 불과하다. 아이는 우리 병원에서 수술을 하고 2~3주를 보내는 대신 뇌졸중을 떠 앉은 채 6개월을, 잔혹한 6개월을 보내야만 했다. 집을 떠나왔던 때보다 더 심한 불구가 되어 돌아간 것이다. 나는 타냐가 정확히 언제 죽었는지 모른다. 우연히 이고르에게 소식을 들었을 뿐이다. 다른 뇌종양 환자에 관해 상의하기 위해 런던에서 이고르에게 전화를 걸었을 때 그 소식을 들었다. 나는 안 좋은 소식을 듣게 될까 봐 두려워서 지나는 말로 타냐의 안부를 물었다.

"아, 그 아이는 죽었습니다."

그가 말했다. 그다지 관심이 없는 것처럼 들렸다. 나는 타냐와 카티아가 겪었던 모든 일을 그리고 우리 모두가 타냐의 생명을 구하기 위해 비참하게 노력하면서 어떤 일을 겪었던가 생각했다. 이고르의 무미건조한 말에 마음이 상했지만, 이고르의 영어 표현에는 한계가 있었을 거라 생각하며 위안을 삼았다. 그가 영어로 내게 말하는 과정에서 뭔가 빠트렸는지도 몰랐다. 아니, 제발 그러길 바랐다.

타냐가 죽기 얼마 전 키이우로 또 한 번 정기 방문을 했을 때 타냐를 한 번 본 적이 있었다. 내가 우크라이나에 왔다는 소식을 어떻게 알았는지, 아이의 엄마 카티아가 아이를 데리고 나를 보러 호로독의 집에서 먼 길을 달려왔던 것이다. 아이는 누군가가 잡아주면 겨우 걸을 수 있을 정도였고, 한쪽으로 기운 희미한 미소가 돌아와 있었다. 수술 후 몇 달 동안은 아이의 얼굴이 완전히 마비되어 있었다. 그래서 처음엔 말만 못 한 것이 아니라 얼굴도 가면 같아서 아예 감정이 없는 것처럼 보였다. 슬픈 일이지만 얼굴이 손상되거나 흉해진 사람들의 감정을 무시하기란 얼마나 쉬운가. 그들의 가면 같은 얼굴 뒤의 느낌도 우리 자신의 것과 똑같이 강렬하다는 사실을 우리는 얼마나 쉽게 잊곤 하는가.

수술 후 1년이 지난 그때까지도 아이는 여전히 말을 할 수도 삼킬 수도 없었고, 기관절개술로 목에 삽입한 관 없이 간신히 숨만 쉴 수 있을 뿐이었다. 카티아는 개트윅 공항에서 언제든 우리가 다음에 만나면 나에게 선물을 주겠다고 맹세했었다. 그 슬픈 약속을 지키려고 카티아는 여행 가방에 소시지를 가득 채워가지고 왔다. 한때 그들의 식구였을 돼지를 잡은 것이었다. 타냐가 죽었다는 소식을 들은 건 그로부터 몇 개월 뒤였다. 아마 션트가 막혀서 죽었을 것이다. 대참사였던 아이의 두 번째 수술 후, 아이의 뇌에 삽입했던 인공 배액관은 언제라도 막혀서 머리 안의 압력을 치명적으로 높일 수 있었다. 타냐처럼 현대 의료 시설로부터 멀리 떨어져 사는 환자는 응급 처치를 받는 것도 불가능했으리라.

진정 무엇이 아이를 위한 길이었는지 지금도 나는 알지 못한다. 아이를 우크라이나 시골의 가난한 집에서 송두리째 뽑아다 그렇게 여러 달 동안 런던에 둔 것이나 내 방식으로 수술한 것이 과연 옳은 선택이었는지 알지 못한다. 아마 앞으로도 결코 알지 못할 것이다.

타냐가 죽은 뒤 처음 몇 년 동안 카티아는 크리스마스카드를 보내곤 했다. 호로독에서 먼 길을 오느라 대개 1월 말이 되어야 도착했지만. 카드가 오면 나는 창문 없는 내 사무실 책상 위에 몇 주 동안 카드를 고이 올려두곤 했다. 타냐를, 외과 의사의 야망을, 그리고 나의 실패를 상기시키는 슬픈 상징물로서.

그 겨울에 찾아간
타냐의 무덤

타냐가 죽고 나서 몇 년 뒤 내가 우크라이나에서 하는 일에 관한 다큐멘터리 영화가 만들어졌다. 내가 영화에 카티아를 보러 가는 부분이 들어가야 한다는 의견을 냈고 제작진과 나는 미니버스를 타고 키이우에서부터 호로독까지 400km를 달려갔다. 늦겨울이어서 촬영의 대부분은 눈이 내리는 영하 17℃의 기온에서 진행되었지만 차를 타고 서쪽으로 갈수록 눈은 차츰 사라졌고 공기에는 봄기운이 완연했다. 모든 강과 호수가 꽁꽁 얼어서 얼음에 동그랗게 톱질해 뚫은 구멍을 통해 낚시를 하고 있는 남자들이 종종 눈에 띌 정도였다. 카티아가 사무치게 다시 보고 싶었다. 서로 말도 안 통해서 이야기를 많이 나눈 건 아니었지만, 카티아와 타냐가 런던에 있었던 6개월 동안 두 사람과 강한 친밀감을 느꼈다. 한편으로는 몹시 걱정스러웠다. 타냐의 죽음에 대해 나 자신을 책망하지 않을 수 없었기 때문이다.

우크라이나 시골이 대부분 그러하듯 호로독 역시 가난하고 메마르고 한산했다. 구소련이 무너진 이후로 경제가 붕괴하자 젊은 사람은 대부분 떠나버린 탓이었다. 우크라이나 전역에서 찾아볼 수 있는 녹슨 빛깔의 버려진 공장들이 있었고 온갖 잡동사니와 망가진 기계류가 사방에 흩어져 있었다. 카티아는 진흙 땅 옆에 벽돌로 지은 작은 집에서 살고 있었다.

우리가 도착했을 때 카티아는 나를 보게 되어 매우 기쁜 게 분명했지만 나만큼 안절부절못하는 것 같았다. 카티아는 우리를 위해 성대한 식사를 차려놓고 있었다. 우리가 카티아의 가족과 함께 테이블에 둘러앉아 있는 동안 제작진이 우리를 촬영했다. 나는 카티아를 다시 보자 감정이 북받쳐서 간신히 입을 뗄 수 있을 정도였고 도저히 음식을 먹을 수가 없었다. 카티아는 그런 내 모습을 보고 애를 태웠다. 우리가 보드카로 건배를 제안하면서 짧은 말을 곁들이는 우크라이나의 전통을 따르는 동안에도 나는 겨우겨우 더듬거리며 건배를 들었다.

다음 날 우리는 타냐의 무덤에 들르러 인근 공동묘지로 갔다. 묘지는 숲가에 외따로 서 있는 카티아의 집에서 꽤 떨어져 있었다. 그곳을 향해 꼬불꼬불 따라가는 시골길에는 벌거벗은 겨울나무가 줄지어 서 있었고, 꽁꽁 얼어 청회색 얼음이 덮인 연못가에 오리와 거위들이 서 있었다.

러시아 정교회의 공동묘지는 멋진 곳이다. 무덤은 수십 송이의 화려한 조화로 장식되어 있고 모든 묘비에는 고인의 사진이 유리 뒤에 끼워져 있거나 초상이 돌에 새겨져 있다. 모든 것이 완벽하게 정돈되어 있는 모습이 살아 있는 자들의 마을에 있는 황폐한 집들과 뚜렷한 대조를 이루고 있었다. 타냐의 무덤에는 1.8m 높이의 묘석이 있었고 거기 새겨진 타냐의 얼굴은 아름다워 보였다. 빛나는 태양 아래 조화들이 가벼운 바람에 반짝이며 흔들렸고, 멀리서 인근 마을의 닭 울음소리가 들렸다. 녹아서 조금밖에 남지 않은 눈이 우리가 묘지에 닿기 위해 건너 온 쟁기질한 밭고랑에 하얗게 줄지어 모습을 드러내고 있었다. 사방에서 새소리가 들려왔다.

제작진이 장비를 설치하는 동안 나는 묘석과 거기 새겨진 초상들을 보며 묘지를 돌아다녔다. 거기 묻힌 사람들 대부분은 1920년대의 러시아 내전과 1930년대의 기근, 스탈린의 폭정과 제2차 세계대전의 이루 말할 수 없는 참사 등 끔찍한 시기를 보냈을 것이다. 우크라이나 인구의 4분의 1이 20세기에 일어난 폭력에 의해 죽은 것이다.

이고르와 나에 관한 영화는 대성공이었다. 그것은 전 세계에 방영되었고 많은 상을 탔다. 영화의 끝에는 내가 타냐의 무덤 앞에 서 있는 모습이 나온다. 내가 슬퍼 보이는 이유는 단지 타냐의 죽음 때문이 아니라 타냐의 무덤 옆에 어떤 관객도 눈치채지 못한 타냐 아버지의 무덤이 있어서이기도 했다. 찢어지게 가난했던 집안을 일으키고자 그는 몇 달 전 돈을 벌기 위해 농사꾼으로 폴란드에 가야만 했다. 가까스로 1,000달러를 벌어 크리스마스를 보내러 집으로 출발하기 직전에 그는 살해된 채 발견되었다. 돈은 사라졌다. 내가 카티아를 보고 싶었던 이유는 타냐 때문만이 아니라 타냐 아버지의 죽음 때문이기도 했다.

우크라이나에서의 삶은 쉽지 않다.

목숨의
값

Do No Harm

티로신키나아제:
많은 세포 기능에서 온, 오프 스위치로 작용하는 효소.
이것의 활동을 감소시키는 티로신키나아제억제제
또는 TKI로 알려진 약이 많은 암의 치료제로 쓰인다.

"우리, 정족수가 됩니까?"

의장이 물었다. 빠르게 머릿수를 세어보니 숫자가 되어서 회의가 시작되었다. 의장은 몇 마디 짧은 농담을 던진 뒤 바로 본론으로 들어갔다.

"이 자리는 오늘 우리가 의논하려는 기술과 관련된 협력단체에서 오신 환자 대표자들께서 같이하고 계십니다."

그가 쳐다보는 방향에는 백발의 노인 세 명이 기술평가위원들과 함께 앉아 있었다.

"환영합니다!"

의장이 격려의 미소를 지으며 말했다.

"여기 임상 전문가들도 와 계시고,"

의장이 다시 환자 대표자 옆에 있는 심각한 표정의 두 남자를 가리킨 다음, "우리가 고려중인 이 암 치료제 제조사의 대표자 분들도 와 계십니다." 하고 약간 더 격식을 차리는 목소리로 말을 이어갔다. 그가 바라보는 방향에는 개성 없는 얼굴의 두 남자가 검은 양복을 입고 있었고 그들 앞에는 큰 박스형 파일들이 놓여 있었다.

"마시 선생님께서 임상 관리자로서 저희에게 약의 효능을 뒷받침하는 증거에 관해 들려주시겠지만, 먼저 환자 대표로 오신 분들의 말씀으로 시작하는 게 어떨까 합니다."

세 명의 노인 중 첫 번째 노인이 약간 신경질적으로 목을 가다듬고는 슬프고 체념한 표정으로 말을 시작했다.

"저는 2년 전에 암 진단을 받았는데 현재는 완화된 상태입니다. 그렇지만 암은 필연적으로 조만간 다시 자라기 시작할 겁니다. 그렇게 되면 유일하게 가능한 치료법은 여러분이 오늘 고려하고 계시는 이 신약이 될 거라고 들었습니다……."

위원회는 쥐 죽은 듯 귀를 기울였다. 이렇게 낯선 사람들로 가득한 곳에서 자신의 아픔을 이야기하는 용기에 탄복하지 않을 수 없었다. 노인은 계속해서 당신이 이 특정 병을 가진 환자를 위한 협력단체를 시작했다고 설명했다.

"우리는 서른여섯 명으로 시작했지만 지금은 열아홉 명밖에 남지 않았습니다. 여러분께서 이 약을 고려할 때 기억해주십사 제가 부탁드리려는 것은……."

노인은 말을 마치며 약간 절망적인 어조로 덧붙였다.

"삶은 소중하고 하루하루가 중요하다는 것입니다."

두 번째 노인은 자신의 아내가 암으로 사망한 경위를 이야기한 다음, 우리에게 아내가 마지막 몇 달 동안 어떤 고통과 불행을 겪었는지 들려주었다. 세 번째 노인은 앞에 있던 서류 가방을 열어 서류 한 묶음을 꺼냈다. 이 사람은 매우 결연해 보였다. 그가 어렵게 말을 꺼냈다.

"제가 여기 살아 있는 것은 오로지 이 약 덕분입니다. 제가 처음 진단을 받은 것은 12년 전입니다. 그리고 여러분 모두가 아시다시피 대부분의 사람들은 5년 안에 죽습니다. 여기 의사들께서는 제게 가망이 없다 하셨고 저는 미국으로 가서 다양한 의약품 임상 실험에 등록했습니다. 마지막으로 참여한 게 바로 여러분께서 오늘 보고 계시는 약입니다. 저는 그걸 8년 전에 시작했는데 말입니다. NHS는 저에게 그걸 주지 않습니다. 지금까지 제 돈 30만 파운드(약 5억 원)가 들어갔습니다. 신사 여러분……."

어르신이 방을 한 바퀴 둘러보며 우리 모두를 쳐다봤다.

"저는 여러분께서 저를 통계적 열외자로 간주하지 않으시길 바랍니다."

잠깐 시간을 둔 뒤 의장이 우리에게로 몸을 돌렸다.

"이제 마시 선생님께서 임상 효과에 관해 들려주시겠습니다."

그가 그의 앞에 있던 노트북을 내게로 밀었다.

공개되지 않은
신약 개발의 진실

2년 전 NICE_{National Institute of Clinical} Excellence(국립임상의학연구원)에 봉사를 자원했다. NICE의 한 기술평가 위원회에 동참할 외과 전문의를 찾는다는 광고를 의학 학술지에서 보고 신청했다. 기술평가위원회라기에 '기술'이라는 단어가 현미 경이나 수술 기구와 같은 흥미로운 것을 뜻할 거라고 생각했지만 실망스럽게도, 신약 개발에 대한 기술을 뜻하는 것이었다. 유일하 게 시험에서 낙제한 과목이 약리학이었는데 말이다.

언론은 NICE를 냉담한 관료들의 조직이라고 비난한다. 미국 의 우익 정치가들은 이 조직을 '사망선고위원회'라고 비아냥대기 까지 하는데, 이런 별칭은 부당하다는 것이 내 생각이다. 위원회 는 신약을 평가하고 NHS가 그것을 사용할지 말지 중요한 결정을 내리는 곳이다. 그 과정에 참여를 하고 나니 점차 그 일에 매혹되 기 시작했다. 한 달에 한 번 맨체스터행 기차를 타고 그곳에 있는 NICE 본부에서 온종일 회의를 한다. 위원들은 돌아가며 고려중인 약물에 관한 증거를 발표한다. 이번 회의 때 내 차례가 돌아왔다. 발표를 하는 동안 슬라이드가 한 장씩 회의실의 네 벽면 중 세 곳 으로 영사되었다. 나도 읽다가 더듬거리는 길고 발음하기 힘든 화 학요법에 쓰이는 약물 이름들이 흰 바탕에 평범한 파란색 글자로 쭉 나열된 지루한 슬라이드다. NICE 직원의 도움을 받아 미친 듯 이 서둘러 준비한 슬라이드라 평소 학회 강연에서 선보이는 농담이나 유머, 구글 이미지를 훑어서 찾아낸 그림 따위는 존재하지 않는다. 발표는 약 10분이 걸렸다.

"결론은 이 약이 환자의 비장 크기를 상당히 줄인다는 의미에서 특정 암에 효과가 있다는 사실입니다. 물론 이는 대리 결과일 뿐입니다. 이로 인해 환자가 더 오래 살았는지, 삶의 질이 더 좋아졌는지는 시험에서 분명히 드러나지 않습니다. 대부분 추적 조사가 끊겨서 삶의 질에 관한 데이터는 거의 빠져 있습니다."

발표가 끝나고 10분 동안 휴식 시간이 이어졌다. 의장과 이야기를 나누다가 2주 전에 우크라이나에 있었다는 말을 하자 그가 거기서는 의약품 임상 실험이 쏠쏠한 돈벌이가 된다는 말을 했다. 많은 병원이 거대 제약회사와 연관되어 있고 의사들은 집어넣는 환자 수만큼 보수를 받기 때문에 같은 환자가 여러 건의 다른 실험에 투입될 수도 있다고 했다. 그게 사실이라면 실험 결과는 무의미해지는데. 내 말에 의장은 입을 다물고 아무 말도 하지 않았다.

다음 발표자인 보건 통계학자는 그 약의 비용 대비 효과, 다시 말해 암으로 죽어가는 환자가 약값만큼의 이익을 받는지에 대한 문제를 다뤘다. 대학 교수 특유의 우유부단한 태도로 더듬거리고 머뭇거리며 복잡한 슬라이드들을 헤치고 말을 이어나갔다. 최근 몇 년 사이에 보건 경제학자들이 개발한 다양한 모형을 사용한 슬라이드였는데, 온통 그래프와 표와 줄임말들로 가득했다. 집중이 잘 안 돼서 다른 사람들은 잘 이해하고 있는지 은밀하게 주위를 둘러보았다. 모두들 표정 없는 얼굴로 벽을 지켜볼 뿐이었다.

이런 종류의 평가에서는 갖가지 추정치가 더해진다. 환자가 어떤 약물에서 얻을 수도 있고 얻지 못할 수도 있는 추가 수명을 보정해서 추가되는 시간이 맞을지도 모르고 틀릴지도 모른다는 사실을 감안한다. 예컨대 폐암으로 죽어가는 환자는 대부분 건강 상태가 나쁠 것이라는 전제가 깔린다. 환자는 숨을 헐떡이고, 피를 토하고, 아파하며, 죽음의 두려움에서 벗어나지 못한다. 만일 그들이 1년을 더 살고 건강 상태도 좋다면 1년이라는 값이 주어진다. 만일 건강 상태가 나쁘다면 그 값은 그에 대응해 떨어진다.

이렇게 수명이 얼마나 늘어나는지 그로 인해 연장된 삶의 질은 어떠한지 보여주는 것을 '질 보정 수명'이라고 한다. 이론적으로 질 보정 수명을 정확하게 계산하려면 죽어가는 환자들에게 삶의 질이 어떤지 질문하여 대답을 받아야 하지만 이를 실행하기는 매우 어렵다. 죽어가는 환자에게 대놓고 죽음에 대해 물어봐야 하기 때문이다. 세상에 어떤 의사가 이를 물어보고 어떤 환자가 이를 대답하겠는가. 대신 건강한 사람들에게 자기가 죽어간다고 상상을 해보라고 한 다음, 피를 토하고 있거나 구체적으로 아프다는 생각을 해보라고 한다. 그게 삶의 질을 얼마나 떨어뜨릴지 묻는 것이다. 그렇게 받아낸 그들의 대답을 이용해 새로운 항암제를 써서 얻는 추가 수명의 질을 계산한다.

이 계산에는 게임 이론에서 유래한 '표준 도박'이라 불리는 기법을 기초로 한다. 이 기법을 발명한 위대한 수학자 존 폰 노이만 John von Neumann은 게임 이론을 기초로 냉전 시절에 구소련에 대한 선제 핵공격을 권고한 바 있다. 이 모든 계산을 둘러싸는 불확실성의 정도 역시 계산을 해야 하므로 문제는 더욱더 복잡해진다. 어쨌든 모든 계산이 끝나면 하나의 최종 수치가 나온다. 이른바 점증적 비용 효과비, 이것이 현재 최선의 대안에 비교했을 때 새로운 치료법이 얻어내는 추가 질 보정 수명 1년의 비용이다.

이 값이 30,000파운드(약 5000만 원)가 넘으면 NICE는 NHS가 그 약을 사용하도록 승인하지 않을 것이다. 비록 가끔은 희귀 암으로 죽어가는 환자들을 위해 예외가 적용되겠지만. NICE가 약의 승인을 거절할 때마다 환자 집단과 제약회사에서 항의가 봇물처럼 터져 나온다. 갖가지 고통스러운 병으로 죽어가는 환자들이 텔레비전 뉴스에 나와 NHS와 NICE가 그들을 버렸다고 규탄할 것이다. 결국 NICE는 사망선고위원회라는 비난을 받을 것이다.

사악한 사망선고위원보다는 무던한 일꾼에 가까워 보이는 보건 경제학자는 자신의 복잡한 슬라이드들을 헤치며 터벅터벅 발걸음을 옮겼다. 간결하게 한답시고 모든 이야기를 오로지 줄임말로만 바꿔놔서 도무지 무슨 뜻인지 알아들을 수가 없었기에 옆에 앉은 사람에게 끊임없이 물어야 했다. 그가 발표를 끝내자, 의장이 의료 전문가들에게 의견을 청한 다음 위원회 위원들의 질문을 받았다. 나는 평소 질문하고 싶었던 바를 바로 물어보았다.

"그 임상 실험이 알려주는 사실이 환자들 삶의 질이 아니라 단지 수명 연장에 대한 것이라면 우리가 그 약의 가치를 어떻게 판단할 수 있습니까?"

턱수염을 기른 근엄한 종양학 교수가 전문가 참고인의 신분으로 내 질문에 대답했다.

"제조사의 제출물을 보면,"

그가 너무 나긋한 목소리로 말해서 나는 간신히 알아들을 수 있었다.

"삶의 질에 대한 데이터가 수집되지 않은 것을 알 수 있는데, 그 이유는 그 조사 방법이 환자 정신 건강에 나쁠 거라고 판단했기 때문입니다. 암 화학요법 임상 실험의 전형적인 문제점이죠. 죽어가는 환자에게 설문지 작성을 부탁하기가 어렵다는 말입니다. 대신 표준 효용을 이용하는 것으로 대체하고 있습니다."

죽어가는 환자를 치료하는 일의 어려움, 효과적인 치료법이 너무나 적다는 사실을 그는 감동적으로 이야기했다.

"우리가 이 약을 사용할 수 있다면 정말 좋겠습니다."

그가 대답을 마무리하자 갑자기 의장이 질문을 던졌다.

"아무리 비싸도 말입니까?"

그는 이 끔찍한 질문에 아무 대답도 하지 않았다.

신약의
진정한 역할

토의가 끝나자 환자 대표자와 전문가와 외부 참관자들은 회의실을 나갔고 곧이어 회의의 2부가 시작됐다.

NHS가 그 약을 사용하도록 허가할 것이냐 말 것이냐를 결정하는 회의다.

'물론,'

감히 입 밖에 내지는 못했지만 냉철해 보이는 보건 경제학자와 공중보건 관련 의사들에게 이렇게 말하고 싶었다.

'그 약의 진정한 효용은 죽어가는 환자들에게 희망을 주는 것 아닙니까? 그들이 통계적 열외자여서 평균보다 오래 살지도 모른다는 희망 말입니다. 그 희망의 효용은 어떻게 측정할 겁니까?'

나는 삶이 끝나가는 사람들과 이야기를 나누며 많은 시간을 보냈다. 때문에 이 주제 하나만으로도 하루 종일 열렬하게 강연을 할 수도 있다. 내가 내린 결론은 이렇다. 건강한 사람들은 나 자신을 포함해서 일단 본인이 죽을병에 걸렸다는 진단을 받으면 모든 것이 어떻게 변하는지 이해하지 못한다. 아무리 미심쩍어도, 아무리 실낱같아도, 조금 남은 그 희망에 얼마나 매달리는지 과연 알기나 할까. 환자에게서 그 연약한 한 줄기 빛을 빼앗는 것이 의사에게 얼마나 힘든 일인지 과연 알기나 할까. 실제로 많은 사람들에게 심리학자가 '분열'이라 부르는 증상이 생긴다. 의사 역시 어느 날 문득 서로 다른 두 사람에게 말하는 것처럼 느껴질 때가 있다. 자신들이 죽어가고 있다는 걸 너무도 잘 알면서도 동시에 여전히 살기를 간절하게 바라는 모순된 두 사람.

우리 어머니가 돌아가실 무렵, 마지막 며칠 동안 같은 현상을 나도 느꼈다. 죽어가는 사람들을 마주할 때는 그 어떤 경제 모형이

나 합리적인 소비 심리도 아무 소용이 없다. 희망에는 가격을 매길 수 없는데 이타주의자가 아닌 사업가가 운영하는 제약회사는 목숨에다가 상품의 가격을 매기고 있다. NICE 기술평가가 하는 일 중엔 물론 칭찬할 만한 것도 있다. 제약회사의 가격 정책에 대항하는 힘을 제공하기 때문이다. 어쨌거나 이번에는 문제의 약을 위해 이용되는 방법론이 터무니없을 정도로 비현실적이었다.

정방형으로 둘러앉은 사람들 가운데 얼마나 많은 사람이 죽어가는 환자들을 치료하는 데 관련된 어려움과 기만을 이해하고 있을까. 이런 약의 진정한 가치는 환자를 위한 희망이라는 사실을 얼마나 이해하고 있을까. 그저 다섯 달 더 살 수 있다는 숫자로 매길 수 없는 가치라는 것을, 저들이 과연 제대로 이해하는지 의심스러웠다. 그러나 이런 나의 의심은 혼자만 간직해야 한다. NICE의 힘을 빌려 거대 제약회사의 가격 정책에 저항하는 것도 필요하기 때문이다. 그러는 와중에도 이런저런 추상적인 논의가 계속되었다.

"하지만 여기에는 PSA조차 들어 있지 않단 말입니다!"

젊은 보건 경제학자가 깊이 분개하며 말하고 있었다.

"제 의견을 물으신다면 우리는 이 신청서를 던져버려야 한다고……."

"PSA가 전립선 특이 항원Prostate Specific Antigen을 말하는 건 아니겠지요?"

바보 같은 농담인 줄 알면서 참지 못하고 장난 섞어 던진 질문에 옆자리의 분석가 양반이 이번에도 친절하게 알려주었다.

"확률적 감도 분석Probabilistic Sensitivity Analysis입니다."

"좋습니다, PSA에 문제가 좀 있군요."

의장이 말했다.

"하지만 HAQ(건강 평가 설문 – 옮긴이) 기울기에 관한 가정들은 중요한 의미를 갖습니다. 최저 가능 ICER(점증적 비용효과비, 신약에 대한 경제성 평가 기준의 하나 – 옮긴이)은 150,000파운드이므로 설사 EOL이 신청한다고 해도 이 약이 통과될 길은 없습니다. 환자당 치료를 위한 연간 비용이 40,000파운드면 비용 대비 효과가 절대 높을 수 없으니까."

HAQ, ICER…… 내가 아는 줄임말은 EOL 하나다. EOL은 생애 마지막End Of Life을 뜻하는 말로, 희귀 암으로 죽어가는 환자들의 소집단에서 값비싼 약을 사용하도록 허용하기 위해 NICE가 최근에 억지로 만든 타협안이다. 논의는 끝없이 이어졌다. 동료 위원의 절반이 비용, 효과, 분석 등 알아들을 수 없는 말들로 침을 튀기며 큰 소리로 말하는 동안 다른 절반의 사람들은 다 안다는 듯 고개를 끄덕였다. 그들은 정말로 이 말을 모두 이해했을까? 나의 무지에 당혹감이 느껴졌다. 마침내 의장이 위원들을 둘러보며 말했다.

"제 생각에는 반대하고 싶으신 분들이 계신 것 같습니다, 아닌가요?"

의장의 말은 위원회의 권고가 협의회로 넘어갈 것이라는 뜻이었다. 그러면 최종 결론에 도달하기 전에 모든 이해관계자—환자 단체, 제조자, 임상의—가 비판하고 논평할 수 있게 된다. NICE는 일련의 과정을 투명하게 하기 위해 심의나 자신들의 이미지에 이 모든 이해관계자들을 다 포함시키려고 무진 애를 쓴다. 어쨌거나 약을 만드는 제약회사가 가격을 낮출 가능성도 얼마든지 생겼다.

그날 오후, 런던으로 돌아가는 기차를 타고 저녁 7시에 유스턴으로 돌아왔다. 어두운 1월의 저녁, 워털루에서 퇴근하는 수백 명의 사람들과 함께 기름 낀 검은 강 위의 다리를 건넜다. 런던은 눈 덮인 지붕 위로 반짝이는 수백만 개의 전등으로 멋진 야경을 연출했다. 겨우 몇 시간이지만 탈출하니 좋았다. 내 삶의 너무도 많은 시간을 보내는 질병과 죽음의 세계에서.

세 환자

Do No Harm

희소돌기아교세포종:
중추신경계에 생기는
종양의 일종.

　　　　　　　　일요일 저녁이었고 월요일 수술 일정에
는 세 명의 뇌종양 환자가 있었다. 서서히 자라는 수막종이 있는
내 또래의 여성, 몇 년 전에 희소돌기아교세포종을 수술했지만 재
발하여 결국은 죽어가는 젊은 의사, 그리고 아직 보지 못한 응급
입원 환자. 병원에 도착한 나는 자전거를 병원 지하의 입구, 간호
사들이 가끔 담배를 피우러 오는 바퀴 달린 쓰레기통 옆으로 가져
갔다. 자물쇠가 영구히 망가져 보이는 문을 통해 건물 안으로 들어
가면, 직원용 승강기에 자전거를 싣고 수술실 뒤쪽까지 올라간 다
음 거기에 자전거를 두고 환자를 보러 갈 수 있다.

첫 번째 환자:
수막종을 가진 채 숨어버린 여자

　　　　　　먼저 수막종이 있는 여자 환자를 찾으러 여자 병동으로 갔다. 복도를 따라오고 있던 한 선임 간호사를 만났다. 외투를 입고 있는 품이 교대를 끝낸 게 틀림없었다. 눈에 눈물이 글썽했다. 그녀에게 손을 내밀자 기다렸다는 듯이 하소연을 쏟아냈다.

"정말 어떡해야 할지 모르겠어요. 이번 주에는 정말이지 일손이 너무 모자라요. 밤에는 없느니만 못한 계약직 간호사들밖에 구할 수가 없다니까요. 근데 뉴스에서는 온통 간호의 질이 나쁘다는 이야기뿐이고…… 우리더러 어쩌라는 거죠?"

간호사 스테이션 옆의 벽에 걸린 환자의 명단이 적힌 화이트보드를 쳐다보았다. 병상이 부족해 환자들이 계속해서 침대를 바꿔가며 돌아다니다 보니 보드에 최신 정보가 적혀 있는 경우가 드물어서, 화이트보드에서 환자를 찾기란 거의 불가능했다. 책상 옆에서 한 무리의 간호사가 깔깔거리며 큰 소리로 떠들고 있었다. 수다의 내용은 환자와는 아무 상관도 없었다.

"내일 일정에 있는 코드리 여사는 지금 어디 계십니까?"

내가 물었다. 계약직 간호사 한 사람이 나를 잠깐 쳐다본 다음, 주머니에서 환자 명단이 인쇄된 종이 한 장을 꺼냈다. 그녀는 자신 없이 그걸 들여다보더니 어깨를 으쓱하고는 뭐라고 웅얼거렸다.

"담당이 누구입니까?"

"크리스요."

"크리스는 어디 있습니까?"

"휴식 시간이에요."

"코드리 여사가 어디 계실지 짐작 가는 데라도 있습니까?"

"아니오."

그녀가 으쓱하며 말했다. 답답한 마음에 복도를 따라 남자 병동으로 걸어갔다. 거기에 곁방이 몇 개 있어서 이따금 여자 환자를 두기도 한다. 그곳에서 얼굴을 아는 간호사를 발견하자 갑자기 마음이 놓였다. 친절하고 상냥한 간호 솜씨로 칭찬이 자자한 필리핀 간호사들 가운데 한 명이었다.

"아! 길버트."

기쁜 얼굴로 내가 말했다.

"혹시 내일 수막종 수술할 여자 환자 여기 있어요?"

"죄송하지만 마시 선생님, 안 계십니다. 남자 환자 두 분뿐입니다. 아마 켄트 병동에 계시지 않을까 싶은데요?"

그의 말이 끝나기가 무섭게 켄트 병동, 즉 신경과 병동을 향해 계단을 올라갔다. 알 수 없는 이유로 최근에 경영진이 우리 과 병상 배치를 재정리해버렸다. 여성 신경외과 병동의 절반을 신경과 뇌졸중 환자를 위한 병동으로 바꾸고, 쫓겨난 신경외과 환자들을 한 층 위에 있는 신경과 병동으로 옮겨놓았던 것이다.

터벅터벅 계단을 걸어 신경과 병동으로 올라갔다. 아, 보안 카드를 집에 두고 온 걸 깜박했네. 하는 수 없이 초인종을 눌렀다. 몇 분을 기다린 다음에야 버저가 울리며 잠금이 풀려 미닫이문을 열 수 있었다. 그리고 문 너머 노란 벽의 복도를 따라 걸었다. 한쪽에 병실들이 있고 병실마다 침대 여섯 개가 빽빽이 채워져 있는 모습이 마치 마구간 같았다.

"혹시 내일 수술할 제 환자가 여기 있을까요?"

희망을 걸고 간호사 스테이션에 앉아 있는 키 큰 남자 간호사에게 말했다. 그가 나를 의심스럽게 쳐다보았다.

"나는 신경외과 전문의 마시라고 합니다."

대체 내가 일하는 병원에서 나를 못 알아본다는 게 말이 되나.

"담당자는 버나데트입니다. 지금 환자와 샤워실에 있습니다."

그가 따분한 목소리로 대답했다. 나는 다시 버나데트를 기다렸다. 무릎까지 덮는 크고 흰 장화를 신고 비닐 앞치마를 두른 버나데트가 보행 보조기에 의지하는 등이 굽은 할머니를 이끌고 샤워실에서 나타날 때까지.

"아, 마시 선생님! 오늘도 환자 찾아다니세요? 여기에는 아무도 없어요."

그녀가 미소를 지으며 말했다.

"정말이지 돌아버리겠군요. 뭐 하는 짓인지 모르겠습니다. 환자 하나 찾자고 20분을 허비하다니. 오늘 저녁에 아예 안 들어오는 거 아닌지, 원."

버나데트가 나에게 동정어린 미소를 지었다.

두 번째 환자:
종양이 재발한 안과 의사

첫 번째 환자는 포기하고 두 번째 환자를 찾아 나섰다. 다행히 그는 남자 외과 병동과 여자 외과 병동 사이 실외 발코니의 한 테이블에 앉아서 노트북으로 일하고 있었다.

10년 전에 지어진 이 건물은 본래 더 크게 지어질 계획이었다. 당시 정부가 의욕적으로 추진하던 민간자금주도Private Finance Initiative 하에 지어졌는데 대부분의 PFI 기획이 그렇듯, 건물의 설계가 재미도 없고 독창성도 없었다. 그렇다고 비용이 싸지도 않았는데, 후에 PFI는 이류 공공건물을 매우 비싼 방법으로 짓고 있다는 사실이 입증되었다. 때문에 어떤 사람들은 PFI를 경제 범죄자로 여기곤 했다. 그걸 책임질 사람은 아무도 없다는 게 안타까울 뿐이다.

설계의 다양한 부분이 잘려나간 결과 병동 외부에 크고 유별난 발코니들이 생겨났다. 병원 경영진은 이 발코니를 자살 장소로만 생각하는 것 같았고, 결국엔 환자와 직원의 발코니 출입을 금지시키고 발코니로 통하는 유리문도 잠가버렸다. 내가 몇 해에 걸쳐 캠페인을 벌이고 거액의 자선기금을 조성한 뒤에야 유리 난간을 세운 '자살 방지' 발코니라는 작은 공간이 생겼다. 다음엔 그 밀폐된 영역을 내가 옥상 정원으로 꾸몄다. 직원과 환자 모두 이 장소를 엄청나게 좋아한다. 여름이면 주말마다 병동의 침대는 거의 모두 텅 비고, 환자와 가족들이 발코니에서 푸른 화초와 작은 나무들에 둘러싸여 큰 파라솔 아래 나와 있는 흐뭇한 광경이 펼쳐진다.

두 번째 환자는 40대 초반의 안과 의사였다. 점잖고 온화한 태도를 가진 그는 나이보다 젊어 보였고 세 자녀의 아버지였다. 그는 자신이 일하는 북부의 병원을 떠나 이곳에서 치료받는 쪽을 택했다. 5년 전에 딱 한 번 간질 발작을 겪었는데 스캔 결과 그의 뇌 오른쪽 뒤에서 종양이 자라고 있었다. 내가 수술로 종양의 대부분을 제거했지만 결국은 악성 형태로 다시 자라고 말았다. 첫 수술 후, 그는 회복도 빨랐지만 어느 정도 시간이 걸린 다음에야 다시 일할 수 있는 자신감을 되찾았다. 그도, 나도 종양이 재발할 것을 알고 있었지만 5년은 버티길 바랐다.

첫 번째 수술 후 그는 방사선 치료를 받았고 완벽하게 건강을 유지했지만 정기적인 추적 스캔 결과 종양이 또다시 자라고 있었다. 그것도 악성이었다. 수술을 또 하면 그가 시간을 조금 더 벌지도 모르지만, 5년이 넘을 것 같지는 않았다. 내가 옆으로 다가가 자리를 잡고 앉으니 그가 노트북에서 고개를 들고 나를 쳐다보았다.

"선생님을 다시 만나네요."

그가 슬픈 미소를 지으며 말했다.

"작게 재발한 것뿐입니다."

"나을 수 없다는 건 저도 알지만……."

그가 비통하게 말했다.

"선생님이 최대한 많이 떼어내실 거죠, 아닌가요? 이것, 저를 서서히 갉아먹고 있는 놈 말입니다."

그가 팔을 흔들어 자기 머리를 가리켰다.

"그럼요, 물론이죠."

그에게 서명할 동의서를 건넸다. 모든 환자와 마찬가지로 그도 거기에는 거의 눈길도 주지 않고, 펜으로 내가 가리키는 곳에 이름을 휘갈겼다. 이미 몇 주 전에 수술의 세부사항에 대해 이야기를 나눈 터였다. 우리 둘 다 무엇이 그를 기다리는지 알고 있었으므로 할 말도 없었다.

의사들끼리는 모종의 암울한 동정심을 가지고 서로를 대한다. 직업적 거리감과 우월감이라는 평소의 규칙이 무너진 터라 사실을 숨길 수가 없다. 의사에서 환자가 될 때 그들은 자신을 치료하는 동료가 틀릴 수 있음을 알고, 그 병이 죽을병이라면 치료에 대한 환상조차 가질 수도 없다. 나쁜 일은 벌어지기 마련이고 기적은 결코 일어나지 않는다는 것을 너무도 잘 알고 있기 때문이다. 내가 만일 악성 종양이 내 뇌를 파괴한다는 사실을 알게 되면 대체 어떻게 변할지 상상할 엄두조차 나지 않는다. 내가 의자에서 일어서며 말했다.

"내일 일정에 첫 번째로 올라 있습니다. 8시 30분 정각에."

세 번째 환자:
갈 곳 없는 알코올 중독자

사흘 전 수련의들이 입원시킨 40대의 알코올 중독자는 좌반신이 마비된 채 자기 집 바닥에 쓰러진 상태

346

로 발견되었다. 그의 사례를 아침 회의에서 이야기한 적이 있다. 알코올 중독자나 마약 중독자에 관해 이야기할 때 흔히 쓰는 냉소적인 말투로 이야기했던 것이 기억난다. 그들에게 특별히 동정심이 없어서 그렇다기보다는 그런 중독자들은 스스로 불행을 자초한 사람인 경우가 많아서, 보통 환자에게 느끼는 동정과 부담에서 벗어나 있어서 그렇다.

뇌 스캔을 보니 출혈성 교모세포종이었다.

"스테로이드를 주고 나아지는지 보기로 하지. 그 사이에 가족이나 친구가 나타날 수도 있으니."

"언제인지는 모르겠는데, 집에서 쫓겨났다고 합니다."

그 사례를 발표 중인 레지던트가 말했다.

"그놈의 술이 문제죠."

"아내를 팼나?"

누군가가 물었다.

"그건 모릅니다."

그는 침대에 큰 대자로 누워 있었고, 스테로이드를 투여한 결과 마비 증세는 약간 좋아져 있었다. 그는 나보다 두세 살 아래였고, 과체중에 불그레한 얼굴로 헝클어진 백발을 길게 늘어뜨리고 있었다. 이런 환자와는 심도 깊은 대화를 나누기보다 그냥 침대 곁에 서서 환자를 굽어보다가 최대한 잽싸게 떠나는 편이 언제나 더 쉽다.

"메이휴 씨. 저는 선임 전문의 헨리 마시입니다. 어쩌다가 여기 오시게 됐는지 들으셨어요?"

"다섯 가지 이야기를 들었는데……. 나도 모르겠어요. 정확히 기억이……."

그가 자포자기한 투로 말했다. 웅얼웅얼 그의 목소리는 불분명했고 얼굴 왼쪽이 삐딱하게 처져 있었다.

"좋습니다, 뭘 이해하셨나요?"

"내 머릿속에 종양이 있다는 거요."

"네, 사실입니다."

"암인가요?"

이때 의사는 대화를 어떻게 끌고 갈 것인지 결정을 내려야 한다. 병에 대해 사실적이고 고통스러운 긴 대화를 주고받을 것인지 아니면 모호한 표현과 완곡한 어법, 뭔지 모를 전문적 언어로 재빨리 병에 대해 이야기한 다음 서둘러 자리를 뜰 것인지.

"그런 것 같습니다."

"제가 죽는다는 건가요?"

그가 공포에 사로잡혀 큰 소리로 되물었다.

"얼마나 남았죠?"

그가 울기 시작했다.

"아마 열두 달쯤……."

나도 모르게 불쑥 말을 내뱉었지만 순간적으로 그렇게 말한 것을 후회했다. 그가 자제력을 잃기 시작했기 때문이다. 임박한 죽음을 갑자기 대면한 이 뚱뚱하고 애처로운 알코올 중독자를 위로

하기가 매우 어렵게 느껴졌다. 아직도 의사로서 서툴고 모자란 것 같아 기분이 좋지 않았다.

"열두 달만 있으면 죽는다고요!"

"제가 아마라고 말씀드렸잖습니까. 희망은 있어요……."

"하지만 선생님은 그게 뭔지 아시잖아요, 안 그래요? 선생님은 유명한 의사잖아요, 아닌가요? 내가 죽는다니!"

"네, 90% 확실합니다. 하지만 저희가……."

나는 태도를 바꿔 '저희'라는 말을 쓰기 시작했다. 정치가와 공무원, 의사들이 그토록 사랑하는 '저희'라는 말. 한 사람의 개인적 책임을 면제해주고 무시무시한 짐을 덜어주는 애매모호한 말. 대체 '저희'란 누구를 뜻하는 것인지.

"저희가 수술로 도와드릴 수 있을지도 모릅니다."

그는 울고 또 울었다.

"가족은 안 계십니까?"

이미 답을 알고 있었지만, 내가 다시 물었다.

"전 혼자예요."

그가 눈물을 흘리며 대답했다.

"자제분은요?"

"있지요."

"자제분들이 와서 뵙고 싶어 하지 않나요? 이렇게 병이 드셨는데요."

질문을 하고 나서 후회했다. 하나마나 한 질문을 해버리다니.

"아니오."

그가 다시 울음을 터뜨리며 홍수처럼 눈물을 쏟았다. 울음이 멈추기를 기다렸다가 한동안 그와 함께 말없이 앉아 있었다.

"그러니까 완전히 혼자라는 말씀이세요?"

"네."

"저도 한때는 병원에서 일했어요. 아시잖아요, 병원이란 데. 저도 병원에서 죽을 거잖아요, 안 그래요? 그 똥오줌 판에서……. 그냥 담배나 한 대 피웠으면 좋겠네요. 선생님이 방금 저한테 제가 죽을 거라고 말씀하셨죠? 담배 있으세요?"

이렇게 말하면서 그는 절망적으로 담배 피우는 시늉을 했다. 마치 자기 목숨이 거기 달린 것처럼.

"간호사한테 사정해야 합니다. 여기서는 완전 금연이에요."

병원 안의 모든 금연 안내문이 떠올랐다. 병원 정문에서 도착하는 사람을 맞이하는, 인정사정없는 검은색과 빨간색으로 쓰여 있는 문구. '담배를 끄십시오!'

"제가 가서 간호사에게 말해보겠습니다."

나는 동정심이 있는 정규직 간호사를 찾으러 갔다.

"방금 메이휴 씨에게 가망이 없다고 말했거든요."

나는 그녀에게 미안해하며 말했다.

"환자가 지금 담배 피우고 싶어 다 죽어가요. 좀 도와주시죠."

그녀가 조용히 고개를 끄덕였다. 나는 나중에 병동을 떠나며 복도를 따라 걷다가, 간호사 두 명이 그를 휠체어로 들어 올리고 있는 것을 보았다. 그는 간호사들이 힘겹게 그를 침대에서 옮기는 동안 소리를 지르고 있었다.

"의사 선생님이 방금 나더러 죽을 거라고 말했단 말이에요! 내가 죽을 거라고…… 난 죽고 싶지 않아요!"

병원 어딘가에 간호사들이 환자를 데려가 담배를 피울 수 있게 하는 비밀 장소가 있는 게 틀림없었다. 간호사들이 아직까지는 상식과 친절과 인간미를 완전히 잃은 것 같지 않아 내심 기뻤다.

3년 전, 우리 집 다락방에 있는 지붕을 늘린 적이 있다. 지붕에 프랑스식 창문이 달린 경사진 채광창을 설치해 창문을 열고 나가면 지붕에서 튀어나오는 아담한 발코니로 갈 수 있도록 했다. 의자를 하나 갖다 놓고 화분도 몇 개 두었다. 여름 저녁에 일을 마치고 집에 오면 종종 거기 앉아 있곤 했다. 병원에서 돌아온 뒤 진 토닉 한잔을 마시며 지붕 발코니에 앉아 있는 기분은 말로 표현할 수 없을 정도다. 굴뚝 꼭대기의 통풍관과 슬레이트 지붕과 그 옆에 드리워진 나뭇가지, 그리고 런던 남부의 아름다운 경치까지. 아래로는 뒤뜰의 나무들 사이 희미해지는 빛 속에서 날아다니는 정원의 새들도 볼 수 있었다. 그곳에 있으면 내 환자들이 떠오른다.

그날은 내가 사형선고를 내린 것이나 다름없는 그 알코올 중독자가 떠올랐다. 불쌍하게도 그는 가족이 절대 찾아오지 않을 거라는 사실과 비인간적인 곳에서 낯선 이의 간호를 받으며 죽을 거라는 사실을 너무도 금세 이해했다. 그에게 너무 가혹했나? 내가 어떤 식으로 병실을 걸어 나왔던가를 떠올렸다. 하지만 내가 달리 무엇을 할 수 있었을까? 딱히 그에게 해줄 수 있는 것이 없었다. 해가 지는 동안 이웃집 지붕 위에서 지빠귀가 가슴이 터지도록 우짖는 소리가 들렸다.

다음 날 집도한 세 건의 수술은 쉽고 간단했다. 내가 그렇게 찾아다니던 수막종 환자는 일요일 저녁에 다른 병동 중 한 곳에 있었던 것으로 밝혀졌다. 알코올 중독자 메이휴 씨를 수술하고 며칠 뒤에 병원으로 들어서다가 멀리 있는 그를 보았다. 간호사가 그가 탄 휠체어를 밀면서 병원 커피숍을 향해 가고 있었다. 그가 나에게 성한 팔을 흔들었지만 그게 반가움의 인사인지 아니면 작별의 인사인지는 알기 어려웠다. 이후로 그를 다시는 보지 못했다.

이렇게는
살고 싶지 않다는
말

Do No Harm

무감각통증:
무감각한 영역에서 일어나는
심한 자발적 통증.

　　　　　　　　내가 계단에서 넘어져 다리가 부러졌을
때는 한창 더운 여름이었다. 혹심한 더위가 장기간 이어졌는데 어
느 날 아침 내리친 짧은 뇌우와 함께 끝이 났다. 나는 고요한 도시
위로 우르릉 쾅쾅 쏟아지는 천둥소리에 귀를 기울이며 기쁜 마음
으로 침대에 누워 있었다. 때마침 전날 석고붕대를 제거하고 큰 비
닐 장화를 신고 있던 터였다. 공기가 들어가 불룩하고 벨크로가 달
려 있어서 마치 영화 〈스타워즈〉에 나오는 제국 기병의 장화처럼
생겨서 그 모양이 매우 꼴사나웠지만, 그 장화를 신음으로써 최소
한 걸어 다닐 수는 있게 됐다. 밤에는 편히 장화를 벗어놓을 수도
있었고.

섬유유리 깁스 안에 둘러싸여 있느라 6주 동안 사라졌던 내 다리와 재상봉하니 기분이 야릇했다. 침대에 누워 쏟아지는 빗소리를 들으며 다리를 어루만지고 문지르면서 다리와 다시 친해지려 노력했다. 그새 다리가 뻣뻣하고 자주색으로 부어올라 형체를 잘 알아볼 수가 없어서 그런지 묘하게 내 몸과 분리된 느낌이었다.

최근의 신경과학 연구에 따르면 팔다리를 잃거나 움직이지 못한 지 2~3일만 지나면 금방 뇌가 몸의 배선을 바꾸기 시작한다고 한다. 아예 없거나 움직이지 못하는 팔다리를 관장하던 뇌의 영역이 갑자기 쓸모없게 되면서 뇌의 다른 영역들이 이를 바로 접수한다는 것이다. 내가 내 다리와 약간 소원해진 느낌도 이런 현상 때문이었다. 뇌가 끊임없이 자신을 변화시키는 '신경가소성' 현상의 한 측면으로 내 다리가 내 몸 같지 않았던 것이다.

한 달 만에 들어간
아침 회의

한 달을 쉬고 나자 자전거를 타고 스타워즈 기병 장화를 자랑스럽게 내보이며 다시 출근할 수 있었다. 일터로 돌아간 첫날은 목요일, 외래 환자를 보는 날이었다. 아침 회의가 끝나면 하루 종일 외래 진료실에 있을 것이었다. 아침 회의에 들어가니 그새 SHO들이 다 신참으로 바뀌어서 아무도 알아볼 수 없었다. 그들 중 한 명이 첫 번째 사례를 발표했다.

"어젯밤에는 입원이 한 건밖에 없었습니다."

그가 엑스선 화면을 바라보며 말했다.

"별로 흥미로운 케이스는 아닙니다."

우리에게 등을 돌리고 의자에 큰 대자로 드러누워서 거만하고 멋있게 보이려 했던 것 같았지만, 그저 어쭙잖은 10대처럼 보일 뿐이었다.

"이봐, 앞으로는 그런 식으로 말하지 마! 자네 누구지? 뭐가 되고 싶어?"

내가 새로 온 모든 의사에게 묻는 표준 질문이다.

"정형외과 의사입니다."

"환자 이야기를 할 때는 똑바로 앉아서 우리 눈을 보면서 말을 해야지."

의사의 진로는 대부분 앞으로 이런 회의에서 얼마나 발표를 잘하느냐에 달려 있다고 내가 잔소리를 했다. 레지던트들을 돌아보며 동의하느냐고 묻자, 그들이 예의 바르게 대답하며 동시에 소리 내어 웃었다. 혼쭐이 난 SHO에게 밤 동안 입원한 환자에 관해 다시 말해보라고 했다. 그가 약간 멋쩍어하며 우리에게 얼굴을 돌렸다.

"집에서 쓰러진 72세 여성입니다."

그가 말하면서 앞에 있는 자판을 만지작거리자 뇌 스캔이 벽에 나타나기 시작했다.

"잠깐! 스캔 보기 전에 히스토리를 조금 더 이야기해봐. 우리가 그 할머니의 이전 병력을 알고 있나? 그분은 연세에 비해 건강하고 일상생활을 혼자 할 수 있었어? 어떻게 쓰러지셨지?"

"그분은 혼자 사셨고 독립적인 일상생활이 가능했던 것으로 보입니다."

"식사도 스스로 만들어 드셨나? 설거지랑 청소는? 화장실 가고 씻는 것도 다 혼자 하시는 게 맞아? 제발, 알아듣게 말해. 어리바리한 공무원처럼 이야기하지 말란 말이야. 그러니까 지금 말하려는 게 그 할머니가 당신 몸을 알아서 돌보시고 아무런 도움 없이도 잘 움직인다는 건가?"

"그렇습니다."

"그래서 무슨 일이 일어난 건데?"

"딸이 방문했을 때 할머니가 바닥에 쓰러져 계신 것을 발견했습니다. 얼마나 오래 그러고 계셨는지는 분명치 않습니다."

"노인이 쓰러졌을 때 어떤 감별 진단(정확한 진단을 내리기 위해 유사한 증상을 가진 2개 이상의 질환을 비교하는 일 - 옮긴이)을 내리지?"

신입 SHO가 원인과 증상의 목록을 줄줄이 풀어놓았다.

"글래스고 혼수 척도상으로 상태는 어땠나?"

"5단계였습니다."

"숫자 쓰지 마! 그게 무슨 의미가 있어? 그 할머니가 실제로 어떻게 하고 있었는지가 중요하잖아!"

"찔러도 눈을 뜨지 않고 소리도 내지 않고 움찔하지도 않으셨습니다."

"그래, 좀 낫구먼."

내가 만족스럽게 말했다.

"그렇게 말해야 그 할머니 상태를 실제로 그려볼 수 있잖아. 어젯밤 입원 당시 환자에겐 신경적 결함은 없었나?"

그가 당황한 듯 보였다.

"저는 환자를 보지 못했습니다."

"그러면 혼수 척도는 어떻게 알았어?"

"그건 지역 병원의 의사가 한 말로……."

그의 목소리가 당황스러움으로 차츰 잦아들었다.

"자네가 직접 진찰했어야지. 하지만,"

채찍 뒤엔 당근을 휘두를 필요를 느끼며 내가 덧붙였다.

"자네도 배우려고 여기 있는 거니까."

신참 SHO가 괴롭힘을 당하는 걸 뒤에서 즐기고 있는 레지던트들에게로 몸을 돌렸다.

"어젯밤 당직이 누구였지?"

레지던트 경력의 끝에 다다른 데이비드가 응급실 당직이었다고 외쳤다.

"그분은 오른쪽 반신불수였습니다. 목도 약간 뻣뻣했고요."

"환자가 지주막하출혈(뇌를 둘러싼 막에 출혈이 일어나는 뇌출혈의 일종 – 옮긴이)이 있는지 볼 때 다른 징후는 뭐가 있을 수 있지?"

"눈에 유리체하출혈(안구 가운데 젤리 물질로 채워진 부분에 일어난 출혈로 지주막하출혈의 대표적 증상 – 옮긴이)이 있을 수 있습니다."

"결과는?"

"보지 못했습니다. 병동의 검안경이 없어져서……."

할머니 환자의 뇌 스캔이 우리 앞에 비춰졌다. 그걸 보자마자 갑자기 열이 났다.

"제기랄! 도대체 이 환자 왜 받았어? 출혈 있었고 나이도 72세 인데다가 혼수상태인데. 이 환자를 치료하는 게 의미가 있어? 치료 안 할 거잖아, 안 그래?"

"저, 마시 선생님."

데이비드가 어쩔 줄 몰라 하며 간신히 입을 뗐다.

"의뢰하는 병원에서 그분이 62세라고 말했습니다. 대학 강사 였답니다. 무척 똑똑한 분이라고, 따님이 말했고요."

"글쎄 더 이상은 똑똑할 수가 없겠는 걸."

옆에 앉아 있던 동료가 말했다.

"어쨌거나 저희한테 빈 병상이 좀 있었는데 병상 관리자가 신경과도 아닌 다른 환자들을 거기 집어넣으려고 해서……."

데이비드가 말했다. 힘이 빠진 나는 다른 사례는 없느냐고 물었다.

"종양전문의들이 흑색종이 있는 여성을 의뢰했습니다."

다른 레지던트인 팀이 회의실 앞으로 걸어 나가며 말했다. 그가 즉시 환자의 뇌 스캔을 띄웠다. 수술이 불가능한 크고 울퉁불퉁한 종양 두 개가 보였다. 이런 다발성 뇌종양은 대개 유방암이나 폐암, 또는 피부암 등 다른 암에서 전이된 2차 종양이다. 치료를 받는다면 앞으로의 시간을 1년가량 연장시킬 수는 있지만, 2차 종양의 발생은 이제 생애 마지막이 보인다는 전조다.

"이 여성은 일주일에 보드카 두 병 분량의 술을 마신다고 합니다. 소뇌에도 전이가 있어서 18개월 전에 다른 병원에서 제거했습니다. 이후에는 방사선 치료를 받았고요. 종양전문의들이 그걸 생검하고 싶어 합니다."

그들에게 뭐라 말했느냐고 팀에게 물었다.

"어차피 수술할 수 없는 종양이라 생검은 불필요하다고 말했습니다. 피부암에서 전이된 거라 사후 부검 진단을 받아도 무리가 아닌 종양이에요."

"난 자네의 긍정적인 태도가 정말 좋더라."

옆에 앉은 동료가 말했다.

"그래서 종양전문의들한테는 뭐라고 말해서 돌려보낼 건가?"

"계속 술이나 마시라고 해야죠!"

뒤쪽에서 누군가가 신이 나서 소리쳤다.

어렵지만 흥미로운 외래 진료

더 이상 논의할 사례가 없어서 우리는 각자 일과를 시작하러 줄지어 판독실을 나섰다.

"넥타이 빼는 거 잊지 마세요!"

사무실에 돌아오니 게일이 나를 보자마자 소리쳤다. 트러스트의 일곱 번째 CEO가 복장 규정에 각별히 애정을 쏟는 바람에, 동료들과 내가 넥타이를 하고 손목시계를 차면 징계 조치를 하겠다는 협박을 받았던 터였다. 넥타이와 손목시계가 병원 감염과 연관이 있다는 증거는 전혀 없는데.

신임 CEO는 그 문제를 심각하게 본 나머지 간호사처럼 차려입고 회진 중인 우리 뒤를 졸졸 따라다닌 끝에 엄청난 양의 메모를 남겼다. 막상 그는 가슴팍에 최고경영자 배지를 턱 하니 달고 있었다. 마치 누군가가 급하게 환자용 변기를 비워달라고 할까 봐, '나는 그런 사람이 아닙니다.'라고 내보이는 듯.

"아참, 그리고 시계도요!"

게일이 외래 환자를 보러 쿵쾅거리며 걸어 나가는 나에게 깔깔거리며 덧붙였다.

외래 환자들은 1층의 창문 없는 커다란 방에서 나를 기다린다. 그곳에는 많은 환자들이 고분고분하게 아무 소리 없이 줄지어 앉아 있다. 외래과에서는 많은 종목의 진료가 전부 한꺼번에 진행된다. 외래 진료실은 매력적인 실업 급여 사무소처럼 잘 꾸며져 있다. 파킨슨병, 전립선비대증, 과민성대장증후군, 중증근무력증, 인공항문 주머니 등 불편함을 지니고 사는 법에 관한 소책자들이 곳곳에 놓여 있긴 하지만. 벽에는 대형 추상화도 두 개나 걸려 있다. 하나는 자줏빛이고 하나는 연둣빛을 띠는 그 그림들은 병원의 미술 관리자가 야심차게 준비한 것들이었다. 까만 가죽 바지를 입은 열정적인 미술 관리자는 몇 년 전 신축 건물의 공식 개관을 기념하러 영국 왕실에서 누군가 방문했을 때 맞춰 그림들을 벽에 걸었다.

대기 환자들을 지나쳐 진료실로 걸어갔다. 진료실로 들어서자마자 환자 일지가 담긴 온갖 색깔의 폴더들이 높이 쌓여 있는 게 눈에 띄었다. 어찌나 높게 쌓여 있던지 마치 바벨탑을 보는 것만 같았다. 그 종잇장들의 탑을 터질 듯 채우고 있는 파일들 속에는 의미 있는 내용이 거의 없겠지. 뒤죽박죽 순서도 엉망이어서 환자 히스토리를 찾기 정말 힘들다.

환자의 출생 내력, 부인과, 피부과, 심장과와 관련된 환자 상태에 관해서는 파일을 뒤져 보면 어떻게든 알아낼 수는 있지만, 내가 그 환자를 수술한 날짜나 제거한 종양의 분석 결과와 같은 정보는 거의 찾을 수가 없다. 오랜 경험으로 나는 파일을 뒤지느니 차라리 환자에게 직접 물어보는 편이 훨씬 빠르다는 것을 알게 됐다.

트러스트는 의료 일지를 끊임없이 추적하고, 검색하고, 정리하는 일을 해야 한다. 그 의료 일지 가운데 많은 부분은 환자의 체액을 기록한 간호 차트일 뿐이다. 아무런 흥미와 정보를 싣고 있지 않은 무의미한 숫자들이다. 환자의 배설 역사 수집에 몰두하는 이 이상한 기록 보관 의식을 보고 있자면 쇠똥구리가 연상된다. 그러한 일지가 하루에도 몇 톤씩 NHS 병원들을 돌아다니고 있는 현실이 개탄스러울 뿐이다.

외래 진료에서는 사소한 질환과 죽도록 심각한 병들을 왔다 갔다 하는 기묘한 조합이 계속된다. 수술한 지 몇 주나 몇 달이 된 환자, 새로 맡은 환자나 장기 추적 환자를 보는 곳이 바로 여기다. 그들은 환자복이 아닌 일상복을 입고 나와 대등한 입장으로 만난다. 아직까지 입원 환자가 아닌 까닭이다. 일단 입원을 하면 환자는 생포된 새나 범죄자처럼 꼬리표를 달고 환자복 차림으로 어린아이처럼 얌전히 지내야 하는 비인간적 대우에 그저 복종해야 한다. 외래 진료실에는 환자와 그의 가족이 아닌 다른 사람은 아무도 들이지 않는다. 의과대학 학생이건, 수련의건, 간호사건 그 누구도. 많은 환자들이 서서히 자라는 뇌종양을 갖고 온다. 그러나 뇌 안에 너무 깊이 있어서 수술은 힘들고 대신 방사선요법이나 화학요법을 해야만 하는 뇌종양이다.

그들은 추적 스캔을 통해 종양의 상태가 어떻게 변했는지 1년에 한 번 나를 보러 온다. 그들은 상담실 밖 어둡고 황량한 대기 구역에 앉아 불안으로 속이 울렁거리는 상태로 검사 결과를 듣기 위해 기다리고 있을 것이다. 때로는 그대로라고 그들을 안심시킬 수도 있지만 때로는 종양이 자랐다는 말로 그들을 절망시킬 수도 있다. 죽음은 더디지만 착실하게 그들의 뒤를 밟고 있다. 그렇게 서서히 그들에게 접근하는 어두운 그림자를 숨기거나 최소한 위장하려고 나는 매번 애쓴다. 때문에 그들에게 말할 때는 단어 선택에 매우 신중해야만 한다.

신경외과는 뇌뿐 아니라 척추도 다루기 때문에 허리에 문제가 있는 환자와도 상담하지만 이 가운데 수술이 필요한 환자는 소수다. 그들에게는 요통이라는 게 사는 데 끔찍할 만큼의 큰 문제가 아닐 수도 있다고, 허리가 아파도 인생은 살 만하다고 말할 것이다. 그러나 뇌종양 환자에게는 남아 있는 시간이 얼마 없다고 또는 심각한 후유증이 있을지도 모르는 무서운 뇌 수술을 해야 한다고 말할 것이다.

진료실에서 나누는 대화는 즐거울 때도 있고 우스꽝스러울 때도 있고 어떤 때는 가슴이 미어질 때도 있지만, 한 가지 분명한 것은 단 한 번도 지루했던 적은 없었다는 사실이다.

절망적인 느낌으로 높이 쌓여 있는 의료 일지 더미를 한 번 쳐다본 후, 앉아서 컴퓨터를 켰다. 접수대로 돌아가 진료할 환자의 명단을 보고 누가 도착했는지 알아보려 했지만 보이는 것이라고는 여러 장의 백지뿐이었다. 접수계 직원에게 내 진료 명단을 달라고 하니 그가 좀 무안한 얼굴로 백지 한 장을 들췄다. 백지 밑에는 나를 보러 올 환자들의 명단이 적힌 다른 종이 한 장이 놓여 있었다.

"공동 외래 관리진이 기밀 유지를 위해 환자의 이름을 덮어두어야 한다고 했습니다. 뭐, 나름의 목적이 있겠죠. 저희는 일단 이렇게 하라고 들었을 뿐입니다."

큰 소리로 첫 번째 환자의 이름을 부르자 젊은이 한 명과 노부부가 불안하고 공손하게 의자에서 일어섰다.

"그게 어떻게 기밀 유지에 도움이 된다는 겁니까? 성병 진료소에서처럼 환자를 숫자만으로 확인해야겠네요?"

하필 이때 나를 만나 괜한 핀잔을 듣게 된 운 나쁜 접수계 직원을 향해 나는 실컷 투덜거렸다.

빌어먹을 패스워드
'꺼져버려 47'

"헨리 마시입니다."

무력하고 화난 정부의 희생자에서 친절하고 깍듯한 외과 의사가 되어 젊은이에게 말했다.

"저를 따라오시죠."

우리가 사무실로 걸어가자 그의 노부모가 우리를 따라왔다.

그는 젊은 경찰이었는데 몇 주 전에 간질 발작을 겪었다고 했다. 마른하늘에 날벼락처럼 그의 인생이 갑자기 영원히 바뀌어버린 것이다. 곧바로 지역 응급의학과로 실려 갔고 거기서 뇌 스캔을 받았는데 종양이었다. 발작에서 회복되고 종양 크기도 작아서 그는 얼마 안 있다가 집으로 보내졌다.

지역 병원의 신경외과 센터에서 그에 대한 진찰 의뢰서가 나에게 넘어오기까지 2주라는 시간이 걸렸다. 죽느냐 사느냐를 가르는 생애 중요한 진찰이 단지 행정적인 절차 때문에 2주나 걸렸을 때 그의 마음이 어땠을까. 하지만 어쩔 수 없다. 불행하게도 지역 의사들 중에는 확신을 가지고 스캔을 해석할 수 있는 뇌종양 전문가가 없으니까.

"앉으시지요."

나는 그에게 발작을 일으킨 히스토리를 간단히 검토했다. 대개 간질은 당사자보다 발작을 목격한 그의 어머니에게 더 겁나는 일이다.

"애가 죽는구나 생각했어요. 구급차가 올 때는 나아졌지만, 숨이 딱 멎고 얼굴도 파래졌거든요."

"저는 병원에서 깨어난 것밖에 기억이 나지 않습니다. 그런 다음 스캔을 받았죠. 그 뒤로 계속 최악의 상황을 상상하고 있습니다. 그걸 생각하니 너무 두렵습니다."

내가 자신을 구할 있다는 희망, 반대로 그러지 못할 수도 있다는 절망이 뒤범벅되어 죽을 지경인 얼굴로 그가 말했다.

"스캔을 봅시다."

이틀 전에 이미 본 스캔이지만 매일 워낙 많은 스캔을 보는 터라 조금이라도 실수를 하지 않으려면 환자를 볼 때마다 그 환자의 스캔을 다시 봐야만 한다.

"스캔이 뜨려면 시간이 좀 걸릴 겁니다. 환자분 지역 병원의 전산망에서, 우리 병원 시스템으로 오기까지 시간이 걸리는 거라……"

그러면서 부지런히 그가 속한 지역 병원의 엑스선 네트워크를 가리키는 아이콘을 뒤졌다. 매일매일 로그인을 몇 번이나 새로 하는지 셀 수도 없다. 아까운 5분을 허비했는데도 나는 시스템에 들어가지 못했다. 불안에 떠는 남자와 그의 가족이 내 일거수일투족을 지켜보는 그 와중에.

"전에는 이걸로 스캔을 보는 게 훨씬 더 쉬웠는데 말입니다."

이제는 폐물이 된 책상 앞의 전등 스크린을 가리키며 한숨을 쉬었다.

"엑스선 필름을 스크린에 올려놓는 데는 30초밖에 안 걸리니까요. 비밀번호가 기억이 잘 안 나면 도무지 방법이 없어서……."

그놈의 비밀번호 때문에 전 주에는 열두 명의 환자 중에서 네 명의 스캔을 보지도 못하고 집으로 돌려보낸 적이 있다. 대체 그깟 비밀번호 하나 때문에 왜 환자를 더 불안하고 우울하게 만들어야 하는지. 그들은 아까운 예약 시간을 그냥 날려버린 것이나 다름없다.

"경찰도 똑같습니다. 이제는 모든 게 전산화되어서 컴퓨터에서 계속 어디를 들어가서 로그인하라고 하죠. 문제는 그게 예전처럼 잘 굴러가지 않는다는 거예요……."

급한 마음에 게일에게 전화를 걸었지만 게일도 해줄 수 있는 게 없었다. 그녀에게 엑스선과 번호를 받아 전화를 했지만 빌어먹을 자동응답기가 응답할 뿐이었다.

"실례하지만, 잠깐 위층으로 올라가서 엑스선과 직원을 찾아보겠습니다."

황급히 두 층의 계단을 바람같이 달려 엑스선과로 올라갔다.

"캐럴린 어디 있어요?"

엑스선 접수대에 도착하자마자 약간 숨을 헐떡이며 소리쳤다.

"글쎄요, 근처 어딘가에 있는데……."라는 대답이 채 끝나기도 전에 나는 부리나케 엑스선실 안을 둘러보고 마침내 캐럴린을 찾아냈다.

"선생님 비밀번호로 해보셨어요?"

"그럼요."

"그렇담, 존스턴 선생님 비밀번호를 써보세요. 대개는 잘 먹히더라고요. 비밀번호는 '꺼져버려 45'예요. 존스턴 선생님이 컴퓨터를 싫어하시거든요."

"왜 45입니까?"

"병원 시스템을 도입한 지 45개월째인데 비밀번호를 매달 바꿔야 하니까요."

캐럴린의 대답을 듣자마자 숨이 넘어갈 정도로 달려서 복도를 지나고 계단을 내려가 대기 환자를 지나 상담실로 다시 돌아왔다.

"비밀번호 찾았습니다. 꺼져버려 45."

그들이 어이가 없다는 듯 신경질적으로 소리 내어 웃었다.

그렇게 비밀번호 '꺼져버려 45'를 입력했지만 컴퓨터는 원하는 답을 주지 않았다. '인증서를 점검 중'이라는 말과 비밀번호가 인식되지 않는다는 말만 화면에 가득했다. '꺼져버려 45'를 대문자로도, 소문자로도, 띄어 써보기도 하고, 붙여 써보기도 했다.

심지어 '꺼져버려 44'도 입력하고 '꺼져버려 46'도 입력했지만 허탕만 쳤다. 참다못한 나는 다시 계단을 뛰어올라갔다. 진료가 계속 늦어지고 있어서 나를 기다리는 대기 환자 수도 계속 늘어나는 판국이었다. 엑스선과로 돌아가 책상에 앉아 있는 캐럴린에게 '꺼져버려 45'가 먹히지 않는다고 했다. 그녀가 한숨을 쉬었다.

"저런, 제가 가서 볼게요. '꺼져버려' 철자법을 제대로 못 치셨을 수도 있으니."

우리는 함께 계단을 내려가 진료실로 돌아갔다.

"생각해보니 꺼져버려 47인지도 모르겠네요."

이런, '꺼져버려 46'까지는 생각했는데. 그녀가 무심한 듯 '꺼져버려 47'을 입력하자 컴퓨터는 기다렸다는 듯이 지역 병원 엑스선과의 메뉴를 내려받았다.

"죄송하게 됐네요!"

캐럴린이 방을 떠나면서 소리 내어 웃으며 말했다.

47을 왜 생각하지 못했을까. 완전히 바보가 된 느낌이었다. 환자의 스캔을 보니 조그만 흰 공처럼 생긴 것이 뇌 왼쪽을 누르고 있었다.

"어디 보자, 암처럼 보이진 않는군요⋯⋯. 다 괜찮을 것 같습니다."

그의 마음을 지난 2주 동안 갉아먹은 그것을 보고 내가 말했다. 세 사람 모두 내가 이렇게 말하는 순간 의자에 털썩 기대앉았다. 어머니는 손을 뻗어 아들의 손을 잡으며 서로를 향해 미소 지었다. 나 자신도 상당한 안도감을 느꼈다. 종양은 거의 확실히 양성으로 보였다. 제거 수술만 받으면 될 것이었다. 수술로 우반신이 마비되고 말을 할 수 없게 될 위험은 '5%를 넘지 않는다.'라고 힘주어 말했다. 같은 5%라도 음울한 어조로 '5%나 된다.'라고 말했다면 매우 다르게 들렸을 것이다.

"어차피 모든 수술에는 위험이 따르지 않습니까."

그의 부친이 말을 꺼냈다. 나는 그 말에 동의했지만 뇌 수술의 문제는 작은 잘못이 돌이킬 수 없는 결과를 가져올 수 있다는 점을 잊지 않고 이야기해주었다. 수술이 잘못되면 환자 본인에게는 100%의 위험 아닌가.

그들은 말없이 고개를 끄덕였다. 그러나 수술의 위험은 아무것도 하지 않아서 종양이 커지도록 내버려두는 위험보다는 훨씬 더 작다고 강조하는 것을 잊지 않았다. 아무리 양성 종양이라도 크기가 자라면, 한정된 두개골 공간을 꽉 채워서 결국엔 치명적인 결과로 나타날 것이라고 자세히 설명했다. 덧붙여 수술의 실제적 측면에 관해 더 이야기한 다음 나는 그들을 게일의 사무실로 보냈다.

이렇게는 살고
싶지 않아요

다음 환자는 요통이 있어 민간 병원에서 두 차례에 걸쳐 허리에 무분별한 수술을 받은 적이 있는 미혼모였다. '척추수술실패증후군'이라는 잘 알려진 증후군인데 이는 척추 수술을 받아도 효과가 없는, 오히려 통증이 심해졌다고 호소하는 사람들에게 일어나는 증상이다.

그녀는 야윈 몸에 끊임없는 통증과 깊은 절망에 시달린다고 했다. 그래서인지 눈이 멍한 것이 항상 무언가에 홀린 듯한 표정이었다. 외래 환자를 오래 봐오면서 나는 '실제적' 통증과 '심리적' 통증을 구별해서는 안 된다는 것을 깨달았다. 모든 통증은 어차피 뇌 안에서 만들어진다. 내 환자들 중 상당수에게 가장 좋은 치료법은 모종의 심리 치료가 아닐까 생각하지만 분주한 외과의 외래 진료실에서는 해줄 처지가 못 된다.

그녀가 이야기를 하면서 울기 시작했다.

"그 어느 때보다 통증이 심해요, 의사 선생님."

그녀가 말하는 동안 그녀의 연로한 모친이 곁에 앉아서 안절부절못하며 고개를 끄덕였다.

"이렇게는 못 살 것 같아요."

그녀에게 통증에 관해 흔히 하는 질문을 던졌다. 통증이 언제 생겼는지, 다리까지 통증이 내려가지 않는지, 정확히 어떤 유형의 통증인지 등등. 때로는 환자의 겉모습을 보기만 해도 경험으로 답을 예측할 수 있는 경우가 종종 있는데 이 여자 환자가 그런 케이스였다. 극적으로 절룩거리며 걷는 그녀의 성난 얼굴을 본 순간, 나는 그녀에게 별 도움이 못 될 것이라는 걸 직감했다. 그녀의 척추 스캔을 보니 신경을 위한 공간은 충분했다. 어떤 의사인지 척추를 파내고 금속으로 조잡하게 지지물을 댄 흔적도 보이긴 했지만 말이다.

그녀에게 수술이 효과가 없다면 두 가지 정반대의 결론을 이끌어낼 수 있다고 말했다. 하나는 수술을 다시 할 필요가 있다는 것, 다른 하나는 애초에 수술은 효과가 없었을 거라는 것. 내 생각엔 다시 수술을 해도 별 도움이 되지 않을 것 같았다. 그녀가 크게 화를 내며 말했다.

"이렇게는 못 산다고 말씀드렸잖아요. 장을 볼 수도 없고 애를 볼 수도 없단 말이에요."

눈물이 그녀의 얼굴을 타고 내리기 시작했다.

"그걸 제가 다 해야 해요."

그녀의 어머니가 말했다. 내가 도울 수 없는 환자에게는 그저 환자의 말을 들어주는 게 최선이다. 자신의 비참한 속내를 실컷 쏟아낼 수 있도록. 다만 이야기를 듣는 동안 내 시선이 창문 밖으로 달아나 주차장을 건너고 병원 둘레 도로를 건너서 반대편 공동묘지를 향해 떠내려가는 것은 막아야 한다. 환자가 말을 끝내면 동정의 표현을 담은 모종의 단어를 찾아 그 가망 없는 대화를 마감하고서 일반 개원의에게 통증클리닉을 알아봐달라고 하라는 의견을 내야 한다.

"환자분의 허리 상태와 관련해 위험한 건 아무것도 없습니다."

이어서 운동과 체중 감량의 이점에 관해 약간의 잔소리를 늘어놓겠지만, 이 충고가 제대로 받아들여지는 일은 드물다. 나는 이 사람들에게 확진을 내리는 것이 아니라 이들 대신 좌절감을 느낀다. 때로는 이들을 먼저 수술한 다른 의사에 대해, 특히 민간 병원에서 돈만 보고 한 수술에 엄청난 반감을 느끼기도 한다.

다음 환자는 오래전 은퇴한 한 동료에게서 20년 전에 뇌종양 제거 수술을 받은 50대 여성이었다. 목숨은 구했지만 후유증으로 만성 안면 통증이 남았다고 했다. 웬만한 치료를 다 해봤지만 제대로 듣지 않았다고 했다. 통증이 생긴 이유는 종양을 제거할 때 얼굴 한쪽으로 가는 감각 신경을 절단했기 때문이다. 이런 경우의 절단은 외과 의사들이 '희생'이라고 표현하는, 피할 수 없는 문제다. 환자는 그쪽 얼굴의 감각이 심하게 무뎌지는데 불쾌한 현상이긴 하지만 대부분의 사람들이 받아들이는 법을 배운다. 다만 소수의 환자들은 받아들이는 대신 무감각해진 자신의 몸에 돌아버릴 정도로 이성을 잃기도 한다. 감각을 잃은 것 때문에 감정적으로 폭발하다니. 라틴어 의학명인 무감각통증anaesthesia dolorosa이라는 말이 역설적인 이 증상의 성격을 표현해준다.

이 환자도 오랜 세월에 걸쳐 받은 수많은 치료와 약물 등을 늘어놓으며, 의사들이 얼마나 쓸데없는 짓을 했는지 지루하게 이야기를 끌었다.

"그 신경을 그냥 잘라주세요. 이렇게는 살고 싶지 않아요."

그 신경이 잘렸기 때문에 이런 문제가 생긴 거라고 설명하면서 환상지통에 대한 이야기를 덧붙였다. 실제 팔다리가 절단된 사람들의 뇌 안에서 마치 아직 팔과 다리가 있는 것처럼 통증을 느끼는 현상이다. 통증이란 뇌 안에 있는 것이지 얼굴 안에 있는 것이 아니라고 설명하려 애썼지만 그녀는 설명을 도무지 이해하지 못했다. 그녀의 표정으로 판단하건대 내가 자신의 통증을 '모든 아픔은 마음가짐에 달려 있는 것'으로 치부한다고 생각하는 것 같았다. 결국 그녀는 처음 도착했을 때와 마찬가지로 화나고 불만스러운 상태로 진료실을 떠났다.

무사한 환자들을
만나는 기쁨

필립은 뇌 수술 후 정기 추적을 하는 여러 명의 뇌종양 환자 가운데 한 명이다. 12년 전, 희소돌기아교모세포종이라는 종양을 수술했던 40대 남성 환자다. 당시에 종양의 대부분을 제거했지만 최근 들어 종양이 다시 자라고 있었다. 그는 이 때문에 화학요법을 받았지만 결국 종양이 그의 목숨을 앗아갈 것이라는 걸 우리 둘 다 잘 알고 있었다. 워낙 오랜 세월 동안 그를 돌봐 와서 우리는 서로를 꽤 잘 알게 된 터였다.

"부인은 어떠십니까?"

그가 진료실로 들어오면서 건넨 첫 마디였다. 1년 전 그와 함께 있던 진료실에서 갑자기 아내 케이트가 간질 발작으로 쓰러졌단 이야기를 듣고 미친 듯이 달려나갔던 것이 기억났다.

"네, 괜찮습니다."

얼굴이 마른 피로 덮여 거의 알아볼 수 없었던 케이트 얼굴이 떠올랐다. 윔블던 쇼핑센터에서 간질 발작이 온 케이트가 아랫입술을 사정없이 깨물어버린 것이었다. 다행히 크게 다치지는 않아서 성형외과 동료가 터져버린 입술을 꿰매주었다. 나는 신경과에 있는 동료에게 케이트를 데리고 갔었다. 여러모로 힘든 때였다. 뇌종양이 처음 자신의 존재를 드러내는 것이 간질 발작이라는 걸 너무 잘 알고 있었기에 두려웠다. 내가 의사라고 해서 나나 내 가족이 병에 걸리지 않는 것이 절대 아니기에.

케이트에게는 심각한 말을 하지 않고 스캔은 그냥 형식적인 절차라고 말했다. 저명한 인류학자인 케이트는 비록 의학적 지식은 없었지만 관찰력은 엄청났다. 그녀는 나중에 뇌종양이 흔히 간질로 나타난다는 신경외과 지식은 알고 있다고 했다.

우리는 뇌 스캔을 받기까지 일주일을 기다려야 했고 그동안 조심스럽게 서로에게 두려움을 숨겼다. 스캔은 정상이었다. 종양이 없었다는 말이다. 지옥과 천국을 오가는 그 경험을 하면서 내 환자들도 같은 경험을 한다는 생각에 마음이 편치 않았다. 게다가 환자들 대부분은 일주일보다 훨씬 더 긴 시간을 기다려야 한다.

필립이 그때 일을 기억하는 것이 무척 감동적이었다. 그에게 아내는 괜찮고 간질도 지금은 잘 치료되고 있다고 말해주었다. 그는 자기가 일주일에도 몇 번씩 가벼운 발작이 계속되고 있고 운전면허를 잃는 바람에 사업은 망했다고 말했다.

"그렇지만 화학요법으로 살이 많이 빠졌어요."

그가 껄껄 웃으며 말했다.

"많이 나아 보이죠, 안 그래요? 중간 중간 구역질이 나긴 하지만. 어쨌든 살아 있잖아요. 살아 있어서 기뻐요. 운전면허는 다시 따야 할 것 같아요. 실업 급여로 일주일에 65파운드(약 10만 원)밖에 받지 못하거든요. 그걸로는 먹고 사는 게 어렵네요."

나는 일반 개원의에게 간질 전문가를 알아봐달라고 부탁하기로 했다. 새삼스럽게 내가 겪을지 모르는 문제가 내 환자들이 겪는 문제에 비하면 아주 사소할지도 모른다는 생각이 들었다. 그럼에도 여전히 내가 환자들을 걱정한다고 하는 게 부끄럽고 실망스럽게 느껴졌다. 그렇게 많은 아픔과 고통을 보면 자신의 어려움을 거시적으로 보는 데 도움이 될 거라고 기대할지도 모르지만, 부끄럽게도 사실은 그렇지가 않다.

마지막 환자는 삼차신경통이 심한 30대 여성이었다. 1년 전에 그녀를 수술했는데 몇 개월 뒤 통증이 재발해서 다시 찾아왔다는 게 희미하게 떠올랐다. 삼차신경통 수술은 가끔 성공하지 못하는 경우도 있는데, 이 환자는 그 후로 어떻게 되었는지 잘 기억이 안 나서 일지를 통째로 뒤지며 기억을 더듬었지만 도움이 되는 건 하나도 찾을 수 없었다. 그래서 통증과 실망으로 비참한 모습일 거라는 지레짐작으로 사과의 말을 미리 준비했다. 그런데 막상 그녀를 보니 사뭇 달랐다.

"수술한 이후로 완전히 좋아졌어요."

"통증이 재발한 걸로 생각했는데요!"

"그래서 선생님이 다시 수술해주셨잖아요!"

"아……, 그랬나요? 미안합니다. 워낙 환자를 많이 보다 보니 깜박하는 경향이 있어서……."

서류 더미에서 그녀의 일지를 꺼내 몇 분이나 들여다보았지만 두 번째 수술에 대한 기록은 어디에도 없었다. 빌어먹을. 그때 엄청난 두께의 종이에서 갈색 색인표 하나가 보였다.

"아! 보세요. 수술 일지는 못 찾았지만, 환자분이 4월 23일에 4형 대변을 보셨다는 건 잘 나와 있네요……."

병원이 정성 들인 변통 일지를 보여주며 내가 말했다. 브리스톨의 히턴 박사라는 사람의 도표에 따라 개발한 대변 분류법에 따라, 일곱 가지 다른 유형의 대변에 대한 지침이 도표로 제시되어 있는 문서다. 그녀는 믿기지 않는 표정으로 문서를 들여다보고는 웃음을 터뜨렸다.

이어 그녀가 그다음 날에는 5형 대변—히턴 박사에 따르면 '작고 밤톨처럼 덩어리진'—을 누었음을 가리키며 곁들여진 사진을 보여주었다. 트러스트의 경영진은 분명 이것을 매우 중대한 문제로 여기는 것 같았다. 그러나 뇌 전문 외과 의사로서 나는 그녀의 대장 운동에 관해서까지 신경 쓸 수는 없다고 말했다.

우리는 한참 동안 같이 깔깔거렸다. 처음 만났을 때, 그녀의 눈은 진통제로 흐리멍덩했고 말을 하려 할 때마다 얼굴이 괴로운 통증으로 일그러지곤 했다. 그랬던 그녀가 이제는 참으로 눈부실 만큼 아름다워 보인다고 생각했다. 그녀가 일어서서 문으로 가다가 갑자기 돌아서서 내게 입맞춤을 했다.

"다시는 선생님을 뵙고 싶지 않아요."

"저도 그렇습니다."

¶The end